令和版 生徒指導・
キャリア教育の
理論と実際

吉田　浩之
YOSHIDA Hiroyuki

北樹出版

本書の構成と内容

　文部科学省は 2022 年 12 月に生徒指導に関する学校・教職員向けの基本書とされる「生徒指導提要」の改訂を行いました。また，2017 年，2018 年，2019 年に告示された学習指導要領では，児童生徒の社会的・職業的自立に向け，必要な基盤となる能力や態度を育てることを通して，キャリア発達を促すよう，「キャリア教育の充実」が小学校，中学校，高等学校のすべての総則に初めて明記されました。

　本書は，こうした生徒指導提要や学習指導要領が示す内容を踏まえ，大学の教員養成学部及び教職大学院における生徒指導・キャリア教育の講義テキストとして作成しています。また，学校や教育委員会で教職に携わる方の生徒指導・キャリア教育に関する課題対応において必要とされる知識や判断基準の資料として役立つように，関連する最新の法律，文部科学省通知，事例などを取り上げ，その解説を示しています。

　本書は「生徒指導」と「キャリア教育」の 2 つの内容から構成されています。「生徒指導」の前半の第 1 章から第 5 章では，生徒指導の基本事項について取り上げています。

　第 1 章「生徒指導とは」では，「生徒指導とは」と質問された場合の回答に役立つように，まずは，これまでの文部科学省の資料や教員の回答例を参考に，「生徒指導とは」を概観します。次に，生徒指導提要（改訂版）に明示された生徒指導の定義と目的などを基に，「生徒指導とは」の解説と回答例を示しています。

　第 2 章「生徒指導提要（改訂版）とは」では，まずは，生徒指導に関する学校・教職員向けの基本書である「生徒指導提要（改訂版）」の改訂の背景・経緯と改訂の柱となる考え方（積極的な生徒指導の充実，生徒指導の関連法規等の変化の反映など）を取り上げています。次に，「生徒指導提要（改訂版）」の構成と内容を概観した上で，今回の改訂で初めて示された事項（生徒指導の構造化，組織的対応のチーム形態など）を解説しています。加えて改訂で強調されている「児童生徒の権利」に関連する事項を解説しています。また，今日的な生徒指導の課題とされる「インターネット・携帯電話に関わる問題，性に関する課題，多様な背景を持つ児童生徒への生徒指導」の課題背景と対応の留意点を示しています。

　第 3 章「生徒指導の充実，生徒指導とウェルビーイング」では，「生徒指導の充実」に向けた，学習指導要領及びその解説に基づく取組の要点について解説しています。また，2040 年以降の社会を見据えた我が国の教育政策を示す第 4 期教育振興基本計画のコンセプトである「日本社会に根差したウェルビーイングの向上」を参考に，生徒指導とウェルビーイングの関連や，生徒指導における児童生徒のウェルビーイングの向上について解説しています。

　第 4 章「学校教育の目的と生徒指導の定義・目的に基づく実践」では，生徒指導の実践の実効性を高めるために，「学校教育の目的，生徒指導の定義，生徒指導の目的，自己指

導能力」の４つの概念を網羅する観点例とその解説を示しています。また，その観点を活用した生徒指導の実践事例（目標設定，児童生徒への働きかけ，問題行動への対応など）を紹介しています。

第５章「指導，援助の方法，児童生徒理解の深化（教育相談・面談シート）」では，生徒指導提要（改訂版）が示す生徒指導の方法の要点を示しながら，具体的な事例を参考に，指導と援助の実践的な知識やスキルを取り上げています。また，学習指導要領解説・総則編と生徒指導提要（改訂版）を基に，「児童生徒理解の深化」の要点を示しながら，面談に役立つシートと，それを活用した実践方法を紹介しています。

「生徒指導」の後半の第６章から第10章では，生徒指導上の個別の課題を取り上げています。

第６章「不登校」では，不登校に関する初めての法律である「教育機会確保法」及び関連する通知などを基に，今日的な不登校支援の在り方について解説しています。また，文部科学省調査を参考に，不登校の要因に関する課題と今後の方向性について解説しています。

第７章と第８章は「いじめ」を取り上げています。第７章「いじめの理解」では，いじめに特化した法律である「いじめ防止対策推進法」と文部科学省の通知を基に，法的視点によるいじめ問題の現状と課題について示しながら，学校や教職員に求められるいじめの正確な認知の在り方について解説しています。

第８章「いじめへの対応」では，学校及び学校の教職員に，法及び国の基本方針に基づく理解や対応が求められる「学校いじめ防止基本方針」，「学校いじめ対策組織」，「いじめの防止・早期発見・対処」，「いじめの重大事態への対処」の内容について解説しています。また，それらの内容の要点を整理した図やチェックリストを示しながら，実践上の留意点について解説しています。

第９章「暴力行為，少年非行，不適切な言動，体罰・懲戒」では，児童生徒の暴力行為の現状と課題，刑罰法に該当する児童生徒の行為，少年非行に関連する規定について解説しています。また，生徒指導事案に対処する過程において，教員による不適切な対応や言動が問題になるケースがみられる現状を踏まえながら，教員による不適切な言動や体罰・懲戒に関連する法律や通知などの最新動向について解説しています。

第10章「児童虐待，自殺（自死）」では，児童虐待への適切な対応について，関連する法律や文部科学省の手引きなどを取り上げながら解説しています。また，学校は自殺（自死）の予防・対応・調査について，校内研修を実施し平常時から備えておくことが求められていることを踏まえ，それに関連する文部科学省の手引きや資料を取り上げながら，その要点について解説しています。

「キャリア教育」の前半の第11章から第13章では，学習指導要領，文部科学省の通知，国立教育政策研究所の資料などに基づくキャリア教育の基本事項について取り上げています。

第11章「キャリア教育とは，進路指導とは」では，まずは，文部科学省の通知や資料を参考に，学校教育におけるキャリア教育と進路指導の定義について解説しています。次に，キャリア教育において小学校，中学校，高等学校で計画的に育成が目指される児童生徒の基礎的・汎用的能力について解説しています。

　第12章「キャリア教育の充実」では，小学校，中学校，高等学校のすべての学習指導要領総則に初めて明記された「キャリア教育の充実」の理解を深めるために，学習指導要領解説と文部科学省資料を中心に関連する内容の要点を示しながら解説しています。また，学習指導要領総則を基に，学校教育におけるキャリア教育の進め方や留意事項について解説しています。

　第13章「学級活動・ホームルーム活動とキャリア教育」では，学習指導要領において学級活動・ホームルーム活動の内容に新設された「一人一人のキャリア形成と自己実現」について，学習指導要領解説に基づき解説しています。また，キャリア教育の授業実践の内容や進め方の確認に役立つチェックリストを紹介しています。

　「キャリア教育」の後半の第14章から第16章では，キャリア教育の学習指導案や「キャリア・パスポート」の教材など，実際の授業実践に役立つ内容について取り上げています。

　第14章「キャリア・パスポートの活用」では，学習指導要領と文部科学省通知を参考に，キャリア・パスポートの定義について解説しています。また，キャリア・パスポートを活用した授業実践に役立つように，文部科学省の例示資料を参考に，キャリア・パスポートの様式や指導上の留意点について解説をしています。

　第15章「キャリア教育の学習指導案」では，学習指導要領解説と国立教育政策研究所の資料を参考に，学習指導案の基本形について解説しています。また，学級活動・ホームルーム活動における「一人一人のキャリア形成と自己実現」の学習指導案の具体例を取り上げながら，学習指導案の作成と授業の進め方について解説しています。

　第16章「キャリア教育の教材」では，教育，スポーツ，芸術，ビジネスなど，多方面で注目を集め，キャリア教育の教材として学校現場でも活用されているワークシートの様式を紹介しています。また，そのワークシートの実際例と活用方法について解説しています。

　本書の刊行にあたり，多くの皆様からご教示やご支援を賜りました。心より厚く御礼申し上げます。また，本書の編集において，北樹出版の福田千晶氏には，大変お世話になりました。心より感謝申し上げます。

吉田　浩之

◆◇◆ 目　　次　◇◆◇

第1章　生徒指導とは ……………………………………………… *2*

第1節　「生徒指導とは何ですか」（2）

第2節　文部科学省資料「生徒指導とは」（3）

第3節　生徒指導の定義とは（5）

第4節　生徒指導の目的とは（7）

第5節　自己指導能力とは（9）

第6節　生徒指導の実践上の視点（10）

第7節　「生徒指導とは」のまとめ（11）

第2章　生徒指導提要（改訂版）とは ……………………………… *14*

第1節　生徒指導提要の改訂の経緯と改訂作業の留意事項（14）

第2節　提要改訂版の構成と内容（15）

第3節　第Ⅰ部・第1章「生徒指導の基礎」の概要（16）

第4節　第Ⅱ部「個別の課題に対する生徒指導」の概要（28）

第3章　生徒指導の充実，生徒指導とウェルビーイング ……………… *31*

第1節　学習指導要領・総則の「生徒指導の充実」の内容（31）

第2節　学習指導要領解説・総則編の「生徒指導の充実」の内容（32）

第3節　「生徒指導の充実」のチェックリスト（35）

第4節　生徒指導の目的とウェルビーイング（well-being）（37）

第5節　教育振興基本計画とウェルビーイング（well-being）（38）

第6節　ウェルビーイング（well-being）とは（39）

第7節　ウェルビーイングの要素と関連する主観的指標（40）

第8節　生徒指導とウェルビーイングの関連（42）

第9節　生徒指導とウェルビーイングと日本国憲法（43）

第4章　学校教育の目的と生徒指導の定義・目的に基づく実践
：4観点の枠組みの活用……………………………………… *45*

第1節　生徒指導の実践に役立つ4観点の枠組み（45）

第2節　4観点の枠組みの活用方法（47）

第3節　4観点の枠組みとウェルビーイングの向上（48）

第4節　4観点の枠組みによる目標設定シート（49）

第5節　問題行動に対する生徒指導の実践例（51）

第5章 指導，援助の方法，児童生徒理解の深化

（教育相談，面談シート） ………………………………… *55*

第1節 課題対応の際に活用する方法（55）

第2節 指導で活用する働きかけのスキル（56）

第3節 援助で活用する働きかけのスキル（57）

第4節 事案対応時に活用する指導と援助のスキル例（61）

第5節 児童生徒理解の深化（62）

第6節 児童生徒理解を深める項目の活用（63）

第7節 児童生徒理解を深める目標設定シートの活用（65）

第6章 不 登 校 ……………………………………………… *68*

第1節 不登校児童生徒の支援に関する近年の動向（68）

第2節 教育機会確保法（68）

第3節 不登校の定義と調査（71）

第4節 不登校児童生徒への配慮（73）

第5節 学齢を経過した者への配慮（77）

第6節 不登校児童生徒への支援の在り方（学校等の取組の充実）（79）

第7章 いじめの理解：法律，通知，調査，事例に基づく最新動向 ……………… *83*

第1節 いじめの定義といじめの認知（83）

第2節 いじめ調査の定義と認知件数（87）

第3節 いじめの認知をめぐる課題（88）

第4節 いじめ事案に対する報道（89）

第5節 法 の 概 要（91）

第8章 いじめへの対応：学校及び学校の教職員に求められる取組 …………… *98*

第1節 学校いじめ防止基本方針（98）

第2節 学校いじめ対策組織（100）

第3節 いじめの防止（102）

第4節 いじめの早期発見（104）

第5節 いじめへの対処（106）

第6節 いじめの重大事態への対処（114）

第9章 暴力行為，少年非行，不適切な言動，体罰・懲戒 ………………… *121*

第1節 暴力行為の調査対象と発生状況（121）

第2節 少 年 非 行（123）

第3節 教員による不適切な言動（128）

第 4 節　体罰と懲戒（130）

第 10 章　児童虐待，自殺（自死）……………………………………… 136

第 1 節　児童虐待の事例（136）

第 2 節　児童虐待の防止等に関する法律（137）

第 3 節　自殺対策基本法と関連指針の経緯（143）

第 4 節　自殺対策基本法の成立後の文部科学省による発出資料（144）

第 5 節　学校における自殺に関連する 3 段階（予防活動，危機対応，事後対応）の取組（145）

第 6 節　背 景 調 査（152）

第 11 章　キャリア教育とは，進路指導とは……………………………… 158

第 1 節　キャリア教育の推移（158）

第 2 節　キャリア教育の定義（159）

第 3 節　キャリアとは（161）

第 4 節　キャリア教育で育成すべき力：基礎的・汎用的能力（161）

第 5 節　キャリア教育推進の法的根拠（164）

第 6 節　進路指導とは（165）

第 7 節　キャリア教育と進路指導との関係（168）

第 12 章　キャリア教育の充実：学習指導要領総則 ……………………… 170

第 1 節　学習指導要領総則の「キャリア教育の充実」の内容（170）

第 2 節　学習指導要領解説・総則編の「キャリア教育の充実」の内容（171）

第 3 節　「キャリア教育の充実」の要点整理（173）

第 4 節　学習指導要領総則上のキャリア教育に関連する記載内容（174）

第 13 章　学級活動・ホームルーム活動とキャリア教育 ………………… 176

第 1 節　特別活動の目標（176）

第 2 節　学級活動・ホームルーム活動の目標及び内容（177）

第 3 節　「キャリア形成」と「自己実現」（178）

第 4 節　学習指導要領解説・特別活動編の「一人一人のキャリア形成と自己実現」の要点（179）

第 5 節　「一人一人のキャリア形成と自己実現」の項目（ア，イ，ウ，エ）の概要（181）

第 14 章　キャリア・パスポートの活用 …………………………………… 189

第 1 節　「キャリア・パスポート」とは（189）

第 2 節　「キャリア・パスポート」に関連する学習指導要領上の内容（192）

第 3 節　「キャリア・パスポート」の様式例（193）

第15章　キャリア教育の学習指導案：学級活動・ホームルーム活動の時間 … *197*

第1節　学級活動・ホームルーム活動におけるキャリア教育の授業（197）

第2節　学習指導案の項目と様式（197）

第3節　「本時の展開」の概要（199）

第4節　学習指導案の具体例（200）

第5節　学習指導案の「略案」の具体例（210）

第16章　キャリア教育の教材 ……………………………………… *214*

第1節　目標設定シート（オープンウインドウ 64）の様式（214）

第2節　目標設定シート（OW64）の書き方（215）

第3節　中学校3年生の具体例（215）

第4節　将来を思いえがく場合の具体例（217）

第5節　部活動指導者の具体例（217）

索　　引 ……………………………………………………………… *221*

令和版

生徒指導・キャリア教育の
理論と実際

Chapter 1 生徒指導とは

> 「生徒指導とは」と質問された時，多くの人は生徒指導の一部分や，生徒指導ではなく別の教育活動がねらいとすることを答えることがあります。その理由の一つに，これまでの生徒指導提要には，生徒指導の定義が明示されていなかったことがあげられます。
> 2022年12月に，12年ぶりに生徒指導に関する学校・教職員向けの基本書である生徒指導提要が改訂され，その中で初めて生徒指導の定義と目的が明示されました。
> 本章では，これまでの「生徒指導とは」を概観します。次に，新しく明示された生徒指導の定義と目的を中心に「生徒指導とは」について解説します。

1 「生徒指導とは何ですか」

　教員研修会の参加者に対して，「生徒指導とは何ですか」，「生徒指導において特に重要なねらいは何ですか」という質問について回答を求めたところ，次の①から⑮のような回答がありました。自分の考えに近い内容の番号はあるでしょうか。

① 教員と児童生徒との関わりを通して，児童生徒の抱える困りごとの解決をサポートするものです。
② 児童生徒の声を傾聴することが軸という考えがあります。しかし，生徒指導では，基本的には全体に対して教えるべきところは教えるというスタンスが上位になります。
③ 児童生徒が直面した課題に対して，児童生徒とのコミュニケーションによって，自らの判断・選択をよりよく引き出す働きかけが生徒指導の中心になります。
④ 生活・学習全般にわたり細かい事項まで指導・点検します。学校として決めたルールを守る指導が大切になります。校則違反や悪いことは見逃さず，服装違反も徹底して指導します。そのような指導をするには，現実的には教員として児童生徒から一目置かれる存在である必要があります。
⑤ 児童生徒のために常識を教えます。身だしなみ，礼儀，身のまわりの整理整頓など具体的に指導します。
⑥ 問題行動への指導が中心ではありません。普段から児童生徒の個性を伸ばすことが中心になります。
⑦ 積極的な生徒指導と消極的な生徒指導があります。学校現場では，問題行動を対象にした消極的な生徒指導や一斉授業が成立するような生徒指導が中心になります。
⑧ 問題行動への対応が生徒指導の中心にならざるを得ません。それに対応することができる教員の存在は大きく，担任教員よりも，その教員を中心に生徒指導は行います。
⑨ 将来，自分で生活する上で必要な行動・態度や見方・考え方などを身に付けるために指導・援助をすることです。
⑩ 児童生徒が「経済的・社会的に自立し自分の給料で生活ができる大人になる」ための資質・能力を育成することです。
⑪ 一人一人の社会的・職業的自立に向け，必要な基盤となる能力や態度を育てることを通して，社会の中で自分の役割を果たしながら，自分らしい生き方を実現していくことを促す教育のことです。

⑫ 学級・ホームルームは生徒指導の中核的な場です。そこで，ルールやマナーだけでなく，「在り方，生き方」を教えていくことになります。
⑬ 集団や社会の形成者としての見方・考え方を働かせ，様々な集団活動に自主的，実践的に取り組み，互いのよさや可能性を発揮しながら集団や自己の生活上の課題を解決することです。
⑭ 人格の完成を目指し，平和で民主的な国家及び社会の形成者として必要な資質を備えた心身ともに健康な国民の育成を期して行うものです。
⑮ 人間としての生き方を考え，主体的な判断の下に行動し，自立した一人の人間として他者とともによりよく生きるための基盤となる人格的特性を養うことです。

　①から⑮の中には，生徒指導の一部を示す内容や生徒指導のようで別の教育活動がねらいとする内容などがあります。また，正反対と思われるような内容もあります。

　①②③は，生徒指導の方法として活用される指導や援助に関する内容です。①はカウンセリングに関する内容，②は指導，③は援助に関する内容です。④⑤は，実態として生徒指導が担っている内容の一部を示しています。⑥⑦⑧は，積極的な生徒指導と消極的な生徒指導に関する内容です。児童生徒の個性伸長・社会性育成や社会的自己実現に向けた資質・能力の育成などに力を入れる生徒指導（積極的な生徒指導）と対比して，問題行動への対応は，消極的な生徒指導と称される場合があります。

　⑨から⑮は「生徒指導のようで別の教育活動がねらいとする内容」です。⑨⑩⑪は，キャリア教育に関する内容です。特に⑪は，キャリア教育の定義に重なる内容です。⑫⑬は，特別活動及び学級活動・ホームルーム活動に関する内容です。⑬は，特別活動の目標に重なる内容です。⑭は，教育基本法で示す教育目的の内容です。すべての教育活動の共通の目的となります。⑮は，道徳教育の目標に重なる内容です。

　①から⑮をみると，生徒指導は実に多義的に理解されていたり，そもそも正確に知られていなかったりすることがわかります。では，生徒指導とは何なのでしょうか。これを明確にするために，文部科学省が示す「生徒指導とは」を確認してみましょう。

2 文部科学省資料「生徒指導とは」

　次の（1）から（5）は，「生徒指導とは」を示す文部科学省の資料です。一見して定義を示しているように読めますが定義と明示している訳ではありません。また，それぞれが文部科学省の代表的な資料でありながら，まったく同じ文言で記されているわけではありませんので，共通の内容を読みとり理解する必要があります。

（1）生徒指導資料第1集「生徒指導の手引き」（文部省，1965）

　1963年から文部科学省（当時は文部省）は，生徒指導講座を開催し，1964年には生徒指導研究推進校の指定を行いました。1965年には生徒指導の理解と普及のために生徒指導

資料第1集を刊行しています。その「まえがき」では，生徒指導の目的について，次のように示しています。

> 生徒指導は，すべての生徒のそれぞれの人格のよりよき発達を目ざすとともに，学校生活が生徒のひとりひとりにとっても，また学級や学年，さらに学校全体にとっても，有意義に，興味深く，そして充実したものになるようにすることを目標とするもの

（2）生徒指導資料第20集（文部省，1988）

「生徒指導資料第20集——生活体験や人間関係を豊かなものとする生徒指導——中学校・高等学校編」では，当時の課題を踏まえ，「従来ともすれば問題行動の防止や非行対策といった消極的受身的に傾きがちであった生徒指導から，生徒指導の原点に立ちかえって生徒一人一人の望ましい人格の育成を図るという観点に立って，もっと積極的能動的な生徒指導を展開することが現在求められている」と人格育成や積極的な生徒指導を強調しながら，生徒指導について，次のように示しています。

> 生徒指導とは，生徒一人一人の個性の伸長を図りながら，同時に社会的な資質や能力・態度を育成し，さらに将来において社会的に自己実現ができるような資質・態度を形成していくための指導・援助であり，個々の生徒の自己指導能力の育成を目指すものである。

（3）生徒指導資料第1集（改訂版）（国立教育政策研究所，2009）

「生徒指導資料第1集（改訂版）　生徒指導上の諸問題の推移とこれからの生徒指導——データに見る生徒指導の課題と展望——」（国立教育政策研究所・生徒指導研究センター）では，生徒指導について，次のように示しています。

> 生徒指導は，一人一人の児童生徒の個性の伸長を図りながら，同時に社会的な資質や能力・態度を育成し，さらに将来において社会的に自己実現ができるような資質・態度を形成していくための指導・援助である。

（4）「生徒指導提要」（文部科学省，2010）

2010年の「生徒指導提要」の「第1章　生徒指導の意義と原理，第1節　生徒指導の意義と課題」では，生徒指導のねらいや意義などについて，次のように示しています。

> 生徒指導は，すべての児童生徒のそれぞれの人格のよりよき発達を目指すとともに，学校生活がすべての児童生徒にとって有意義で興味深く，充実したものになることを目指しています。生徒指導は学校の教育目標を達成する上で重要な機能を果たすものであり，学習指導と並んで学校教育において重要な意義を持つものと言えます。
>
> 各学校においては，生徒指導が，教育課程の内外において一人一人の児童生徒の健全な成長を促し，児童生徒自ら現在及び将来における自己実現を図っていくための自己指導能力の育成を目指すという生徒指導の積極的な意義を踏まえ，学校の教育活動全体を通じ，その一層の充実を図っていくことが必要です。

（5）学習指導要領解説・総則編「生徒指導の充実」
（文部科学省，2018，2019）

学習指導要領解説・総則編の「生徒指導の充実」（小・中：第3章第4節，高：第6章第1節）では，直接的に「生徒指導とは」という表記はありませんが，生徒指導の意義やねらいについて，次のように示しています。上記（4）の「第1節」と重なる内容がみられます。

> 学校教育において，生徒指導は学習指導と並んで重要な意義をもつものであり，また，両者は相互に深く関わっている。各学校においては，生徒指導が，一人一人の児童生徒の健全な成長を促し，児童生徒自ら現在及び将来における自己実現を図っていくための自己指導能力の育成を目指すという生徒指導の積極的な意義を踏まえ，学校の教育活動全体を通じ，学習指導と関連付けながら，その一層の充実を図っていくことが必要である。

上記の（1）から（5）の文部科学省の資料をみると，生徒指導について，端的には次のことを読み取ることができます。1つめは，目的と方向性です。生徒指導は「社会的自己実現を図っていくための自己指導能力の育成」を目的とし，「社会的自己実現に向けて」という方向性を持って児童生徒の自己指導能力を育成するということです。2つめは，「指導・援助」を活用することを特徴としていることです。

以上の2つをまとめると，生徒指導とは，社会的自己実現に向けて個々の児童生徒の自己指導能力を育成することであり，指導・援助を活用することを特徴としています。

3　生徒指導の定義とは

生徒指導に関する学校・教職員向けの基本書である生徒指導提要は，2022年12月に12年ぶりに改訂されました（以下，提要改訂版）。生徒指導の定義と目的が生徒指導提要に明示されたのは，この提要改訂版が初めてです。ここでは，提要改訂版に沿って生徒指導について解説します。

（1）生徒指導の定義の内容

提要改訂版の「1.1.1　生徒指導の定義と目的」の「（1）生徒指導の定義」では，次のように記しています。

> **生徒指導の定義**
> 生徒指導とは，児童生徒が，社会の中で自分らしく生きることができる存在へと，自発的・主体的に成長や発達する過程を支える教育活動のことである。なお，生徒指導上の課題に対応するために，必要に応じて指導や援助を行う。

また，その定義の前段の文章では，生徒指導の位置づけについて，次のように記しています。

> 学校教育の目的は、「人格の完成を目指し、平和で民主的な国家及び社会の形成者として必要な資質を備えた心身ともに健康な国民の育成」(教育基本法第1条)を期することであり、また、「個人の価値を尊重して、その能力を伸ばし、創造性を培い、自主及び自律の精神を養う」(同法第2条第2号)ことが目標の一つとして掲げられています。この学校教育の目的や目標達成に寄与する生徒指導を定義すると、次のようになります。

さらに、定義の後段の文章では、生徒指導の働き(機能)について、次のように記しています。

> 生徒指導は、児童生徒が自身を個性的存在として認め、自己に内在しているよさや可能性に自ら気付き、引き出し、伸ばすと同時に、社会生活で必要となる社会的資質・能力を身に付けることを支える働き(機能)です。

(2) 生徒指導の定義のポイント

　生徒指導の定義の理解を深めるポイントを3つ取り上げます。1つめは、生徒指導の位置づけです。提要改訂版では、学校教育の目的達成に寄与する位置づけから生徒指導を定義しています。学校教育の目的(教育基本法第1条)の「人格の完成を目指す」は、児童生徒の個人的側面の成長・発達に関する目標です。同様に、「平和で民主的な国家及び社会の形成者として必要な資質を備えた心身ともに健康な国民の育成」は、児童生徒の社会的側面の成長・発達に関する目標です。学校教育の目的は、児童生徒の両側面について、それぞれできる限り、しかも調和的に成長・発達を期することです。生徒指導の定義を通して学校教育の目的の達成に寄与することになります。

　2つめは、生徒指導の定義の内容の構成です。定義では、生徒指導による児童生徒の到達像と生徒指導が実践することを記しています。「児童生徒が、社会の中で自分らしく生きることができる存在へ」という児童生徒の到達像を示し、生徒指導の実践の方向性を示しています。「自分らしく生きることができる存在へ」は個人的側面、「社会の中で生きることができる存在へ」は社会的側面の成長・発達に関連する内容です。このように、生徒指導の定義が示す到達像には、学校教育の目的の両側面の成長・発達につながる内容が端的に込められています。

　また、生徒指導が実践することについては、具体的に2つ示されています。1つは、「自発的・主体的に成長や発達する過程を支える教育活動」です。これは生徒指導上の課題を想定しない実践が対象です。もう1つは、「生徒指導上の課題に対応するために、必要に応じて指導や援助を行う」です。これは生徒指導上の課題を対象にした実践です。

　3つめは、生徒指導における児童生徒と教職員の関係性や役割です。生徒指導の定義では、児童生徒が到達像に向けて成長・発達する過程を教員が支えるということを示しています。すなわち、生徒指導の主役は児童生徒自身で、教職員は、児童生徒の成長や発達を支える立場・役割になります。

　以上のポイントを踏まえ、生徒指導の定義の要点を整理すると、図1-1のとおりです。なお、個人的側面(○)と社会的側面(●)との関連についても示しています。

第1章　生徒指導とは

	学校教育の目的		
	○と●の両面について それぞれできる限り しかも調和的に成長・発達を図る		
	○ 人格の完成を目指す	● 平和で民主的な国家及び社会の形成者として必要な資質を備えた心身ともに健康な国民を育成する	
	○ 個人的側面の成長・発達に関する目標	● 社会的側面の成長・発達に関する目標	
	目的達成に寄与 ↑↓ 目的を受けて定義		
	学校教育の目的達成に寄与する位置づけで生徒指導を定義		
児童生徒の「到達像」	○ 自分らしく生きることができる存在へ	● 社会の中で生きることができる存在へ	生徒指導の定義の内容
「到達像」に向けて実践すること	・自発的・主体的に成長や発達する過程を支える教育活動 ・生徒指導上の課題に対応するための必要に応じた指導や援助		

図 1-1 「生徒指導の定義」の要点整理

4 生徒指導の目的とは

(1) 生徒指導の目的の内容

　提要改訂版の「1.1.1 生徒指導の定義と目的」の「(2) 生徒指導の目的」では，次のように明示しています。

> 生徒指導の目的
> 　生徒指導は，児童生徒一人一人の個性の発見とよさや可能性の伸長と社会的資質・能力の発達を支えると同時に，自己の幸福追求と社会に受け入れられる自己実現を支えることを目的とする。

　また，その前段の文章では，具体的な内容を示しながら，次のように生徒指導の目的について説明しています。

> 　生徒指導の目的は，教育課程の内外を問わず，学校が提供する全ての教育活動の中で児童生徒の人格が尊重され，個性の発見とよさや可能性の伸長を児童生徒自らが図りながら，多様な社会的資質・能力を獲得し，自らの資質・能力を適切に行使して自己実現を果たすべく，自己の幸福と社会の発展を児童生徒自らが追求することを支えるところに求められます。

(2) 生徒指導の目的のポイント

　生徒指導の目的の理解を深めるポイントを2つ取り上げます。1つめは，生徒指導の目的の位置づけです。生徒指導の目的は，学校教育の目的（教育基本法第1条）の達成に寄与するという生徒指導の定義を受けて明示されています。

　2つめは，生徒指導の目的には，生徒指導でねらいとする内容が具体的に示されていることです。生徒指導の目的の前半の文章には，児童生徒一人一人を対象に「個性の発

学校教育の目的

〇と●の両面について それぞれできる限り しかも調和的に成長・発達を図る

| 〇 人格の完成を目指す | ● 平和で民主的な国家及び社会の形成者として必要な資質を備えた心身ともに健康な国民を育成する |

↑

生徒指導のねらいの達成を通じて学校教育の目的達成に寄与

生徒指導の目的　〇 個性の発見，よさや可能性の　● 社会的資質・能力の発達，
（ねらいとする　　　伸長，自己の幸福の追求　　　　社会の発展の追及
内容を明示）　　　　　　　〇●社会的自己実現

図1-2　「生徒指導の目的」の要点整理

見」，「よさや可能性の伸長」，「社会的資質・能力の発達」を支えることがねらいとして示されています。同様に，後半には，「自己の幸福追求」と「社会に受け入れられる自己実現」を支えることが示されています。さらに生徒指導の目的の前段の文章には，児童生徒が「社会の発展」を追求することを支えることが示されています。それらのねらいとする内容をまとめると，生徒指導では児童生徒自らが，多様な資質・能力を伸長・獲得し，自らの資質・能力を適切に行使して社会的自己実現を果たすことができるように，児童生徒自らが，自己の幸福と社会の発展を追求することを教員が支えるということになります。

　以上の生徒指導の目的で示すねらいとする内容について，学校教育の目的の児童生徒の個人的側面（〇）と社会的側面（●）との関連で整理すると，図1-2のとおりです。

（3）社会的自己実現とは

　提要改訂版やこれまでの文部科学省の資料において，生徒指導の重要な概念とされている社会的自己実現について取り上げます。

　自己実現の研究で有名なアメリカの心理学者マズローは，欲求階層説を提唱し，欠乏欲求である「生理，安全，所属と愛情，自尊（承認）」と成長欲求である「自己実現」の各欲求を階層的に捉え，低次の欲求が充足して初めて高次の欲求が活性化するとしています。そして，自己実現欲求は人間にとって最高段階の欲求であり，人間の最高の目標は自己実現であると考え，個人が自分のよさを最大限に発揮して生きていくことの重要性を説いています。広辞苑（第7版）にも，自己実現は「自分の中にひそむ可能性を自分で見つけ，十分に発揮していくこと」とあり，上述のマズローの自己実現と重なる内容がみられます。

　このように，自己実現は，「自分のよさの発揮」，「自分の可能性の発見・発揮」などの個人的側面を対象としています。それに加えて，提要改訂版の生徒指導の目的において，「社会に受け入れられる自己実現」とあるように，社会的視点による適切な行使を含む概念でもあります。

　言うまでもなく，個人の尊厳は尊重されるべきですが，人は同時に社会的な存在でもあ

ります。社会的な存在である限り，その個人の自己実現は，社会の基準や価値観などとの関連において行われるものとして，社会的な自己実現という実態が想定されます。自己実現は，自分に目を向けた個人的側面の実現を対象にしながらも，集団や社会などの社会的側面による承認を前提とした概念と言えます。したがって，個人と社会との相互作用を考慮しつつ，自己を最大限に生かすことを考えることが大切であり，利己に偏る性質のものではありません。生徒指導では，児童生徒が個人的側面や社会的側面に関する資質・能力を適正に発揮し，社会的自己実現を果たすことができるように児童生徒を支えることになります。

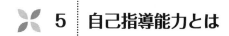

5 自己指導能力とは

（1）自己指導能力の位置づけと内容

　自己指導能力は，これまでの文部科学省の資料において，生徒指導の重要な概念として取り上げられてきました。

　これまでの自己指導能力に関する記述をみると，「生徒指導資料第 20 集」（文部省，1988）及び「生徒指導資料第 21 集」（文部省，1990）では，自己指導能力に含まれる内容やその育成のポイントについて，次のように示しています。

> 自己指導力には，自己をありのままに認め（自己受容），自己に対する洞察を深めること（自己理解），これらを基盤に自ら追求しつつある目標を確立し，明確化していくこと，そしてこの目標達成のため，自発的，自立的に自己の行動を決断し，実行することなどが含まれる。そして，これらの力は，生徒が日常の生活で直面する様々な問題や課題への取り組みにおいて，どのような選択が適切であるかを自分で判断して実行し，またそれらの行動に対して責任をきちんととるという経験を積み重ねることによって十分に育成される。

　上記の文部省資料の作成に携わった当時の教科調査官である高橋（2009）は，自己指導能力について，次のように示しています。端的には，自己指導能力は自己指導の能力で，自己指導は self orientation であり，自らの方向づけの能力であるとしています。

> 自己指導能力とは自己指導の能力であり，自己指導は self orientation の和訳であることからも，ある目標に向かっての方向づけの能力でもある。したがって，具体的な問題への取組を通じて自己指導能力を養うためには，まず目標を明確にし，次にはその目標への接近の仕方，たとえば，下位目標を設定して，徐々にステップを踏んでいくことなどを身につけることが大切となる。

　提要改訂版では次のように，生徒指導において獲得を目指す能力に位置づけられています。端的には，生徒指導の目的達成に向けて，児童生徒が，深い自己理解に基づき，主体的に問題や課題を発見し，自己の目標を選択・設定して，この目標の達成のため，自らの行動を決断し，実行する力であるとしています。

生徒指導の目的を達成するためには，児童生徒一人一人が自己指導能力を身に付けることが重要です。児童生徒が，深い自己理解に基づき，「何をしたいのか」，「何をするべきか」，主体的に問題や課題を発見し，自己の目標を選択・設定して，この目標の達成のため，自発的，自律的，かつ，他者の主体性を尊重しながら，自らの行動を決断し，実行する力，すなわち，「自己指導能力」を獲得することが目指されます。

（2）自己指導能力のポイント

　自己指導能力の理解を深めるポイントを2つ取り上げます。1つは，提要改訂版が自己指導能力について明示したことです。これまでの文部科学省の資料では，自己指導能力に含まれる内容やその育成のポイントについて記していましたが，提要改訂版では，自己指導能力がどのような能力であるかを記しています。もう1つは，自己指導能力の位置づけを示したことです。提要改訂版では，生徒指導の目的を達成するために獲得が目指される能力として位置づけています。

　これらを踏まえてまとめると，自己指導能力とは，生徒指導の目的達成に寄与するように，児童生徒が自ら目標を選択・設定し，その達成に向けて行動を決断し実行する力ということになります。

6 　生徒指導の実践上の視点

　提要改訂版の「1.1.2 生徒指導の実践上の視点」では，自己指導能力の獲得を支える生徒指導において，留意する実践上の4つの視点を示しています。

　1つめは，「自己存在感の感受」です。児童生徒一人一人は興味や関心などが異なることを前提に，自分の特徴に気付き，よい所を伸ばし，学校生活のあらゆる場面で，「自分も一人の人間として大切にされている」という自己存在感を児童生徒が実感しながら，日々の学校生活を送ることができるようにすることが重要です。また，ありのままの自分を肯定的に捉える自己肯定感，そして他者のために役立った，認められたという自己有用感を育むことも極めて重要です。

　2つめは，「共感的な人間関係の育成」です。自他の個性を尊重し，相手の立場に立って考え，行動できる相互扶助的で共感的な人間関係を創りあげることが重要です。日ごろの授業や学校生活において，児童生徒が相互に発言に関心を示し丁寧に聴き合うこと，相互に自己開示し相互に学び合いながら相互理解を深めていくこと，相互に協力し助け合おうと行動し合うことなどの積み重ねによって培われていきます。なお，日ごろから，児童生徒の気持ちの理解に努め，愛情をもって接し，児童生徒との信頼関係を築いていこうとする担任の教員の姿勢は，他者に対するあり方として，児童生徒の人間関係づくりに影響を及ぼすことに，十分に留意する必要があります。

　3つめは，「自己決定の場の提供」です。児童生徒の状況に合わせて，意思決定する場

第1章　生徒指導とは

面をあらゆる教育活動で取り入れることができます。その中で，自ら考え，選択し，決定する，意見を述べる，発表する，制作するなど，体験的に児童生徒が自己決定する機会は効果的です。また，学級活動・ホームルーム活動では，題材に応じて，原因や可能性を探り，課題解決に向けた方法や取組の意見を出し合い，授業の終末においては，集団での話し合いを生かしながら一人一人が意思決定し，目標や取組を具体的に決めていく進め方が求められています。学級活動・ホームルーム活動の進め方について詳しくは，第15章（キャリア教育の学習指導案）を参照ください。

　4つめは，「安全・安心な風土の醸成」です。児童生徒一人一人が，個性的な存在として尊重され，安全かつ安心して教育を受けられるように配慮する必要があります。お互いの個性や多様性を認め合いながら，誰に対しても自分の意見や気持ちを安心して伝えられるような風土を，教職員の支援の下で，児童生徒自らがつくり上げるようにすることが大切です。

7　「生徒指導とは」のまとめ

（1）生徒指導の定義と生徒指導の目的と自己指導能力の関連

　本章では，生徒指導の定義，生徒指導の目的，自己指導能力のそれぞれの内容を取り上げ解説してきました。それらの関連について整理すると，次のようになります。

> 生徒指導では，学校教育の目的の達成に寄与する位置づけで生徒指導を定義し，それを受けて生徒指導の目的を明示し，生徒指導の目的の達成のために獲得を目指す能力が自己指導能力であるとしている。

（2）「生徒指導とは」の文章化のまとめ

　提要改訂版では，学校教育の目的，生徒指導の定義，生徒指導の目的，自己指導能力のそれぞれについて明示するとともに，それぞれの関連を示しながら，「生徒指導とは」について説明をしています。そこで，上記（1）の文章に，学校教育の目的，生徒指導の定義，生徒指導の目的，自己指導能力に関する補足内容を盛り込み整理すると，次のように「生徒指導とは」についてまとめることができます。なお，文章中の①から⑤には，①から⑤の内容を適宜挿入すると，「生徒指導とは」がより具体的な文章になります。

> 生徒指導とは，
> ・「学校教育の目的」（①）の達成に寄与するために，
> ・「生徒指導の定義」における生徒指導において実践すること（②）を通して，
> ・児童生徒の「自己指導能力」（③）の育成を図りながら，
> ・「生徒指導の目的」におけるねらい（④）の達成および
> ・「生徒指導の定義」の生徒指導における児童生徒の到達像（⑤）の実現
> を期して支援することです。

①「人格の完成を目指す（児童生徒の個人的側面の成長・発達に関する目標）」及び「平和で民主

的な国家及び社会の形成者として必要な資質を備えた心身ともに健康な国民の育成(児童生徒の社会的側面の成長・発達に関する目標)」の両面について，それぞれできる限り，しかも調和的に成長・発達を期すること

② 「自発的・主体的に成長や発達する過程を支える教育活動」と「生徒指導上の課題に対応するための必要に応じた指導や援助」

③ 自らの問題や課題に基づいて目標を選択・設定し，この目標の達成に向けて自らの行動を決断し，実行する力

④ 児童生徒の「個性の発見」，「よさや可能性の伸長」，「社会的資質・能力の発達」，「自己の幸福と社会の発展の追求」，「社会に受け入れられる自己実現」を支えること

⑤ 「児童生徒が社会の中で自分らしく生きることができる存在へ」(「自分らしく生きることができる存在へ(個人的側面に関する到達像)」及び「社会の中で生きることができる存在へ(社会的側面に関連する到達像)」)

【引用・参考文献】

文部省　1965　生徒指導資料第1集　生徒指導の手びき
文部省　1988　生徒指導資料第20集　生徒指導研究資料第14集　生活体験や人間関係を豊かなものとする生徒指導──いきいきとした学校づくりの推進を通じて──　中学校・高等学校編　大蔵省印刷局
上田吉一　1988　人間の完成──マスロー心理学研究──　誠信書房
文部省　1990　生徒指導資料第21集　生徒指導研究資料第15集　学校における教育相談の考え方・進め方　中学校・高等学校編　大蔵省印刷局
吉田浩之　2009　部活動と生徒指導──スポーツ活動における教育・指導・援助のあり方──　学事出版
国立教育政策研究所生徒指導研究センター　2009　生徒指導資料第1集(改訂版)　生徒指導上の諸問題の推移とこれからの生徒指導──データに見る生徒指導の課題と展望──　ぎょうせい
高橋哲夫(代表)　2009　生徒指導の研究　第三版──生徒指導・教育相談・進路指導，学級・ホームルーム経営──　教育出版
文部科学省　2010　生徒指導提要
文部科学省　2018　小学校学習指導要領(平成29年告示)解説　総則編　東洋館出版社
文部科学省　2018　中学校学習指導要領(平成29年告示)解説　総則編　東山書房
文部科学省　2018　中学校学習指導要領(平成29年告示)解説　特別活動編　東山書房
文部科学省　2018　小学校学習指導要領(平成29年告示)解説　特別の教科　道徳編　あかつき教育図書
新村出(編)　2018　広辞苑(第7版)　岩波書店
文部科学省　2019　高等学校学習指導要領(平成30年告示)解説　総則編　東洋館出版社
川端成實　2019　先輩！　生徒指導って何ですか？　月刊生徒指導　第49巻第4号　学事出版　34-36
文部科学省　2022　生徒指導の基礎　生徒指導提要　12-38
八並光俊　2023　『生徒指導提要』の改訂の経緯と第1章「生徒指導の基礎」の要点　月刊生徒指導　第53巻第4号　学事出版　38-41
八並光俊・石隈利紀(編)　2023　Q&A　新生徒指導提要で読み解くこれからの児童生徒の発達支援　ぎょうせい
八並光俊　2023　生徒指導の基礎　中村豊(編著)　生徒指導提要　改訂の解説とポイント──積極的な

生徒指導を目指して──　ミネルヴァ書房　15-28

7　「生徒指導とは」のまとめ

Chapter 2 生徒指導提要(改訂版)とは

> 2010年に発出された「生徒指導提要」は、その後、生徒指導をめぐる状況が大きく変化してきた状況を踏まえ、生徒指導の基本的な考え方や取組の方向性などを再整理するとともに、今日的な課題に対応していくために、12年ぶりに改訂が行われました。その改訂版では、生徒指導の基本的な進め方とともに、いじめや不登校などの生徒指導上の個別の課題ごとに章立てを行い、具体的対応や関連する法令についても言及しています。
> 本章では、改訂された生徒指導提要の改訂経緯や内容を概観しながら、生徒指導の基礎と新しく示された事項について解説します。

 1 生徒指導提要の改訂の経緯と改訂作業の留意事項

(1) 生徒指導提要の改訂の経緯

近年、いじめの重大事態や暴力行為の発生件数、不登校児童生徒数、児童生徒の自殺者数が増加傾向にあるなど、極めて憂慮すべき状況にあります。加えて、生徒指導提要が2010年に作成されて以降、「いじめ防止対策推進法」や「義務教育の段階における普通教育に相当する機会の確保等に関する法律」が施行されるなど、生徒指導をめぐる状況は大きく変化してきています。こうした状況を踏まえ、生徒指導の基本的な考え方や取組の方向性などを再整理するとともに、今日的な課題に対応していくため、文部科学省は、「生徒指導提要の改訂に関する協力者会議」を設置し、「生徒指導提要」について改訂を行い、2022年12月に「生徒指導提要(改訂版)」(以下、提要改訂版)を公表しました。

なお、生徒指導提要とは、小学校段階から高等学校段階までの生徒指導の理論・考え方や実際の指導方法などについて、時代の変化に即して網羅的にまとめ、生徒指導の実践に際し教職員間や学校間で共通理解を図り、組織的・体系的な取組を進めることができるよう作成された、生徒指導に関する学校・教職員向けの基本書です。

(2) 改訂にあたっての基本的な考え方

「生徒指導提要の改訂に関する協力者会議」では、生徒指導提要の改訂にあたっての基本的な考え方として3点を示しています。それらは、提要改訂版の柱となるポイントです。

1点目は、「積極的な生徒指導の充実」です。中央教育審議会の「『令和の日本型学校教育』の構築を目指して〜全ての子供たちの可能性を引き出す、個別最適な学びと、協働的な学びの実現〜(答申)」などを踏まえ、目前の問題に対応するといった課題解決的な指導

や問題行動の未然防止に向けた予防的な指導だけではなく，一人一人の児童生徒の健全な成長を促し，児童生徒自ら現在及び将来における自己実現を図っていく指導などの「積極的な生徒指導の充実」について示しています。

2点目は，「個別の重要課題を取り巻く関連法規等の変化の反映」です。個別課題（いじめ，不登校，児童虐待など）について，2010年の生徒指導提要作成時からの社会環境の変化（法制度，児童生徒を取り巻く環境など）やそれらに応じた必要な対応について反映させるとしています。

3点目は，「現行の学習指導要領やチーム学校等の考え方の反映」です。生徒指導全般に係る事項として，全体を通して次の5つについて反映させることを示しています。1つめは，学習指導要領第1章総則の「生徒指導の充実」です。2つめは，チームとしての学校です。3つめは，学校における働き方改革です。4つめは，多様な背景を持つ児童生徒への生徒指導です。5つめは，生徒指導上の課題に関するデータの活用（GIGA端末の活用含む）です。

2 提要改訂版の構成と内容

（1）「まえがき」の内容

提要改訂版の「まえがき」では，生徒指導をめぐる状況の変化，改訂理由，内容構成，改訂の特徴例，生徒指導の役割など，提要改訂版の全体像を端的に把握できる内容を全10段落構成で示しています。各段落の文章を箇条書きにしてまとめ直すと表2-1のとおりです。

（2）各章の概要

提要改訂版は，第Ⅰ部総論と第Ⅱ部各論による構成で，表2-2は，目次の章・節及び言及されている法令の一覧です。目次をみると提要改訂版の全体構成と内容を具体的に理解できます。一見して取り上げられている法令が多岐に及んでいることがうかがえます。

以下の本章の3では，提要改訂版第1章の「生徒指導の基礎」を中心に児童生徒の権利や組織的対応などの基本事項や改訂によって新しく示された事項を取り上げます。また，本章の4では，生徒指導上の個別の課題ごとに章が立てられている第Ⅱ部について概観します。

なお提要改訂版は，デジタルテキストとして公表されています。その全内容は，「生徒指導提要（改訂版）」（https://www.mext.go.jp/content/20230220-mxt_jidou01-000024699-201-1.pdf）を参照ください。

3 　第Ⅰ部・第1章「生徒指導の基礎」の概要

　提要改訂版の第1章では，生徒指導を進める上での生徒指導の基礎について取り上げているため，基本事項や新規事項については特に留意して確認する必要があります。「1.1 生徒指導の意義」では，生徒指導の定義や目的，また，生徒指導で身に付ける能力（自己指導能力）について初めて明文化しています（第1章参照）。「1.2 生徒指導の構造」では，課題対応を時間軸や対象，課題性の高低の観点から類別し，生徒指導の構造化（2軸3類4層）に初めて言及しています。その実際については，後述の（1）で取り上げます。

　「1.3 生徒指導の方法」では，児童生徒理解，集団・個別指導，チーム支援による組織的対応を取り上げています。その中で，生徒指導においてチームを編成し児童生徒の支援をする形態を3つ示しています。この3つの支援形態と関連する「3.1 チーム学校における学校組織」については，後述の（2）で取り上げます。

　「1.4 生徒指導の基盤」では，組織的・効果的に生徒指導を実践するための教職員集団の関係性，PDCAサイクルによる実践，家庭や地域及び関係機関との連携・協働（コミュニティ・スクールや地域学校協働活動の活用など）を取り上げています。

　「1.5 生徒指導の取組上の留意点」では，生徒指導を行う際の4つの留意点を示しています。その概要は後述の（3）で取り上げます。また，その留意点の中に，「1.5.1 児童生徒の権利の理解」があります。これについては，提要改訂版の「まえがき」でも「こども基本法」を例示し，生徒指導では児童生徒の権利に留意する必要性があると指摘しています。その留意すべき内容については，後述の（4）で取り上げます。

　なお，提要改訂版の「まえがき」では，上述の「こども基本法」とともに，「校則の見直し」が例示されています。それについては，後述の（5）で取り上げます。

表2-1　「まえがき」の要点

第1段落	生徒指導提要の性格（生徒指導提要とは）
	・小学校段階から高等学校段階までの生徒指導の理論・考え方や実際の指導方法等について，時代の変化に即して網羅的にまとめ，生徒指導の実践に際し教職員間や学校間で共通理解を図り，組織的・体系的な取組を進めることができるよう作成された，生徒指導に関する学校・教職員向けの基本書である。
第2段落	生徒指導をめぐる状況の変化
	・近年，子供たちを取り巻く環境が大きく変化する中，いじめの重大事態や児童生徒の自殺者数（不登校数）の増加傾向が続いており，極めて憂慮すべき状況にある。 ・加えて，「いじめ防止対策推進法」や「義務教育の段階における普通教育に相当する機会の確保等に関する法律」の成立等，関連法規や組織体制の在り方など，2010年の生徒指導提要の作成時から生徒指導をめぐる状況は大きく変化してきている。

第3段落	改訂理由

・こうした状況（第2段落の状況等）を踏まえ，生徒指導の基本的な考え方や取組の方向性等を再整理するとともに，今日的な課題に対応していくため，「生徒指導提要の改訂に関する協力者会議」を設置し，「生徒指導提要」について12年ぶりの改訂を行った。

第4段落	改訂版の構成

・第Ⅰ部（第1章から第3章）では，「生徒指導の基本的な進め方」として生徒指導の意義や生徒指導の構造，教育課程との関係，生徒指導を支える組織体制について整理した。

・第Ⅱ部（第4章から第13章）は，「個別の課題に対する生徒指導」として，各個別課題について，関連法規や対応の基本方針に照らしながら，未然防止や早期発見・対応といった観点から，指導に当たっての基本的な考え方や留意すべき事項等について示す。

第5段落	改訂の特徴例

・改訂では，課題予防・早期対応といった課題対応の側面のみならず，児童生徒の発達を支えるような生徒指導の側面に着目し，その指導の在り方や考え方について説明を加えている。

第6段落	生徒指導の役割

・子供たちの多様化が進み，様々な困難や課題を抱える児童生徒が増える中，学校教育には，子供の発達や教育的ニーズを踏まえつつ，一人一人の可能性を最大限伸ばしていく教育が求められている。

・こうした中で，生徒指導は，一人一人が抱える個別の困難や課題に向き合い，「個性の発見とよさや可能性の伸長，社会的資質・能力の発達」に資する重要な役割を有している。

第7段落	学校関係者間の協力・連携の必要性

・生徒指導上の課題が深刻になる中，何よりも子供たちの命を守ることが重要であり，全ての子供たちに対して，学校が安心して楽しく通える魅力ある環境となるよう学校関係者が一丸となって取り組まなければならない。

・その際，事案に応じて，学校だけでなく，家庭や専門性のある関係機関，地域などの協力を得ながら，社会全体で子供たちの成長・発達に向け包括的に支援していくことが必要である。

第8段落	健全な成長・自立を促す機会，「こども基本法」「校則の見直し」の例示

・2022年6月に「こども基本法」が成立し，子供の権利擁護や意見を表明する機会の確保等が法律上位置付けられた。

・子供たちの健全な成長や自立を促すためには，子供たちが意見を述べたり，他者との対話や議論を通じて考える機会を持つことは重要なことである。

・例えば，校則の見直しを検討する際に，児童生徒の意見を聴取する機会を設けたり，児童会・生徒会等の場において，校則について確認したり，議論したりする機会を設けることが考えられる。

・児童生徒が主体的に参画することは，学校のルールを無批判に受け入れるのではなく，児童生徒自身がその根拠や影響を考え，身近な課題を自ら解決するといった教育的意義を有する。

第9段落	改訂作業

・改訂作業については，「生徒指導提要の改訂に関する協力者会議」を設置し行った。

・初の試みとなる本書のデジタルテキスト化を行った。

第10段落	改訂版活用への期待

・全ての教職員や教育委員会等をはじめ多くの学校関係者に生徒指導の基本書として活用され，学校における生徒指導の一層の充実が図られること。

表 2-2 「生徒指導提要（改訂版）」の目次及び言及されている法令

部　　　章	節	言及されている法令
第Ⅰ部：生徒指導の基本的な進め方		
第1章： 生徒指導の 基礎	①生徒指導の意義／②生徒指導の構造／③生徒指導の方法／④生徒指導の基盤／⑤生徒指導の取組上の留意点	教育基本法／地方教育行政の組織及び運営に関する法律／社会教育法／児童の権利に関する条約／こども基本法／教育機会確保法／民法（成年年齢関係）／子ども・若者育成支援推進法
第2章： 生徒指導と 教育課程	①児童生徒の発達を支える教育課程／②教科の指導と生徒指導／③道徳科を要とした道徳教育における生徒指導／④総合的な学習（探究）の時間における生徒指導／⑤特別活動における生徒指導	教育基本法／学校教育法／いじめ防止対策推進法
第3章： チーム学校 による生徒 指導体制	①チーム学校における学校組織／②生徒指導体制／③教育相談体制／④生徒指導と教育相談が一体となったチーム支援／⑤危機管理体制／⑥生徒指導に関する法制度等の運用体制／⑦学校・家庭・関係機関等との連携・協働	学校教育法施行規則／教育基本法／学校教育法／教育職員等による児童生徒性暴力等の防止等に関する法律／地方教育行政の組織及び運営に関する法律／少年法／児童福祉法／児童虐待の防止等に関する法律／個人情報の保護に関する法律／特定非営利活動促進法／子ども・若者育成支援推進法
第Ⅱ部：個別の課題に対する生徒指導		
第4章： いじめ	①いじめ防止対策推進法等／②いじめの防止等の対策のための組織と計画／③いじめに関する生徒指導の重層的支援構造／④関係機関等との連携体制	いじめ防止対策推進法
第5章： 暴力行為	①暴力行為に関する対応指針等／②学校の組織体制と計画／③暴力行為に関する生徒指導の重層的支援構造／④関係機関等との連携体制	刑法（傷害罪，暴行罪，器物損壊罪）／銃砲刀剣類所持等取締法／軽犯罪法
第6章： 少年非行	①少年法・児童福祉法等／②少年非行への視点／③少年非行への対応の基本／④関係機関等との連携体制／⑤喫煙・飲酒・薬物乱用	少年法／児童福祉法／少年警察活動規則／児童の権利に関する条約／二十歳未満ノ者ノ喫煙ノ禁止ニ関スル法律／二十歳未満ノ者ノ飲酒ノ禁止ニ関スル法律／裁判所法／覚醒剤取締法／麻薬及び向精神薬取締法／たばこの規制に関する世界保健機関枠組条約／健康増進法／アルコール健康障害対策基本法
第7章： 児童虐待	①児童福祉法・児童虐待の防止等に関する法律等／②学校の体制／③児童虐待の課題予防的生徒指導／④児童虐待の発見／⑤児童虐待の通告／⑥関係機関との連携体制	児童福祉法／児童虐待の防止等に関する法律／民法（監護教育権）（懲戒・体罰関係）／個人情報の保護に関する法令／児童福祉法等の一部を改正する法律

第8章：自殺	①自殺対策基本法等／②自殺予防のための学校の組織体制と計画／③自殺予防に関する生徒指導の重層的支援構造／④関係機関等との連携に基づく自殺予防の体制	自殺対策基本法
第9章：中途退学	①中途退学の関連法規と基本方針／②中途退学の理解／③中途退学の未然防止と組織体制／④中途退学に至る予兆の早期発見・対応／⑤中途退学者の指導と関係機関との連携体制	学校教育法施行規則／学校教育法／職業安定法
第10章：不登校	①不登校に関する関連法規・基本指針／②不登校対応に求められる学校の組織体制と計画／③不登校に関する生徒指導の重層的支援構造／④関係機関等との連携体制	義務教育の段階における普通教育に相当する教育の機会の確保等に関する法律／学校教育法施行規則
第11章：インターネット・携帯電話に関わる問題	①関連法規・基本方針等／②インターネット問題への組織的取組／③インターネットをめぐる課題に対する重層的支援構造／④関係機関等との連携体制	青少年が安全に安心してインターネットを利用できる環境の整備等に関する法律／インターネット異性紹介事業を利用して児童を誘引する行為の規制等に関する法律／特定電気通信役務提供者の損害賠償責任の制限及び発信者情報の開示に関する法律／児童買春，児童ポルノに係る行為等の規制及び処罰並びに児童の保護等に関する法律／刑法（名誉毀損罪，侮辱罪）／著作権法／民法（損害賠償責任）（未成年者取消権）
第12章：性に関する課題	①性犯罪・性暴力対策の強化の方針／②性に関する課題の早期発見・対応／③性犯罪・性暴力に関する生徒指導の重層的支援構造／④「性的マイノリティ」に関する課題と対応	性同一性障害者の性別の取扱いの特例に関する法律／刑法（不同意わいせつ罪，不同意性交等罪，性的な姿態を撮影する行為等の処罰及び押収物に記録された性的な姿態の影像に係る電磁的記録の消去等に関する法律）／いじめ防止対策推進法
第13章：多様な背景を持つ児童生徒への生徒指導	①発達障害に関する理解と対応／②精神疾患に関する理解と対応／③健康課題に関する理解と対応／④支援を要する家庭状況	障害を理由とする差別の解消の推進に関する法律／発達障害者支援法／障害者の権利に関する条約／学校保健安全法／学校教育法／児童の権利に関する条約／児童福祉法／子どもの貧困対策の推進に関する法律／母子及び父子並びに寡婦福祉法／国民健康保険法／精神保健及び精神障害福祉に関する法律

（1）生徒指導の構造化（2軸3類4層）

　提要改訂版の「1.2.1 2軸3類4層構造」では，構造化（2軸3類4層）に初めて言及しています。その概要は，次の①②③のとおりです。また，提要改訂版の説明の要点を整理し図示したものは図2-1，文章で整理したものは表2-3のとおりです。

3　第Ⅰ部・第1章「生徒指導の基礎」の概要

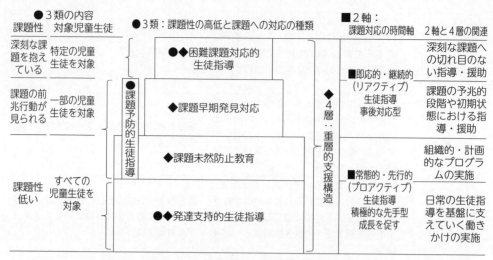

図2-1　生徒指導の構造（2軸3類4層）の要点

① **生徒指導の2軸**

児童生徒の課題への事前と事後の対応の時間軸に着目し，次の2つを示しています。1つは，「常態的・先行的（プロアクティブ）生徒指導」です。日常の生徒指導を基盤とする発達支持的生徒指導と組織的・計画的な課題未然防止教育による，積極的な先手型の生徒指導です。もう1つは，「即応的・継続的（リアクティブ）生徒指導」です。課題の予兆的段階や初期状態にある児童生徒への指導・援助を行う課題早期発見対応と，深刻な課題を抱えている児童生徒への切れ目のない指導・援助を行う困難課題対応的生徒指導による，事後対応型の生徒指導です。

② **生徒指導の3類**

生徒指導の課題性（「高い」・「低い」）と課題への対応の種類から分類し，次の3類を示しています。1つめは，「発達支持的生徒指導」で，全ての児童生徒の発達を支えます。2つめは，「課題予防的生徒指導」で，全ての児童生徒を対象とした課題の未然防止教育と，課題の前兆行動が見られる一部の児童生徒を対象とした課題の早期発見と対応を含みます。3つめは，「困難課題対応的生徒指導」で，深刻な課題を抱えている特定の児童生徒への指導・援助を行います。

③ **生徒指導の4層**

上述した2軸と3類に生徒指導の対象となる児童生徒の範囲の視点を加え，次の4層からなる生徒指導の重層的支援構造を示しています。すべての児童生徒を対象とした第1層「発達支持的生徒指導」と第2層「課題予防的生徒指導：課題未然防止教育」，一部の児童生徒を対象とした第3層「課題予防的生徒指導：課題早期発見対応」，そして，特定の生徒を対象とした第4層「困難課題対応的生徒指導」です。

表 2-3　生徒指導の3類4層の概要

●3類　◆4層	要点内容

●◆　発達支持的生徒指導

- ・特定の課題を意識することなく，全ての児童生徒を対象に，学校の教育目標の実現に向けて，教育課程内外の全ての教育活動において進められる生徒指導の基盤となる。
- ・発達支持的とは，児童生徒に向き合う際の基本的な立ち位置を示し，あくまでも児童生徒が自発的・主体的に自らを発達させていくことが尊重され，その発達の過程を学校や教職員がいかに支えていくかという視点に立つもの。
- ・教職員は，児童生徒の「個性の発見とよさや可能性の伸長と社会的資質・能力の発達を支える」ように働きかける。
- ・日々の教職員の児童生徒への挨拶，声かけ，励まし，賞賛，対話，及び，授業や行事等を通した個と集団への働きかけが大切になる。
- ・自己理解力や自己効力感，コミュニケーション力，他者理解力，思いやり，共感性，人間関係形成力，協働性，目標達成力，課題解決力などを含む社会的資質・能力の育成や，自己の将来をデザインするキャリア教育などを通して，全ての児童生徒の発達を支える働きかけを行う。
- ・共生社会の一員となるための市民性教育・人権教育等の推進などの日常的な教育活動を通して，全ての児童生徒の発達を支える働きかけを行う。

●　課題予防的生徒指導

◆　課題未然防止教育

- ・課題未然防止教育では，全ての児童生徒を対象に，生徒指導の諸課題の未然防止をねらいとした，意図的・組織的・系統的な教育プログラムを実施する。
- ・具体的には，いじめ防止教育，SOS の出し方教育を含む自殺予防教育，薬物乱用防止教育，情報モラル教育，非行防止教室等がある。
- ・生徒指導部を中心に，SC（スクールカウンセラー）等の専門家等の協力も得ながら，年間指導計画に位置付け，実践する。

◆　課題早期発見対応

- ・課題早期発見対応は，課題の予兆行動が見られたり，問題行動のリスクが高まったりするなど，気になる一部の児童生徒を対象に，深刻な問題に発展しないように，初期の段階で諸課題を発見し，対応する。
- ・ある時期に成績が急落する，遅刻・早退・欠席が増える，身だしなみに変化が生じたりする児童生徒に対して，いじめや不登校，自殺などの深刻な事態に至らないように，早期に教育相談や家庭訪問などを行い，実態に応じて迅速に対応する。
- ・早期発見では，いじめアンケートのような質問紙に基づくスクリーニングテストや，SC や SSW（スクールソーシャルワーカー）を交えたスクリーニング会議によって気になる児童生徒を早期に見いだして，指導・援助につなげる。
- ・早期対応では，主に，学級・ホームルーム担任が生徒指導主事等と協力して，機動的に課題解決を行う機動的連携型支援チームで対応する。
- ・問題によっては，生徒指導主事や生徒指導担当，教育相談コーディネーター（教育相談担当主任等）や教育相談担当，学年主任，特別支援教育コーディネーター，養護教諭，SC，SSW 等の教職員が協働して校内連携型支援チームを編成し，組織的なチーム支援によって早期に対応する。

●●　困難課題対応的生徒指導

- ・いじめ，不登校，少年非行，児童虐待など特別な指導・援助を必要とする特定の児童生徒を対象に，校内の教職員（教員，SC，SSW 等）だけでなく，関係機関（校外の教育委員会，警察，病院，児童相談所，NPO 等）との連携・協働による課題対応を行う。
- ・学級・ホームルーム担任による個別の支援や学校単独では対応が困難な場合に，校内連携型支援チーム（生徒指導主事や教育相談コーディネーターを中心に編成）やネットワーク型支援チーム（校外の専門家を有する関係機関と連携・協働した編成）で対応する。

3　第Ⅰ部・第1章「生徒指導の基礎」の概要　　*21*

相互の関連	・発達支持的生徒指導や課題未然防止教育の在り方を改善していくことが，生徒指導上の諸課題の未然防止や再発防止につながる。 ・課題早期発見対応や困難課題対応的生徒指導を広い視点から捉え直すことが，発達支持的生徒指導につながる。 ・課題早期発見対応や困難課題対応的生徒指導を通して，起こった事象を特定の児童生徒の課題として留めずに，学級・ホームルーム，学年，学校，家庭，地域の課題として視点を広げて捉えることによって，全ての児童生徒に通じる指導の在り方が見えてくる。

※ SC（スクールカウンセラー），SSW（スクールソーシャルワーカー）

（2）チーム支援による組織的対応（チーム支援の3つの形態）

　提要改訂版の「1.3.4 チーム支援による組織的対応」では，課題早期発見対応（第3層）や困難課題対応的生徒指導（第4層）において，「チームによる指導・援助に基づく組織的対応によって，早期の課題解決を図り，再発防止を徹底することが重要」としています。また，「発達支持的生徒指導（第1層）や課題未然防止教育（第2層）においても，チームを編成して学校全体で取組を進めることが求められる」としています。

　提要改訂版では，チームの形態は3つ考えられるとしています。1つめは，「機動的連携型支援チーム」です。学級・ホームルーム担任に生徒指導主事や学年主任，教育相談コーディネーターなどを加えた機動的に課題解決を行う最小のチームです。「深刻化，多様化，低年齢化する生徒指導の諸課題を解決するためには，学級・ホームルーム担任が一人で問題を抱え込まずに生徒指導主事などと協力して，機動的連携型支援チームで対応」します。2つめは，「校内連携型支援チーム」です。校内の校務分掌や学年を超えた支援チームです。機動的連携型支援チームでは対応が難しい場合には，生徒指導主事や教育相談コーディネーター，学年主任，養護教諭などに，スクールカウンセラーやスクールソーシャルワーカーなどを加えた，校内連携型支援チームによる組織的対応が重要です。3つめは，「ネットワーク型支援チーム」です。学校と関係機関などで構成される支援チームです。深刻な課題には，校外の関係機関等との連携・協働に基づくネットワーク型支援チームによる地域の社会資源を活用した組織的対応が必要です。

　なお，上記に関連する「3.1 チーム学校における学校組織」では，「チーム学校」に関する「チームとしての学校の在り方と今後の改善方策について」（中央教育審議会答申，2015）を引用しながら，「チーム学校」の定義を「校長のリーダーシップの下，カリキュラム，日々の教育活動，学校の資源が一体的にマネジメントされ，教職員や学校内の多様な人材が，それぞれの専門性を生かして能力を発揮し，子供たちに必要な資質・能力を確実に身に付けさせることができる学校」であると紹介しています。また，チーム学校として機能する学校組織を実現するための4つの視点を次のように示しています。それらの視点から生徒指導体制を構築することにより，「児童生徒一人一人の発達を支える取組を組織的に進める」生徒指導が可能になるとしています。

第2章　生徒指導提要（改訂版）とは

1つめは，専門性に基づくチーム体制の構築の視点です。教員が教育に関する専門性を共通の基盤として持ちつつ，学習指導や生徒指導等の様々な教育活動の場面でそれぞれ独自の得意分野を生かし，チームとして機能すると同時に，教員以外の多様な専門性や経験を有する心理や福祉等のスタッフを学校の教育活動の中に位置付け，教員との連携・協働の体制を充実させることです。

2つめは，学校のマネジメント機能の強化の視点です。学校の課題が複雑化・多様化したことに伴い，学校が管理しなければならない範囲も複雑化・多様化し，学校のマネジメントの難度が高くなっているなかで「チームとしての学校」が機能するためには，校長が，副校長・教頭や主幹教諭，事務長等とともに，管理職もチームとして組織的に学校経営を行うことができるような学校のマネジメント機能をこれまで以上に強化していくことが求められます。

3つめは，教職員一人一人が力を発揮できる環境の整備の視点です。社会の急速な進展の中で，絶えず知識・技能の更新が求められる中で，教職員がそれぞれの力を発揮し，伸ばしていくことができるようにするためには，人材育成の充実を進めることが重要です。また，教職員が自らの専門性を最大限発揮することができるようにするためには，学校の業務改善の取組を進めることが重要です。

4つめは，教職員間に「同僚性」を形成する視点です。「チーム学校」が機能するためには，教職員が学校組織で働く中で，教職員同士の関わり合いを軸に，常日頃から相互に支援し合い，学び合いながら，直面する課題の解決に取り組むことができる教職員間の関係性が重要になります。

（3）生徒指導の取組上の留意点

提要改訂版の「1.5 生徒指導の取組上の留意点」では，生徒指導を行う際の4つの留意点を示しています。

1つめは，教職員の「児童の権利に関する条約」の理解です。生徒指導の基本中の基本である安全・安心な学校づくりには，児童生徒の権利の理解は必須です。「こども家庭庁」の設置や提要改訂版の「まえがき」での「こども基本法」の例示など，児童生徒の権利・利益の擁護は，生徒指導では特段に留意する必要があります。

2つめは，ICTを活用した生徒指導の推進です。たとえば，出欠情報やテスト結果とアンケートデータを組み合わせることで，一人一人の児童生徒や学級・ホームルームの状況を多様な角度から，客観的なデータを用いて分析・検討することが可能になります。

3つめは，幼児教育と小学校教育との円滑な接続です。幼児期の終わりから児童期（低学年）にかけて求められる「学びの自立，生活上の自立，精神的な自立」は，自分で考え，選択・判断し，行動する自己指導能力や他者との協働性の土台となります。幼児教育の成果が小学校教育へと引き継がれ，子供の発達や学びが連続するようにすることは不可欠です。

3　第Ⅰ部・第1章「生徒指導の基礎」の概要

4つめは、児童生徒の社会的自立に向けた取組です。児童生徒が社会の中で自分らしく生きることができる存在となるように、適切な働きかけを実施することに留意する必要があります。

なお、1つめの「児童の権利に関する条約」の理解は、提要改訂版において教職員、児童生徒、保護者、地域の人々などにとって必須と明記されています。次の（4）では、その基本とされる4つの原則について、「こども基本法」の内容と照らしながら取り上げます。

（4）児童生徒の権利の理解（「児童の権利に関する条約」と「こども基本法」）

提要改訂版の「まえがき」には、子供たちの健全な成長や自立を促すための代表的な事例として、「こども基本法」が成立し、子供の権利擁護や意見を表明する機会の確保などが法律上に位置付けられたことを明記しています。なお、2020年6月に公布された「こども基本法」の第1条には、「この法律は、日本国憲法及び児童の権利に関する条約の精神にのっとり、次代の社会を担う全てのこどもが、生涯にわたる人格形成の基礎を築き、自立した個人としてひとしく健やかに成長することができ、心身の状況、置かれている環境等にかかわらず、その権利の擁護が図られ、将来にわたって幸福な生活を送ることができる社会の実現を目指して、（中略）こども施策を総合的に推進すること」を目的として示しています。

「こども基本法」の上位に規定される「児童の権利に関する条約」については、提要改訂版の「1.5.1 児童生徒の権利の理解」において、生徒指導を実践する上で、児童の権利条約の4つの原則を理解しておくことが不可欠と示しています。その原則をまとめると、次のとおりです。

差別の禁止（第2条第1項）
・児童又はその父母若しくは法定保護者の人種、皮膚の色、性、言語、宗教、政治的意見その他の意見、国民的、種族的若しくは社会的出身、財産、心身障害、出生又は他の地位にかかわらず、いかなる差別もなしにこの条約に定める権利を尊重し、及び確保する。
児童の最善の利益の考慮（第3条第1項）
・児童に関する全ての措置をとるに当たっては、公的若しくは私的な社会福祉施設、裁判所、行政当局又は立法機関のいずれによって行われるものであっても、児童の最善の利益が主として考慮されるものとする。
生命・生存・発達に対する権利の確保（第6条第1項及び第2項）
・全ての児童が生命に対する固有の権利を有することを認める。児童の生存及び発達を可能な最大限の範囲において確保する。
意見を表明する権利の確保（第12条第1項）
・自己の意見を形成する能力のある児童がその児童に影響を及ぼすすべての事項について自由に自己の意見を表明する権利を確保する。この場合において、児童の意見は、その児童の年齢及び成熟度に従って相応に考慮されるものとする。

以上のように、4つの原則は、1つめに児童生徒は、どのような理由によっても差別されず、条約が定めるすべての権利が保障されること、2つめに児童生徒に関することが決

められ，おこなわれるときは，児童生徒にとって最もよいことを第一に考えること，3つめに児童生徒の命が守られ，もって生まれた能力を十分に伸ばして成長できるよう，医療，教育，生活への支援などを受けることが保障されること，4つめに児童生徒は自分に関係することに対して自由に自分の意見を表明する権利を持ち，大人はその意見を児童生徒の発達に応じて十分に考慮する必要があることを指します。

また，「こども基本法」の基本理念（第3条）の内容は，上記の「児童の権利に関する条約」の4つの原則と重なるところがみられます。それは，次のとおりです。

第3条第1項
・全てのこどもについて，個人として尊重され，その基本的人権が保障されるとともに，差別的取扱いを受けることがないようにすること。
第3条第2項
・全てのこどもについて，適切に養育されること，その生活を保障されること，愛され保護されること，その健やかな成長及び発達並びにその自立が図られることその他の福祉に係る権利が等しく保障されるとともに，教育基本法の精神にのっとり教育を受ける機会が等しく与えられること。
第3条第3項
・全てのこどもについて，その年齢及び発達の程度に応じて，自己に直接関係する全ての事項に関して意見を表明する機会及び多様な社会的活動に参画する機会が確保されること。
第3条第4項
・全てのこどもについて，その年齢及び発達の程度に応じて，その意見が尊重され，その最善の利益が優先して考慮されること。

（5）生徒指導に関する法制度等の運用体制

「3.6 生徒指導に関する法制度等の運用体制」では，「校則の運用・見直し」と「懲戒と体罰，不適切な指導」と「出席停止制度の趣旨と運用」について取り上げています。このうち，「懲戒と体罰，不適切な指導」と「出席停止制度の趣旨と運用」は，第9章で取り上げます。

「校則の運用・見直し」では，「校則の意義・位置付け」，「校則の運用」，「校則の見直し」，「児童生徒の参画」の4点を取り上げています。その内容は，表2-4のとおりです。なお，2010年の生徒指導提要における校則に関する記載内容も示しています。対比することで改訂された内容についての理解が深まります。

校則については，「まえがき」において，2022年6月に「こども基本法」が成立し，子供の権利擁護や意見を表明する機会の確保等が法律上位置付けられたことを踏まえ，その代表的な事例として「校則の見直し」を示しています。その具体例として，校則の見直しを検討する際には，児童生徒の意見を聴取する機会を設けることや，児童会・生徒会の場において，校則の確認や議論の機会を設けることを挙げています。また，そのような機会に児童生徒が主体的に参画することは，児童生徒自身がその根拠や影響を考え，身近な課題を自ら解決するといった教育的意義があるとしています。表2-4を基に「校則の運用・見直し」の要点を把握しながら，児童生徒の権利擁護や意見を表明する機会の確保にも特段に留意する必要があります。

3　第Ⅰ部・第1章「生徒指導の基礎」の概要　25

表 2-4　校則の運用・見直し

改訂版（校則の運用・見直し）	2010 年版
(1) 校則の意義・位置付け	校則とは・校則の根拠法令
・児童生徒が遵守すべき学習上，生活上の規律として定められる校則は，児童生徒が健全な学校生活を送り，よりよく成長・発達していくために設けられるもの。	・校則は，学校が教育目的を実現していく過程において，児童生徒が遵守すべき学習上，生活上の規律として定められている。児童生徒が健全な学校生活を営み，よりよく成長していくための行動の指針として，各学校において定められている。
・校則は，各学校が教育基本法等に沿って教育目標を実現していく過程において，児童生徒の発達段階や学校，地域の状況，時代の変化等を踏まえて，最終的には校長により制定されるもの。	・校則を制定する権限は，学校運営の責任者である校長にある。
・校則の在り方は，特に法令上は規定されていない。判例では，社会通念上合理的と認められる範囲において，教育目標の実現という観点から校長が定めるものとされている。	・校則について定める法令の規定は特にない。社会通念上合理的と認められる範囲で，校長は校則などにより児童生徒を規律する包括的な権能を持つと解されている。
・学校教育において社会規範の遵守について適切な指導を行うことは重要であり，学校の教育目標に照らして定められる校則は，教育的意義を有するものと考えられる。	・児童生徒が心身の発達の過程にあることや，学校が集団生活の場であることなどから，学校には一定のきまりが必要である。また，学校教育において，社会規範の遵守について適切な指導を行うことは極めて重要なことであり，校則は教育的意義を有している。
・校則の制定に当たっては，少数派の意見も尊重しつつ，児童生徒個人の能力や自主性を伸ばすものとなるように配慮することも必要。	・判例では，学校が教育目的を達成するために必要かつ合理的範囲内において校則を制定し，児童生徒の行動などに一定の制限を課することができる。
(2) 校則の運用	校則の内容と運用
・校則に基づく指導を行うに当たっては，校則を守らせることばかりにこだわることなく，何のために設けたきまりであるのか，教職員がその背景や理由についても理解しつつ，児童生徒が自分事としてその意味を理解して自主的に校則を守るように指導していくことが重要。	・校則には，学業時刻や児童会・生徒会活動などに関する規則だけでなく，服装，頭髪，校内外の生活に関する事項など，様々なものが含まれている。学校種や児童生徒の実情，地域の状況，校風など，学校がその特色を生かし，創意工夫ある定め方ができる。
・校則の内容について，普段から学校内外の関係者が参照できるように学校のホームページ等に公開しておくことや，児童生徒がそれぞれのきまりの意義を理解し，主体的に校則を遵守するようになるために，制定した背景等についても示しておくことが適切である。	・判例では，校則の内容については，学校の専門的，技術的な判断が尊重され，幅広い裁量が認められる。校則の内容は，社会通念に照らして合理的とみられる範囲内で，学校や地域の実態に応じて適切に定められることとなる。全国一律の校則があるわけではない。

・校則に違反した場合には，行為を正すための指導にとどまるのではなく，違反に至る背景など児童生徒の個別の事情や状況を把握しながら，内省を促すような指導となるよう留意しなければならない。	・しつけや道徳，健康などに関する事項で，細かいところまで規制するような内容は，校則とするのではなく，学校の教育目標として位置付けた取組とすることや，児童生徒の主体的な取組に任せることで足りると考えられている。

(3) 校則の見直し	校則の見直し
・校則を制定してから一定の期間が経過し，学校や地域の状況，社会の変化等を踏まえて，その意義を適切に説明できないような校則については，改めて学校の教育目的に照らして適切な内容か，現状に合う内容に変更する必要がないか，また，本当に必要なものか，絶えず見直しを行うことが求められる。	・学校を取り巻く社会環境や児童生徒の状況は変化するため，校則の内容は，児童生徒の実情，保護者の考え方，地域の状況，社会の常識，時代の進展などを踏まえたものになっているか，絶えず積極的に見直さなければならない。
・校則によって，教育的意義に照らしても不要に行動が制限されるなど，マイナスの影響を受けている児童生徒がいないか，いる場合にはどのような点に配慮が必要であるか，検証・見直しを図ることも重要。	・校則の見直しは，校則に対する理解を深め，校則を自分たちのものとして守っていこうとする態度を養うことにつながり，児童生徒の主体性を培う機会にもなる。
・校則は，最終的には校長により適切に判断される事柄である。その内容によっては，児童生徒の学校生活に大きな影響を及ぼす場合もあることから，その在り方については，児童生徒や保護者等の学校関係者からの意見を聴取した上で定めていくことが望ましい。	・校則の内容の見直しは，最終的には教育に責任を負う校長の権限である。見直しについて，児童生徒が話し合う機会を設けたり，ＰＴＡにアンケートをしたりするなど，児童生徒や保護者が何らかの形で参加する例もある。
・見直しに当たっては，児童会・生徒会や保護者会といった場において，校則について確認したり議論したりする機会を設けるなど，絶えず積極的に見直しを行っていくことが求められる。	・見直しに当たって，児童会・生徒会，学級会などの場を通じて児童生徒に主体的に考えさせる機会を設けた結果，児童生徒が自主的に校則を守るようになった事例，その取組が児童生徒に自信を与える契機となり，自主的・自発的な行動につながり，学習面や部活動で成果を上げるようなった事例などがある。
・校則を策定したり，見直したりする場合にどのような手続きを踏むことになるのか，その過程についても示しておくことが望まれる。	

① 学校における取組例	② 教育委員会における取組例
・各学級で校則や学校生活上の規則で変更してほしいこと，見直してほしいことを議論。	・校則の内容，見直し状況について実態調査を実施。
・生徒会やPTA会議，学校評議員会において，現行の校則について，時代の要請や社会常識の変化等を踏まえ，見直しが必要な事項について意見を聴取。	・学校等の実態に即した運用や指導ができているか等の観点から，必要に応じて校則を見直すよう依頼。
・児童生徒や保護者との共通理解を図るため，校則をホームページに掲載するとともに，入学予定者等を対象とした説明会において，校則の内容について説明。	・校則を学校のホームページへ掲載するとともに，校則について生徒が考える機会を設けられるよう改定手続きを明文化するなど，児童生徒・保護者に周知するよう依頼。

3　第Ⅰ部・第1章「生徒指導の基礎」の概要

(4) 児童生徒の参画	
・校則の見直しの過程に児童生徒自身が参画することは，校則の意義を理解し，自ら校則を守ろうとする意識の醸成につながる。	
・校則を見直す際に児童生徒が主体的に参加し意見表明することは，学校のルールを無批判に受け入れるのではなく，自身がその根拠や影響を考え，身近な課題を自ら解決するといった教育的意義を有するものとなる。	

 4　第Ⅱ部「個別の課題に対する生徒指導」の概要

（1）第Ⅱ部・第4章から第10章の概要

　第Ⅱ部では，「個別の課題に対する生徒指導」として，第4章から第13章で生徒指導上の個別の課題ごとに章立てを行い，章ごとに具体的対応や関連する法令について言及しています。また，各章はリード文で現状や各章の概要を端的に示し，各章の節構成は4つの内容（「関連法規や基本方針等」，「学校の組織体制と計画」，「未然防止，早期発見・対応」，「関係機関との連携体制」）を基本としています。

　第Ⅱ部の章立ての課題の中で，「第4章　いじめ」，「第5章　暴力行為」，「第6章　少年非行」，「第7章　児童虐待」，「第8章　自殺」，「第10章　不登校」については，本書において章を立てて具体的に取り上げています。「第9章　中途退学」については，その未然防止にむけた対策に本書の第11章から第16章で取り上げるキャリア教育の充実を図る内容が参考になります。

（2）第Ⅱ部・第11章から第13章の概要

　「第11章　インターネット・携帯電話に関わる問題」，「第12章　性に関する課題」，「第13章　多様な背景を持つ児童生徒への生徒指導」について，それぞれの課題の背景と対応の留意点の概要は，以下のとおりです。

　「第11章　インターネット・携帯電話に関わる問題」では，インターネットの匿名性や拡散性などの特徴やインターネット利用の多様化に伴い，学校や自治体単位の対応だけでは困難な事例や，犯罪に巻き込まれる事例が増加しているため，それぞれの関係機関等と連携しながら，「チーム学校」として対策を進めることが必要です。また，学校が把握した段階では手遅れになる場合が多く，さらにトラブルが起きてしまうと完全に解決することが極めて難しいため，早期発見と未然防止が重視されます。学校では，児童生徒のインターネットの利用状況の把握や，児童生徒がインターネット利用のルールづくりやその遵守を主体的に話し合う機会の設定や，トラブル事例を具体的に取り上げながら対応方法を学ぶ機会の設定などの未然防止の取り組みが重要です。また，保護者や地域からの情報や

相談による早期発見ができるように，保護者や地域との連携の取り組みも重要です。

「第12章　性に関する課題」では，児童生徒を取り巻く性に関する状況において，若年層のエイズ及び性感染症，人工妊娠中絶，性犯罪・性暴力，性の多様性など様々な課題がみられ，これらは，生徒指導に直結する課題です。性に関する課題への対応では，関連する法律などの理解や人権に配慮した丁寧な関わり，児童生徒が多様性を認め，自分と他人を尊重することができ，安心して過ごせる環境や相談しやすい体制の整備，それらを支える「チーム学校」として組織づくりを進めることが求められます。特に，近年，性犯罪や性暴力については，被害者が低年齢化し，児童生徒が被害にあうケースは増えています。学校では，前兆行動を見逃さないように留意するとともに，児童生徒に性について正しく理解し適切な行動がとれるようにすることや，発達段階を踏まえ保護者の理解を得ながら，性犯罪・性暴力に対して適切な行動をとれる力を身につける未然防止教育が必要です。また，性被害にあった児童生徒に対しては，個別事情に応じながら，医療機関や児童相談所などの関係機関と連携して対応することが必要になります。

「第13章　多様な背景を持つ児童生徒への生徒指導」では，発達障害，精神疾患，健康課題，家庭状況について取り上げ，その一つ一つが直接に学習指導や生徒指導上の課題となる場合があり，近年，それぞれの課題とその影響がクローズアップされています。なお，それぞれに関連する法律や通知などが整備されているため，その内容を理解した上で取り組む必要があります。発達障害については，関連する法律や制度を理解する中で，発達障害の理解とその課題に関する理解が求められます。精神疾患については，早期の専門家の介入が不可欠であり，日常からの身近な教職員の気づきや積極的に関係機関と連携することが重要です。健康課題については，生徒指導上の課題の背景に，児童生徒の心身の健康課題が潜んでいる場合があり，その状況把握に積極的に努める必要があります。家庭状況については，行政が保護者の同意なく家庭に介入できる場合や，要保護児童対策地域協議会が扱う内容などがあるため，学校はそれぞれの関係機関の役割を理解した上での対応が求められます。

【引用・参考文献】

中央教育審議会　2015　チームとしての学校の在り方と今後の改善方策について（答申）
　　https://www.mext.go.jp/b_menu/shingi/chukyo/chukyo0/toushin/__icsFiles/afieldfile/2016/02/05/1365657_00.pdf

文部科学省　2021　（生徒指導提要の改訂に関する協力者会議（第1回）配付資料）　資料2　生徒指導提要の改訂にあたっての基本的な考え方
　　https://www.mext.go.jp/content/20210705-mext_jidou01-000016584_002.pdf

中央教育審議会　2021　「令和の日本型学校教育」の構築を目指して──全ての子供たちの可能性を引き出す，個別最適な学びと，協働的な学びの実現（答申）──
　　https://www.mext.go.jp/content/20210126-mxt_syoto02-000012321_2-4.pdf

文部科学省　2022　「生徒指導提要（改訂版）」利用ガイド
　　https://www.mext.go.jp/ content/20221206-mxt-jidou02-000024699-002.pdf

文部科学省　2022　生徒指導提要（改訂版）——全文と解説——　学事出版

石隈利紀　2022　チーム学校による生徒指導——児童生徒の主体性と意見を生かす——　月刊生徒指導　第52巻第13号　学事出版　14-20

新井肇　2022　特集の趣旨　生徒指導研究　第21号　日本生徒指導学会編　6-7

小林雅彦　2022　『生徒指導提要』改訂の趣旨　生徒指導研究　第21号　日本生徒指導学会編　8-10

滝澤雅彦　2022　学校現場における『生徒指導提要』の活用　生徒指導研究　第21号　日本生徒指導学会編　11-17

坂田仰　2022　『生徒指導提要』と法化現象　生徒指導研究　第21号　日本生徒指導学会編　29-34

八並光俊　2023　『生徒指導提要』の改訂の経緯と第1章「生徒指導の基礎」の要点　月刊生徒指導　第53巻第4号　学事出版　38-41

八並光俊・石隈利紀（編著）　2023　Q＆A　新生徒指導提要で読み解くこれからの児童生徒の発達支持　ぎょうせい

八並光俊　2023　生徒指導の基礎　中村豊（編著）　生徒指導提要改訂の解説とポイント——積極的な生徒指導を目指して——　ミネルヴァ書房　15-28

八並光俊　2024　新『生徒指導提要』の実践的活用に向けての提言　月刊生徒指導　第54巻第1号　学事出版　12-15

髙橋典久　2024　生徒指導上の諸課題の現状と取組の視点——問題行動・不登校——　月刊生徒指導　第54巻第1号　学事出版　16-19

竹内和雄　2024　第11章　インターネット・携帯電話にかかわる問題　——チーム学校で未然防止——　月刊生徒指導　第54巻第1号　学事出版　34-37

葛西真記子　2024　第12章　性に関する課題　月刊生徒指導　第54巻第2号　学事出版　38-41

野田正人　2024　第13章　多様な背景を持つ児童生徒への生徒指導　月刊生徒指導　第54巻第3号　学事出版　34-37

Chapter 3 生徒指導の充実，生徒指導とウェルビーイング

　学習指導要領は，法令に基づき各学校における教科・特別活動などの目標や内容について，必要かつ合理的な事項を大綱的に示した教育課程の全国的な基準として，文部科学大臣が定めたものです。その学習指導要領の総則には「生徒指導の充実」が明記されています。また，教育振興基本計画は，我が国の政府が策定する教育に関する総合計画であり，学習指導要領にも反映されます。その第4期計画では，2040年以降の社会を見据えた教育政策を示し，総括的な基本方針として「持続可能な社会の創り手の育成」と「日本社会に根差したウェルビーイングの向上」の2つを位置づけています。ウェルビーイング（well-being）は，幸福に関する概念とされていますが，提要改訂版で明示された生徒指導の目的の中には「児童生徒の幸福追求」が含まれています。今後の生徒指導では，児童生徒のウェルビーイングの向上も対象になることが明確になりました。
　本章では，学習指導要領及びその解説で示す「生徒指導の充実」に向けた取組の要点を取り上げます。また，第4期教育振興基本計画で示されたウェルビーイングの解釈や定義などを参考に，生徒指導とウェルビーイングの関連と，生徒指導における児童生徒のウェルビーイングの向上について解説します。

 1　学習指導要領・総則の「生徒指導の充実」の内容

　学習指導要領は，法令に基づき各学校における教科・特別活動などの目標や内容などについて，必要かつ合理的な事項を大綱的に示した教育課程の全国的な基準として，文部科学大臣が定めたものです。その学習指導要領・総則の「生徒指導の充実」は，次のとおりです。なお，学習指導要領およびその解説では，本章で児童生徒と記載しているところが，小学校では児童，中学校と高等学校では生徒となります。

> 児童（生徒）が，自己の存在感を実感しながら，よりよい人間関係を形成し，有意義で充実した学校生活を送る中で，現在及び将来における自己実現を図っていくことができるよう，児童（生徒）理解を深め，学習指導と関連付けながら，生徒指導の充実を図ること。

※小学校第1章総則第4の1（2），中学校第1章総則第4の1（2），高等学校第1章総則第5款の1（2）

2 学習指導要領解説・総則編の「生徒指導の充実」の内容

学習指導要領解説・総則編（小・中：第3章第4節，高：第6章第1節）では，「生徒指導の充実」について解説し，あわせて取り組むべき内容を明記しています。ここでは，その理解を深めるために，小学校，中学校，高等学校の各解説の内容について要点を整理します。

小学校と中学校の解説は7段落構成で，内容はほぼ同じです。高等学校の解説は9段落で示しています。中学校の内容を基準に「生徒指導の充実」の解説内容を示すと，次の（1）から（4）のとおりです。なお，中学校と内容が異なる箇所には下線を引き，（　　）の中に小学校と高等学校の内容を記しています。また，学級・ホームルームと記載している箇所は，小学校と中学校では学級，高等学校ではホームルームと表記されています。

（1）生徒指導のねらい，意義（解説の第1，2段落の内容）

小・中・高等学校の第1，2段落では，主に生徒指導のねらいや意義について示しています。また，生徒指導の機会や機能，方法についても示しています。要点を整理すると，表3-1のとおりです。また，第1，2段落の内容は，表3-1に続いて示すとおりです。

表3-1　生徒指導のねらい，意義など

生徒指導			
目的・積極的な意義	一人一人の児童生徒の人格を尊重し，個性の伸長を図りながら，社会的資質や行動力を高め，一人一人の生徒の健全な成長を促し，自ら現在及び将来における自己実現を図っていくための自己指導能力の育成を目指す	機会	学校教育活動全体，学習活動と関連付ける
		機能	学校の教育目標を達成するための重要な機能であり，特定の領域における教育活動ではない
		方法	指導，援助
留意点	消極的な面（単なる問題行動への対応）だけにとどまらないこと		

（第1段落の内容）

> 生徒指導は，学校の教育目標を達成するために重要な機能の一つであり，一人一人の児童生徒の人格を尊重し，個性の伸長を図りながら，社会的資質や行動力を高めるように指導，援助するものである。すなわち，生徒指導は，全ての児童生徒のそれぞれの人格のよりよき発達を目指すとともに，学校生活が全ての児童生徒にとって有意義で興味深く，充実したものになるようにすることを目指すものであり，単なる児童生徒の問題行動への対応という消極的な面だけにとどまるものではない。

（第2段落の内容）

> 学校教育において，生徒指導は学習指導と並んで重要な意義をもつものであり，また，両者は相互に深く関わっている。各学校においては，生徒指導が，一人一人の児童生徒の健全な成長を促し，児童生徒自ら現在及び将来における自己実現を図っていくための自己指導能力の育成を目指すという生徒指導の積極的な意義を踏まえ，学校の教育活動全体を通じ，学習指導と関連付けながら，その一層の充実を図っていくことが必要である。

（2）生徒指導を進める基盤（解説の第3，4段落の内容）

　第3，4段落では，主に生徒指導を進める基盤について示しています。その基盤は「児童生徒理解の深化」と「教師と児童生徒の信頼関係の構築」の2つであり，それぞれについて解説しています。その内容について要点を整理すると，表3-2のとおりです。また，第3，4段落の内容は，表3-2に続いて示すとおりです。

表3-2　生徒指導を進める基盤

児童生徒理解の深化	教師と児童生徒との信頼関係の構築
・　児童生徒は違った能力・適性，興味・関心等をもつ ・　児童生徒の生育環境，将来の夢や進路希望等は異なる	・　日ごろの人間的な触れ合い ・　児童生徒とともに歩む教師の姿勢
↓したがって	・　授業等における児童生徒の充実感・成就感を生み出す指導 ・　児童生徒の特性や状況に応じた的確な指導 ・　不正や反社会的行動に対する毅然とした教師の態度
<u>多面的・総合的に理解していくことが重要</u> ・　担任による日ごろの人間的な触れ合いに基づくきめ細かい観察，面接 ・　広い視野から行う（学年教師，教科担任等，部活動顧問，養護教諭など） ・　不安や悩みに目を向け，内面に対する共感的理解をもって	↓その信頼関係をもとに 児童生徒の自己開示は高まり， 児童生徒理解は一層深化する

（第3段落の内容）

> 　生徒指導を進めていく上で，その基盤となるのは児童生徒一人一人についての児童生徒理解の深化を図ることである。一人一人の児童生徒はそれぞれ違った能力・適性，興味・関心等をもっている。また，児童生徒の生育環境も将来の夢や<u>進路希望等</u>（小学校：希望等）も異なる。それ故，生徒理解においては，児童生徒を多面的・総合的に理解していくことが重要であり，学級・ホームルーム担任の教師の日ごろの人間的な触れ合いに基づくきめ細かい観察や面接などに加えて，学年の教師，<u>教科担任</u>（小学校：専科担当教師），<u>部活動等の顧問教師</u>（小学校：記載なし），養護教諭などによるものを含めて，広い視野から児童生徒理解を行うことが大切である。また，<u>思春期にあって生活環境の急激な変化を受けている</u>（小学校：記載なし，高等学校：青年期にある）児童生徒一人一人の不安や悩みに目を向け，児童生徒の内面に対する共感的理解をもって児童生徒理解を深めることが大切である。

（第4段落の内容）

> 　児童生徒理解の深化とともに，教師と児童生徒との信頼関係を築くことも生徒指導を進める基盤である。教師と児童生徒の信頼関係は，日ごろの人間的な触れ合いと児童生徒と共に歩む教師の姿勢，授業等における児童生徒の充実感・成就感を生み出す指導，児童生徒の特性や状況に応じた的確な指導と不正や反社会的行動に対する毅然とした教師の態度などを通じて形成されていくものである。その信頼関係をもとに，児童生徒の自己開示も高まり，教師の児童生徒理解も一層深まっていくのである。

（3）生徒指導の充実の基盤（解説の第5，6段落の内容）

　第5，6段落の内容（高等学校では5，6，7，8段落の内容）について取り上げます。まず，「生徒指導の充実の基盤」について示しています。その基盤となる自己実現を図ることができる望ましい集団の形成には，「自己存在感の実感」，「共感的人間関係の育成」，「自己決定の機会の設定」の3点が，きわめて重要としています。次に，「教育課程編成上の配

2　学習指導要領解説・総則編の「生徒指導の充実」の内容

慮」として，学級活動・ホームルーム活動と学習指導の充実が大切であるとしています。その内容について要点を整理すると，表3-3のとおりです。また，第5,6段落の内容は，表3-3に続いて示すとおりです。

表3-3 生徒指導の充実の基盤と教育課程編成上の配慮

生徒指導の充実の基盤
　一人一人が自己の存在感を実感しながら，共感的な人間関係を育み，自己決定の場を豊かにもち，自己実現を図っていける望ましい集団の実現
・自他の個性を尊重し，互いの身になって考え，相手のよさを見付けようと努める集団の実現
・互いに協力し合い，主体的によりよい人間関係を形成していこうとする集団の実現
　　　　　　　　　　　　　　　↓↑
　好ましい人間関係を基礎に豊かな集団生活が営まれる学級・ホームルーム・学校教育環境の形成

教育課程編成上の配慮
　学校の教育活動全体を通じて生徒指導の機能が発揮できるようにすること
　○　特別活動における学級活動・ホームルーム活動
・集団や社会の一員としてよりよい生活を築くための自主的，実践的な学習の場
・自己・人間としての在り方生き方について自覚を深め，自己を生かす能力を養う場
・生徒指導のための中核的な時間
　○　授　業
・分かる喜びや学ぶ意義を実感できない授業は苦痛 → 劣等意識を助長し情緒不安定をもたらす
　　　　　　　　　　　　　様々な問題行動を生じさせる原因
　　　　　　　　　　　　　　　　↓
　　　　　　　　　　日頃の学習指導の一層の充実
　一人一人の特性を十分把握，他教師の助言や協力を得て指導技術の向上，指導方法や指導体制などの工夫改善

（第5段落の内容）

　また，学校教育は，集団での活動や生活を基本とするものであり，学級や学校での児童生徒相互の人間関係の在り方は，児童生徒の健全な成長と深く関わっている。児童生徒一人一人が自己の存在感を実感しながら，共感的な人間関係を育み，自己決定の場を豊かにもち，自己実現を図っていける望ましい集団の実現は極めて重要である。すなわち，自他の個性を尊重し，互いの身になって考え，相手のよさを見付けようと努める集団，互いに協力し合い，主体的によりよい人間関係を形成していこうとする集団，言い換えれば，好ましい人間関係を基礎に豊かな集団生活が営まれる学級・ホームルームや学校の教育的環境を形成することは，生徒指導の充実の基盤であり，かつ生徒指導の重要な目標の一つでもある。（※）教育機能としての生徒指導は，教育課程の特定の領域における指導ではなく，教育課程の全領域において行わなければならないものである。特別活動における学級活動・ホームルーム活動などは，集団や社会の一員としてよりよい生活を築くための自主的，実践的な学習の場であるとともに，人間としての生き方（小学校：自己の生き方，高等学校：人間としての在り方生き方）について自覚を深め，自己を生かす能力を養う場であり，生徒指導のための中核的な時間となると考えられるが，あくまでも学校の教育活動全体を通じて生徒指導の機能が発揮できるようにすることが大切であり，教育課程の編成に当たっては，この点に十分配慮する必要がある。

　（※）に以下の高等学校の内容がはいる
　単位制による課程をはじめとして，教育課程における選択の幅の大きい高等学校にあっては，日常の授業の集団とホームルーム集団とが一致しない場合も多いだけに，このことはとりわけ重要である。
　以上のことを基盤として，高等学校における生徒指導では，複雑化し，目まぐるしい変化が続く社会

において，人としての調和のとれた発達を図りながら，自らの行動を選択し，決定していくことのできる主体を育成するとともに，集団や社会の一員としてよりよい生活を築こうとする自主的，実践的な態度を身に付けさせ，将来の社会生活の中で自己実現を果たすことができる能力や態度の育成を目指さなければならない。そのため，生徒指導において，ガイダンスの機能の充実が求められるのである。なお，

（第6段落の内容）

さら（高等学校：更）に，分かる（高等学校：わかる）喜びや学ぶ意義を実感できない授業は児童生徒にとって苦痛であり，児童生徒の劣等感を助長し，情緒の不安定をもたらし，様々な問題行動を生じさせる原因となることも考えられる。教師は，児童生徒一人一人の特性を十分把握した上で，他の教師の助言や協力を得て，指導技術の向上，指導方法や指導体制などの工夫改善を図り，日ごろの学習指導を一層充実させることが大切である。

（4）開かれた生徒指導の推進（解説の第7段落の内容）

第7段落目の内容（高等学校では9段落の内容）は，主に開かれた生徒指導の推進について示しています。その要点を整理すると，表3-4のとおりです。また，第7段落の内容は，表3-4に続いて示すとおりです。

表3-4　開かれた生徒指導の推進

学校内で	○ 全教職員の共通理解，学校としての協力体制・指導体制の構築
学校外と	○ 家庭や地域社会及び関係機関等との密な連携・協力 ・児童生徒理解，児童生徒に対する指導の在り方等の共通理解 　（保護者との間で学校だよりや学級・学年通信等やＰＴＡの会報，保護者会などにより相互の交流を通して） ・交流と連携の深化 　（地域懇談会や関係機関などとの懇談会を通して）

（第7段落の内容）

生徒指導を進めるに当たっては，全教職員の共通理解を図り，学校としての協力体制・指導体制を築くとともに，家庭や地域社会及び関係機関等との連携・協力を密にし，児童生徒の健全育成を広い視野から考える開かれた生徒指導の推進を図ることが重要である。そのためには，保護者との間で学校だよりや学級・学年・ホームルーム通信等，あるいはＰＴＡの会報，保護者会などにより相互の交流を通して，児童生徒理解，児童生徒に対する指導の在り方等について共通理解をしておく必要がある。また，地域懇談会や関係機関等との懇談会などを通して交流と連携を深めるなど，日ごろから生徒指導の充実に取り組むことが必要である。

✖ 3 ┃「生徒指導の充実」のチェックリスト

上記2では，学習指導要領解説・総則編の「生徒指導の充実」の要点を整理しましたが，それらの内容を総合的に7つの項目にまとめて示すと，表3-5の（1）から（7）になります。「生徒指導の充実」の内容の全体像を端的に把握することができます。

3　「生徒指導の充実」のチェックリスト　35

表3-5 「生徒指導の充実」のまとめ

（1）生徒指導とは
- 学校の教育目標を達成するために重要な機能の一つである。
- 一人一人の児童生徒の人格を尊重し，個性の伸長を図りながら，社会的資質や行動力を高めるように指導，援助するものである。
- 全ての児童生徒のそれぞれの人格のよりよき発達を目指すとともに，学校生活がすべての児童生徒にとって有意義で興味深く，充実したものになるようにすることを目指すものである。
- 単なる児童生徒の問題行動への対応という消極的な面だけにとどまるものではない。
- 生徒指導の積極的な意義は，一人一人の児童生徒の健全な成長を促し，児童生徒自ら現在及び将来における自己実現を図っていくための自己指導能力の育成を目指すというものである。

（2）生徒指導と学習指導
- 学校教育において，生徒指導は学習指導と並んで重要な意義をもつものであり，両者は相互に深く関わっている。
- 学校の教育活動全体を通じ，学習指導と関連付けながら，生徒指導の積極的な意義の一層の充実を図っていくことが必要である。

（3）生徒指導を進める基盤（児童生徒理解の深化）
- 児童生徒一人一人についての児童生徒理解の深化を図ることである。
- 児童生徒理解においては，児童生徒を多面的・総合的に理解していくことが重要である。
- 学級担任の教師の日ごろの人間的な触れ合いに基づくきめ細かい観察や面接などに加えて，学年の教師，教科担任，部活動等の顧問教師，養護教諭などによるものを含めて，広い視野から児童生徒理解を行うことが大切である。
- 思春期にあって生活環境の急激な変化を受けている児童生徒一人一人の不安や悩みに目を向け，児童生徒の内面に対する共感的理解をもって児童生徒理解を深めることが大切である。

（4）生徒指導を進める基盤（教師と生徒との信頼関係の構築）
- 教師と児童生徒との信頼関係を築くことである。
- 教師と児童生徒の信頼関係は，日ごろの人間的な触れ合いと児童生徒と共に歩む教師の姿勢，授業などにおける児童生徒の充実感・成就感を生み出す指導，児童生徒の特性や状況に応じた的確な指導と不正や反社会的行動に対する毅然とした教師の態度などを通じて形成されていくものである。
- 信頼関係をもとに，児童生徒の自己開示も高まり，教師の児童生徒理解も一層深まっていくのである。

（5）生徒指導の充実の基盤
- 好ましい人間関係を基礎に豊かな集団生活が営まれる学級や学校の教育的環境を形成（自他の個性を尊重し，互いの身になって考え，相手のよさを見付けようと努める集団，互いに協力し合い，主体的によりよい人間関係を形成していこうとする集団）することである。かつ生徒指導の重要な目標の一つでもある。
- 児童生徒一人一人が自己の存在感を実感しながら，共感的な人間関係を育み，自己決定の場を豊かにもち，自己実現を図っていける望ましい集団の実現は極めて重要である。

（6）教育機能としての生徒指導
- 教育課程の特定の領域における指導ではなく，教育課程の全領域において行わなければならないものである。学校の教育活動全体を通じて生徒指導の機能が発揮できるようにすることが大切である。
- 特別活動における学級活動などは，集団や社会の一員としてよりよい生活を築くための自主的，実践的な学習の場であるとともに，人間としての生き方について自覚を深め，自己を生かす能力を養う場であり，生徒指導のための中核的な時間となると考えられる。
- 分かる喜びや学ぶ意義を実感できない授業は児童生徒にとって苦痛であり，児童生徒の劣等意識を助長し，情緒の不安定をもたらし，様々な問題行動を生じさせる原因となることも考えられる。
- 教師は，児童生徒一人一人の特性を十分把握した上で，他の教師の助言や協力を得て，指導技術の向上，指導方法や指導体制などの工夫改善を図り，日ごろの学習指導を一層充実させることが大切である。

(7) 開かれた生徒指導の推進
- 全教職員の共通理解を図り，学校としての協力体制・指導体制を築くことが重要である。
- 家庭や地域社会及び関係機関等との連携・協力を密にし，児童生徒の健全育成を広い視野から考え推進することが重要である。
- 保護者との間で学校だよりや学級・学年通信等，ＰＴＡの会報，保護者会などにより相互の交流を通して，児童生徒理解，児童生徒に対する指導の在り方等について共通理解をしておく必要がある。
- 地域懇談会や関係機関等との懇談会などを通して交流と連携を深めるなど，日ごろから生徒指導の充実に取り組むことが必要である。

4　生徒指導の目的とウェルビーイング（well-being）

（1）学校教育の目的と生徒指導の目的と幸福追求

　第1章の再掲になりますが，提要改訂版の「1.1.1 生徒指導の定義と目的」の「(2) 生徒指導の目的」では，次のように記しています。

> 　生徒指導は，児童生徒一人一人の個性の発見とよさや可能性の伸長と社会的資質・能力の発達を支えると同時に，<u>自己の幸福追求</u>と社会に受け入れられる自己実現を支えることを目的とする。（下線は筆者による）

　生徒指導の目的には，生徒指導でねらいとする内容を具体的に示しています。生徒指導の目的の前半の文章には，児童生徒一人一人を対象に「個性の発見」，「よさや可能性の伸長」，「社会的資質・能力の発達」を支えることをねらいとして示しています。同様に，後半には，「社会に受け入れられる自己実現」，そして「自己の幸福追求」を支えることをねらいとして示しています。そのような生徒指導の目的の達成を通して，学校教育の目的（教育基本法第1条）の達成に寄与することになります。

（2）幸福追求とウェルビーイング

　生徒指導の目的の中で注目したい内容に，「幸福追求」があります。この文言は，提要改訂版において生徒指導の目的に初めて登場しました。「生徒指導提要の改訂に関する協力者会議」の座長を務めた八並は，「生徒指導は児童生徒の最善の利益を考慮して，児童生徒一人一人の幸福追求（well-being）と社会的自己実現を支えるために行われる教育活動」（八並，2023）であると示し，「幸福追求」に「well-being」を添えて記しています。
　国際的に「well-being」の表記がみられる代表例をあげると，「世界保健機関憲章前文（日本WHO協会訳）」があります。そこでは，次のように記しています。

> "Health is a state of complete physical, mental and social <u>well-being</u> and not merely the absence of disease or infirmity."（下線は筆者による）
> 　（健康とは，病気ではないとか，弱っていないということではなく，肉体的にも，精神的にも，そして社会的にも，すべてが満たされた状態にあること。）

国立教育政策研究所「PISA2015年調査国際結果報告書」をみると，経済協力開発機構（以下，OECD）では，ウェルビーイングを「生徒が幸福で充実した人生を送るために必要な，心理的，認知的，社会的，身体的な動き（functioning）と潜在的能力（capabilities）である」と記しています。

5　教育振興基本計画とウェルビーイング（well-being）

（1）教育振興基本計画とは

　2023年3月8日に中央教育審議会は，「次期教育振興基本計画について（答申）」を示し，それを受け，2023年6月16日に第4期教育振興基本計画（以下，4期計画）が閣議決定されました。教育振興基本計画とは，教育基本法に示された理念の実現と，我が国の教育振興に関する施策の総合的・計画的な推進を図るため，同法第17条第1項に基づき政府として策定する教育に関する総合計画です。これは，5年ごとに見直されます。また，同第2項は，地方公共団体は，国の計画を参酌し，その地域に応じ，教育の振興のための施策に関する基本的な計画を定めるよう努めなければならないと規定しています。

（2）2040年以降の社会を見据えた教育政策におけるコンセプト

　4期計画では，総括的な基本方針・コンセプトについて，次のように「持続可能な社会の創り手の育成」と「日本社会に根差したウェルビーイングの向上」の2つを示しています。

> 2040年以降の社会を見据えた教育政策におけるコンセプトとも言うべき総括的な基本方針として「持続可能な社会の創り手の育成」及び「日本社会に根差したウェルビーイングの向上」を掲げる。両者は今後我が国が目指すべき社会及び個人の在り様として重要な概念であり，これらの相互循環的な実現に向けた取組が進められるよう教育政策を講じていくことが必要である。

　このように，我が国の2040年以降の社会を見据えた教育政策における2本柱の1つに「日本社会に根差したウェルビーイングの向上」を示していることから，児童生徒のウェルビーイングの向上は，今後の学校教育においても柱の1つに位置づけられます。
　また，4期計画では，教育政策にウェルビーイングが求められる背景について，次のように経済的な豊かさ以外も重視されてきていることを示しています。

> 経済先進諸国においては，経済的な豊かさのみならず，精神的な豊かさや健康までを含めて幸福や生きがいを捉える「ウェルビーイング（Well-being）」の考え方が重視されてきており，経済協力開発機構（OECD）の「ラーニング・コンパス2030（学びの羅針盤2030）」では，個人と社会のウェルビーイングは「私たちの望む未来（Future We Want）」であり，社会のウェルビーイングは共通の「目的地」とされている。

6 ウェルビーイング（well-being）とは

（1）教育振興基本計画におけるウェルビーイングの定義

4期計画では，ウェルビーイングの定義について，次のように示しています。

> ウェルビーイングとは身体的・精神的・社会的に良い状態にあることをいい，短期的な幸福のみならず，生きがいや人生の意義など将来にわたる持続的な幸福を含むものである。また，個人のみならず，個人を取り巻く場や地域，社会が持続的に良い状態であることを含む包括的な概念である。

端的には，「ウェルビーイングとは，身体的・精神的・社会的に良い状態にあること」と定義し，身体的，精神的，社会的にすべてが良い状態であることです。また，ウェルビーイングに含まれる概念として2つを強調しています。1つは，短期的な幸福のみならず，将来にわたる持続的な幸福を含むことです。もう1つは，個人のみならず，個人を取り巻く場や地域，社会が持続的に良い状態であることです。このように，現在と将来の視点から，短期を含め持続的な幸福を含む概念であることと，自他の視点から，自分及び自分の周りが共に良い状態である包括的概念であることを示しています。

（2）日本社会に根差したウェルビーイング（獲得的要素と協調的要素）

日本的なウェルビーイングの実現を目指すことについて，4期計画では「獲得的要素」と「協調的要素」の2つに基づくウェルビーイングを取り上げ，次のように示しています。

> ウェルビーイングの国際的な比較調査においては，自尊感情や自己効力感が高いことが人生の幸福をもたらすとの考え方が強調されており，これは個人が獲得・達成する能力や状態に基づくウェルビーイング（獲得的要素）を重視する欧米的な文化的価値観に基づく側面がある。同調査によると日本を含むアジアの文化圏の子供や成人のウェルビーイングは低いとの傾向が報告されることがあるが，我が国においては利他性，協働性，社会貢献意識など，人とのつながり・関係性に基づく要素（協調的要素）が人々のウェルビーイングにとって重要な意味を有している。

このように，我が国では，ウェルビーイングの獲得的要素と協調的要素を調和的・一体的に育む，我が国の特徴や良さを生かしたウェルビーイングの実現を目指すことが求められます。

（3）ウェルビーイングの実現に向けた留意点

4期計画では，「組織や社会を優先して個人のウェルビーイングを犠牲にするのではなく，個人の幸せがまず尊重されるという前提に立つことが必要である」と個人のウェルビーイングを尊重する前提に立つことを示しながら，すべての人のウェルビーイングに留意することや，人と人との広がりや循環に目を向けウェルビーイングを実現することの重要性についても指摘しています。たとえば，「ウェルビーイングが実現される社会は，子供から大人まで一人一人が担い手となって創っていくものである。社会全体のウェル

ビーイングの実現に向けては，個人のウェルビーイングが様々な場において高まり，個人の集合としての場や組織のウェルビーイングが高い状態が実現され，そうした場や組織が社会全体に増えていくことが必要となる」と指摘し，また，「子供たち一人一人が幸福や生きがいを感じられる学びを保護者や地域の人々とともにつくっていくことで，学校に携わる人々のウェルビーイングが高まり，その広がりが一人一人の子供や地域を支え，更には世代を超えて循環していくという在り方が求められる」としています。さらに，子供のみならず学校の構成員のウェルビーイングの確保についても，「子供たちのウェルビーイングを高めるためには，教師のウェルビーイングを確保することが必要であり，学校が教師のウェルビーイングを高める場となることが重要」や「職員や支援人材など学校の全ての構成員のウェルビーイングの確保も重要」であるとしています。

7 ウェルビーイングの要素と関連する主観的指標

（1）ウェルビーイングの要素

4期計画では，教育に関連するウェルビーイングの要素として次の11要素を例示し，教育全体を通じて向上させていくことが重要であるとしています。それは，「幸福感（現在と将来，自分と周りの他者）」，「学校や地域でのつながり」，「協働性」，「利他性」，「多様性への理解」，「サポートを受けられる環境」，「社会貢献意識」，「自己肯定感」，「自己実現（達成感，キャリア意識など）」，「心身の健康」，「安全・安心な環境」です。これらを「獲得的要素」と「協調的要素」を調和的・一体的に育む日本社会に根差したウェルビーイングとの関連について整理すると，図3-1のとおりです。

<u>日本社会に根差したウェルビーイングの向上</u>
↑
2つの幸福・要素を調和的・一体的に育む

○獲得的幸福・獲得的要素	●協調的幸福・協調的要素
○個人が獲得・達成する能力や状態に基づくウェルビーイング	●人とのつながり・関係性に基づくウェルビーイング
<u>教育に関連するウェルビーイングの要素</u>	
○自己肯定感　　　　　　●協働性　　　　●社会貢献意識	
○心身の健康　　　　　　●利他性　　　　●学校や地域でのつながり	
○自己実現　　　　　　　●多様性への理解　●安全安心な環境	
（達成感，キャリア意識等）●サポートを受けられる環境	
○幸福感（現在と将来，自分と周りの他者）●	

図3-1　ウェルビーイング（獲得的要素と協調的要素）と各要素
※関連の強い要素同士をまとめたが，各要素は獲得的と協調的の両面に関連がある。

第3章　生徒指導の充実，生徒指導とウェルビーイング

（2）ウェルビーイングに関連する指標（主観的指標）

　4期計画では，ウェルビーイングを測定する単一の指標・目標は置かれていませんが，4期計画の参考資料データ集では関連する主観的指標として12の指標を例示しています。表3-6のとおりです。それらの指標は，全国学力・学習状況調査の児童生徒質問紙調査で実施されています。表3-6の主観的指標に対応する児童生徒質問紙調査の項目をアンケート形式で示すと，表3-7のとおりです。なお，児童生徒質問紙調査の結果においては，全国や各都道府県の平均値を公表しています。各学校では，全国や都道府県の結果と，主観的指標のアンケート（表3-7）の結果を比較することで，当該児童生徒の主観的なウェルビーイングの諸状態を検討することができます。

表3-6　ウェルビーイングに関連する主観的指標

・自分にはよいところがあると思う
・将来の夢や目標を持っている
・授業の内容がよく分かる
・勉強は好きと思う
・自分の幸福感
・友人関係の満足度
・自分と違う意見について考えるのは楽しい
・人が困っているときは進んで助けている
・学級をよくするために互いの意見の良さを生かして解決方法を決める
・地域や社会をよくするために何かしてみたいと思う
・先生は自分のいいところを認めてくれる
・困りごとや不安がある時に先生や学校にいる大人にいつでも相談できる

表3-7　ウェルビーイングに関連する主観的指標のアンケート形式例

　最近の自分について，次のことは，どれくらい当てはまりますか。当てはまる数値を1つずつ選んでください。

質問内容	当てはまる	どちらかといえば当てはまる	どちらかといえば当てはまらない	当てはまらない
・ 自分によいところがあると思いますか。	1	2	3	4
・ 将来の夢や目標を持っていますか。	1	2	3	4
・ 国語の勉強は好きですか。	1	2	3	4
・ 国語の授業の内容はよく分かりますか。	1	2	3	4
・ 算数（数学）の勉強は好きですか。	1	2	3	4
・ 算数（数学）の授業の内容はよく分かりますか。	1	2	3	4
・ 友人関係に満足していますか。	1	2	3	4
・ 自分と違う意見について考えるのは楽しいと思いますか。	1	2	3	4

・人が困っているときは，進んで助けていますか。	1	2	3	4
・あなたの学級では，学級生活をよりよくするために学級会で話し合い，互いの意見のよさを生かして解決方法を決めていますか。	1	2	3	4
・地域や社会をよりよくするために何をするべきかを考えることがありますか。	1	2	3	4
・先生は，あなたのよいところを認めてくれていると思いますか。	1	2	3	4
・困りごとや不安がある時に，先生や学校にいる大人にいつでも相談できますか。	1	2	3	4
質問内容	よくある	ときどきある	あまりない	まったくない
・普段の生活の中で，幸せな気持ちになることはどれくらいありますか。	1	2	3	4

8 生徒指導とウェルビーイングの関連

　生徒指導はウェルビーイングの向上に寄与することが期待されます。その主な理由について，提要改訂版と4期計画を基に3つ取り上げます。

　1つめは，4期計画においてウェルビーイングの向上は，学校教育活動の全体を通じて目指していくことを示していることです。したがって，当然，生徒指導においても目指していくことになります。

　2つめは，学校教育の目的がウェルビーイングの定義・概念を包括していることです。4期計画において，ウェルビーイングの定義は，「身体的・精神的・社会的に良い状態にあること」でした。それに対し，学校教育の目的は，「人格の完成を目指し，平和で民主的な国家及び社会の形成者として必要な資質を備えた（社会的に必要な資質を備えた）心身ともに（精神的に・身体的に）健康な国民の育成」を期することであり，まさに，ウェルビーイング（身体的・精神的・社会的に良い状態）の概念を包括しています。そして，生徒指導は学校教育の目的の達成に寄与するものとして位置づけられていることから，生徒指導は児童生徒のウェルビーイングの向上にも寄与することになります。

　3つめは，生徒指導の目的の中にウェルビーイングが明示されていることです。生徒指導の目的には，児童生徒の幸福追求を支えることが含まれ，その幸福追求は，ウェルビーイングの概念と重なります。したがって，生徒指導の目的の達成を目指すことは，児童生徒のウェルビーイングの向上を含むことになります。

　なお，生徒指導の実践を通して児童生徒のウェルビーイングの向上を図る方法例については，第4章で取り上げます。

9　生徒指導とウェルビーイングと日本国憲法

　幸福追求を支える生徒指導の実践においては，日本国憲法が示す幸福追求権の視点に留意することが，児童生徒のウェルビーイングの向上に取り組む重要性への理解が深まることに役立ちます。幸福追求権は，日本国憲法の第13条で規定されています。

> すべて国民は，個人として尊重される。生命，自由及び幸福追求に対する国民の権利については，公共の福祉に反しない限り，立法その他の国政の上で，最大の尊重を必要とする。

　上記の通り，第13条では，個人の尊重（尊厳），幸福追求権及び公共の福祉について規定し，人権保障の基本原則を定めています。幸福追求権とは，端的には，すべての人間が自由に幸せを追求することができる権利であり，自分の人生をどのように生きるかに関する重要な決定は自らの意思で自由になし得るという，「自己決定権」を保障しています。教育の最新施策の1つとして登場しましたが，「ウェルビーイングの向上」は，新しい概念という以前に，上述のように児童生徒は，憲法上で，そもそも自由に幸せを追求する権利を有し，同時に自己決定権が保障されています。こういったことを踏まえて，児童生徒のウェルビーイングの向上に，今後は特に教育活動を通して力を入れていくことになると留意する必要があります。

　また，第13条には「公共の福祉に反しない」と記されています。この文言にはさまざまな解釈がありますが，一般的には，他の個人に損害を及ぼさない範囲であれば，誰もが損失を被ることなく自分の幸せを追求できると理解することができます。生徒指導の目的にも「社会的に受け入れられる自己実現」があり，自己実現には，「社会的に受け入れられる」という他者や社会などによる承認を条件として明示している点と重なるところがうかがえます。生徒指導において，児童生徒の幸福追求や自己実現などの個人的側面の成長・発達を支えていく際は社会的視点に留意することが求められます。

【引用・参考文献】

国立教育政策研究所　2017　OECD 生徒の学習到達度調査　——PISA2015 年調査国際結果報告書 生徒の well-being（生徒の「健やかさ・幸福度」）
　　https://www.nier.go.jp/kokusai/pisa/pdf/pisa2015_20170419_report.pdf
文部科学省　2018　小学校学習指導要領（平成 29 年告示）　東洋館出版社
文部科学省　2018　中学校学習指導要領（平成 29 年告示）　東山書房
文部科学省　2018　小学校学習指導要領（平成 29 年告示）解説総則編　東洋館出版社
文部科学省　2018　中学校学習指導要領（平成 29 年告示）解説総則編　東山書房
文部科学省　2019　高等学校学習指導要領（平成 30 年告示）　東山書房
文部科学省　2019　高等学校学習指導要領（平成 30 年告示）解説総則編　東洋館出版社
合田哲雄　2019　学習指導要領の読み方・活かし方——学習指導要領を「使いこなす」ための 8 章——　教育開発研究所
OECD　2019　OECD ラーニング・コンパス（学びの羅針盤）2030

https://www.oecd.org/education/2030-project/teaching-and-learning/learning/learning-compass-2030/OECD_Learning_Compass_2030_concept_note_Japanese.pdf

中央教育審議会　2021　「令和の日本型学校教育」の構築を目指して――全ての子供たちの可能性を引き出す，個別最適な学びと，協働的な学びの実現（答申）――
https://www.mext.go.jp/content/20210126-mxt_syoto02-000012321_2-4.pdf

文部科学省　2022　生徒指導の基礎　生徒指導提要　12-38

公益社団法人日本 WHO 協会　2023　世界保健機関憲章前文（日本 WHO 協会仮訳）
https://japan-who.or.jp/about/who-what/charter/（2023 年 11 月 11 日）

八並光俊　2023　『生徒指導提要』の改訂の経緯と第 1 章「生徒指導の基礎」の要点　月刊生徒指導　第 53 巻第 4 号　学事出版　38-41

八並光俊　2023　生徒指導の基礎　中村豊（編著）生徒指導提要改訂の解説とポイント――積極的な生徒指導を目指して――　ミネルヴァ書房　15-28

中央教育審議会　2023　次期教育振興基本計画について（答申）
https://www.mext.go.jp/content/20230308-mxt_soseisk02-000028073_1.pdf

中央教育審議会　2023　次期教育振興基本計画について（答申）参考資料・データ集
https://www.mext.go.jp/content/20230308-mxt_soseisk02-000028073_3.pdf

国立教育政策研究所　2023　令和 5 年度全国学力・学習状況調査報告書 質問紙調査――児童生徒一人一人の学力・学習状況に応じた学習指導の改善・充実に向けて――
https://www.nier.go.jp/23chousakekkahoukoku/report/data/23qn_k.pdf

文部科学省　2024　第 4 期教育振興基本計画（リーフレット）
https://www.mext.go.jp/content/20230928-mxt_soseisk02-100000597_07.pdf

Chapter 4 学校教育の目的と生徒指導の定義・目的に基づく実践

——4観点の枠組みの活用——

　提要改訂版では，学校教育の目的の達成に寄与する位置づけで生徒指導を定義し，その定義を受けて生徒指導の目的を明示し，その目的の達成のために獲得を目指す能力が自己指導能力としています。したがって、生徒指導の実践に当たっては，学校教育の目的，生徒指導の定義と目的，自己指導能力につながる実践が求められます。そのような実践に向けては，実践上の柱となる観点やポイントを明確にしておくことが重要です。
　本章では，学校教育の目的と生徒指導の定義・目的に基づきながら自己指導能力を育成する生徒指導の実践に役立つ観点を例示します。また，その観点を活用した実践の具体例を取り上げます。

 1　生徒指導の実践に役立つ4観点の枠組み

　生徒指導の実践の実効性を高めるには，学校教育の目的，生徒指導の定義と目的，自己指導能力の柱となる観点やポイントを明確にした上で，それらを網羅するような実践が望まれます。その具体例として，図4-1で示す4つの観点の活用があげられます。
　横軸は，生徒指導の定義・目的が寄与する学校教育の目的達成に向けた観点として，「個人的側面」の観点と「社会的側面」の観点を位置づけています。縦軸は，自己指導能力の育成に向けた観点として，「有形的側面」の観点と「無形的側面」の観点を位置づけ，これらの4つの観点を組み合わせた枠組み（以下，4観点の枠組み）を図示しています。その横軸と縦軸による（ア）（イ）（ウ）（エ）は生徒指導の実践における4つの対象を示しています。（ア）の対象は，児童生徒の個人的・

	有形的側面の観点		
社会的側面の観点	（ウ）社会的有形的を対象	（ア）個人的有形的を対象	個人的側面の観点
	（エ）社会的無形的を対象	（イ）個人的無形的を対象	
	無形的側面の観点		

図4-1　生徒指導実践の4観点の枠組み

有形的な側面の成長・発達を支える実践になります。同様に，（イ）の対象は，個人的・無形的な側面，（ウ）の対象は，社会的・有形的な側面，（エ）の対象は，社会的・無形的な側面になります。生徒指導の実践においては，この4観点の枠組みの活用が効果的です。では，横軸と縦軸のそれぞれの観点について，順に説明していきます。

（1）個人的側面と社会的側面の観点（横軸）

横軸の観点は，児童生徒の「個人的側面」と「社会的側面」に焦点を当て，それぞれについて可能な限り，しかも調和的な成長・発達を支える実践を対象に活用します。「個人的側面」と「社会的側面」の観点は，学校教育の目的と生徒指導の定義・目的に向けた観点です。これについて，次の3つの視点から補足します。

1つめは，学校教育の目的達成の視点からです。学校教育の目的は，大きく2つあり，「人格の完成を目指す」（児童生徒の個人的側面の成長・発達に関する目標）と「平和で民主的な国家及び社会の形成者として必要な資質を備えた心身ともに健康な国民の育成」（児童生徒の社会的側面の成長・発達に関する目標）です。「個人的側面」は前者に対応する観点で，「社会的側面」は後者に対応する観点です。

2つめは，生徒指導の定義が示す児童生徒の到達像の視点からです。到達像は2つ示されており，「自分らしく生きることができる存在」と「社会の中で生きることができる存在」です。「個人的側面」は前者（自分らしく生きることができる存在）に対応し，「社会的側面」は後者（社会の中で生きることができる存在）に対応する観点です。

3つめは，生徒指導の目的が示すねらいの視点からです。ねらいとして示されている児童生徒の「個性の発見」，「よさや可能性の伸長」，「自己の幸福の追求」に関する成長・発達に対応する観点が，「個人的側面」の観点になります。同様に，児童生徒の「社会的資質・能力」，「社会の発展の追及」，「社会に受け入れられる」に関する成長・発達に対応する観点が，「社会的側面」の観点になります。

（2）有形的側面と無形的側面の観点（縦軸）

縦軸は，自己指導能力の育成に向けて，児童生徒の「有形的側面」と「無形的側面」に焦点を当て，それぞれについて可能な限り，しかも調和的な成長・発達を支える実践を対象に活用する観点です。これらの観点は，自己指導能力の育成に向けた生徒指導の実践上の柱となります。これについて，提要改訂版と学習指導要領を参考に，次の2つの視点から補足します。

1つめは，目標の選択・設定力が自己指導能力の要という視点からです。提要改訂版において，自己指導能力は，生徒指導で獲得を目指す能力と明示されています。この能力は，要約すると，自分自身の問題・課題を基に目標を選択・設定し，その目標を達成するために必要となる行動を判断・選択・実行する力です。したがって，自己の目標を選択・設定する力は，自己指導能力の要になります。

目標を選択・設定するために活用する観点は多々ありますが，代表的な観点に「有形的観点」があります。これは目標を具体的にする観点で，数値や具体物など，形として捉えやすい・見えやすい側面を対象にします。たとえば，「行動，時間，記録，役割，取組，情報，人，物，金，成績，順位，表彰，評価，言葉」などに関する内容です。一方，有形と分けて整理する観点に無形があります。「無形的観点」は，形として捉えにくい・見えにくい側面を対象にします。たとえば，「気持ち，考え方，価値観，幸福感，感情，情意，誇り，関心，意欲，性格，資質，能力，雰囲気，理想像」などに関する内容です。自己の目標を選択・設定する力の育成には，「有形的観点」と「無形的観点」が実践上の柱となります。

　２つめは，学校教育において育成を目指す児童生徒の資質・能力（到達目標）の視点からです。学校教育では，児童生徒の捉えやすい・見えやすい「有形的側面」とともに，形として捉えにくい・見えにくい「無形的側面」に目を向け，児童生徒の成長・発達を図ることが基本です。たとえば，学習指導要領では，育成を目指す児童生徒の資質・能力（到達目標）について，すべての各教科・特別活動等に共通する観点として，「知識，技能」，「思考力・判断力・表現力等」，「学びに向かう力，人間性等」を設定しています。それらを「有形的観点」と「無形的観点」で整理すると，「知識，技能」は前者に，「思考力・判断力・表現力等」と「学びに向かう力，人間性等」は後者に分類することができます。生徒指導に限らず，学校の教育活動全般において，児童生徒の資質・能力（到達目標）の育成には，これら２つの観点が実践上の柱となります。

（３）４観点の枠組みによる４つの対象・側面の成長・発達を支える実践

　（１）と（２）で述べたように，学校教育の目的と生徒指導の定義・目的に向けて活用する「個人的側面」と「社会的側面」の観点に加えて，自己指導能力の育成に向けて活用する「有形的側面」と「無形的側面」の観点を組み合わせたのが４観点の枠組みです。図4-1の児童生徒の（ア）（イ）（ウ）（エ）の側面を対象に，その成長・発達を支える実践は，学校教育の目的と生徒指導の定義・目的に基づきながら自己指導能力を育成する実践となります。

2　４観点の枠組みの活用方法

（１）４観点の枠組みの「目標設定」への活用

　４観点の枠組みは，目標設定に活用できます。具体的には，縦軸と横軸の４観点の組み合わせによって示される（ア）（イ）（ウ）（エ）に目標を立てます。たとえば，（ア）には，「個人的側面」の観点と「有形的側面」の観点に基づき，「主に自分を対象」にした「形として捉えやすい内容」の目標を立てます。同様に，（ウ）には，「社会的側面」の観

点と「有形的側面」の観点に基づき，「主に自分以外（自分と自分以外の関連）を対象」にした「形として捉えやすい内容」の目標を立てます。このように児童生徒が4観点の枠組みを用いて自己の目標を設定し，その達成に取り組むことで（ア）（イ）（ウ）（エ）の各側面の成長・発達につながります。目標設定への活用の具体例については，本章の4, 5, 6で取り上げます。

（2）4観点の枠組みの「働きかけ」への活用

4観点の枠組みは，児童生徒に対する動機づけや行動を促す働きかけにも活用できます。たとえば，児童生徒が何らかのテーマに取り組む場合に，（ア）の「主に自分を対象」にした「形として捉えやすい内容」の観点を活用し，児童生徒が具体的に得ることができる内容についての理解や気づきを促すように働きかけ，児童生徒の取り組む意義や意欲が高まるようにします。同様に，（ウ）の「主に自分以外を対象」にした「形として捉えやすい内容」の観点を活用し，児童生徒の取り組みが他への貢献につながる理解や気づきを促すように働きかけ，児童生徒の有用感が高まるようにします。このように4観点の枠組みを活用し，児童生徒に対して，（ア）（イ）（ウ）（エ）のそれぞれに関連する価値づけや動機づけを行ったり，学び・気づきや行動を促したりすることで，それら4つの側面の成長・発達が図られ，自己指導能力を育成することができます。なお，働きかけのスキルについては，第5章で取り上げます。

3　4観点の枠組みとウェルビーイングの向上

4観点の枠組みの活用は，ウェルビーイングの向上を図る生徒指導の具体的な方法の1つにもなります。その理由は，4観点の枠組みの概念がウェルビーイングの概念と重なるからです。そこで，第3章の再掲となりますが，ウェルビーイングの定義を確認します。

> ウェルビーイングとは身体的・精神的・社会的に良い状態にあることをいい，短期的な幸福のみならず，生きがいや人生の意義など将来にわたる持続的な幸福を含むものである。また，個人のみならず，個人を取り巻く場や地域，社会が持続的に良い状態であることを含む包括的な概念である。

上記の後半部分で示すように，ウェルビーイングは，個人のみならず，個人を取り巻く場や地域，社会が持続的に良い状態です。この概念は，4観点の枠組みの個人的側面と社会的側面の観点（横軸）に符合します。また，第4期教育振興基本計画で示された日本社会に根差したウェルビーイングは，獲得的要素と協調的要素で構成されています。獲得的要素は，個人が獲得・達成する能力や状態に基づくウェルビーイングであり，協調的要素は，利他性，協働性，社会貢献意識など，人とのつながり・関係性に基づくウェルビーイングです。日本の社会・文化的背景を踏まえ，我が国においては，自己の獲得的要素と，人とのつながりや利他性，社会貢献意識などの協調的要素を調和的・一体的に育み，日本

社会に根差したウェルビーイングについて教育を通じて向上させていくこととしています。この概念も，4観点の枠組みの個人的側面と社会的側面の観点（横軸）に符合します。

また，上記の定義のとおり，ウェルビーイングとは，身体的・精神的・社会的に良い状態にあることです。「身体的」は，有形的側面の対象となり，「精神的」は無形的側面の対象となります。そして，「社会的」は，内容によって有形的側面や無形的側面の対象になることが想定されますが，横軸における社会的側面と符合します。このように4観点の枠組みの活用は，ウェルビーイングの向上についても有効な方法になります。

4　4観点の枠組みによる目標設定シート

以下では4観点の枠組みを活用した目標設定について，具体例を取り上げて説明します。

（1）和田毅投手の公共広告機構のCM

2006年7月，プロ野球福岡ソフトバンクホークスの和田毅投手が登場する公共広告機構のCMを目にしました。そのCMでは，次のようなテロップが流れていました。

> 「ワクチンが足りないために，世界で1日6千人の幼い命が失われている。その事実を知って，僕はワクチンを贈るために自分のルールをつくりました。」
> 「投球1球でワクチン10本，勝利投手になれば20本。」
> 「あなたのルールで始めてみませんか。」

和田投手は，公共広告機構のワクチンキャンペーンをみて，世界の発展途上国では，生まれてきた子供たちがワクチンを受けられないために一夜にして命を落とす現実を知り，ワクチン支援活動に深い関心を持つことになったそうです。そこで，自分が野球を続ける限り，ワクチン支援活動への協力を行うことにしたということです。和田投手は，2005年度からワクチン支援活動への協力を行っています。福岡ソフトバンクホークスのホームページをみると，2019年2月23日には，次のような掲載があります。

> 和田毅投手が毎年行っている「世界の子どもにワクチンを　日本委員会」を通じてワクチンを寄贈する活動。2005年シーズンから試合で1球を投じるごとにポリオワクチンを10本，勝利した試合は1球ごとに20本，完投勝利はそれを30本など「僕のルール」を設定して寄付する活動を続けています。
> 　昨シーズンは1軍登板なしに終わりましたが，自身の背番号にちなみ21000本。さらにチームが日本一を達成したことで10000本を追加し，計31000本（金額にして2,204,000円）を寄贈しました。なお，和田投手のこれまでの支援の合計は，ワクチン約53万人分，金額にして約3100万円となりました。

※福岡ソフトバンクホークスHPより引用
<https://www.softbankhawks.co.jp/news/detail/00002174.html>

（2）目標設定シートの記入イメージ

ここでは，「自分が和田投手であったら」と仮定し，「プロ野球選手であること」と「ワ

クチン支援」をテーマにして，想定できそうな目標を４観点の枠組みを活用した目標設定
シートに書いてみました。その例は，資料4-1のとおりです。

　なお，目標設定シートでは，４観点の枠組みの横軸の個人的側面の観点を「自分」と簡
便に示しています。また，社会的側面の観点は，自分と自分以外との関連を対象とします
が「自分以外」としています。同様に，有形的側面の観点を「有形的」，無形的側面の観
点を「無形的」としています。設定者・記入者のところは，自分の氏名を記入します。記
入日は，目標設定シートに記入した期日になります。対象のところは，目標を立てる対象
や主となるキーワードを記入します。

　①から⑫のように，４つの対象（図の右上，右下，左上，左下）ごとに目標を書き出し
ます。どの対象から書き出しても構いません。各対象の中で最も優先したい目標を一番上に
記述します。たとえば，右上でいえば①の目標，左上であれば⑦の目標になります。この
ように自らの目標を吟味し優先度や難易度を明確にすることは，限られた時間の中で効率
よく成果を上げるには必要です。また，優先度の高い目標を指導者や仲間などにわかりや

資料 4-1　目標設定シートの記入イメージ例

設定者・記入者名　□□□□（この場合は，和田投手になったつもりで）
記入日　2021 年　2 月○○日
対　象（プロ野球，ワクチン支援）

		有形的	
目標の明確化	自分以外	⑦ 監督が，優勝監督になるようにする。 ⑧ 多くの幼い子供の命が，32,000 本以上のワクチン寄付で救われるようにする。 ⑨ 少しでも多くの日本人が，発展途上国の子供たちのワクチン不足の現状を知るようにメディアや雑誌等で発信するようにする。	① 私は，年間 10 勝以上をする。 ② 私は，先発した試合は 6 回イニング以上を投げる。 ③ 私は，先発すれば 120 球数を投げることができるスタミナをつける。
		⑩ 発展途上国の子供たちが，将来の夢を明るい気持ちで持てるようにする。 ⑪ 身近にいるプロ野球選手が，社会貢献に意欲や関心を高めるようにする。 ⑫ 日本の青少年が，ボランティア・国際支援に関心を向けるようにする。	④ 私は，心身ともに健康で粘り強くなる。 ⑤ 私は，社会のために尽くすことを自らの励みにするプロ野球選手のモデルになる。 ⑥ 私は，期待やプレッシャーを強みにできるような人間力を高める。　自分
		無形的	
重点目標の文章化		私は，③球数を多く投げることができるスタミナをつけ，④心身の粘り強さを高め，①年間 10 勝利をあげ（9 月 5 日達成），⑦チームの優勝（9 月 12 日達成）に貢献するとともに，⑧ 32,000 本以上のワクチンを寄付し（3 月），多くの幼い子供の命を救うことに貢献し，⑩できる限り多くの発展途上国の子供たちが将来の夢を明るい気持ちで持つことができるように努めながら，⑫日本の青少年の多くの人がボランティア・国際支援に関心を向けるようにする。 ※ 例として，この場合は，①〜⑫の目標内容から網羅的に 7 つを選択し文章にまとめ，重点目標例を作成した。	

第 4 章　学校教育の目的と生徒指導の定義・目的に基づく実践

すくすることで，他者からの支援が受けやすくなる効果が期待できます。

　次の3つは，記述上のポイントです。1つめは，「自分」と「自分以外」についてです。「自分」（右上，右下）のところは，主語を「私」にします。「自分以外」（左上，左下）のところは，主語を「自分以外」にします。

　2つめは，「有形的」と「無形的」についてです。「有形的」（右上，左上）のところについては，できる限り数値や具体的な行動内容などを盛り込み，後々に達成できたかどうかについて客観的に評価できるような文章にします。たとえば，「行動，時間，記録，役割，取組，情報，人，物，金，成績，順位，表彰，評価，言葉」などを盛り込みます。「無形的」（右下，左下）のところについては，「捉えられない・捉えにくい」「見えない・見えにくい」を対象にするため，たとえば，「気持ち，考え方，価値観，幸福感，感情，情意，誇り，関心，意欲，性格，資質，能力，雰囲気，理想像」などを盛り込みます。目標を達成できたかどうかについて客観的に評価することは難しい面がありますが，他者からの見立て，以前との比較による個人内評価の記録・記述などによって，成長や課題を明確にできるようにします。

　3つめは，重点目標の文章化についてです。書き出した①から⑫の中から，自分なりに主とする目標を選択し，それをつなげて文章にします。資料4-1の場合では，右上，右下，左上，左下の各対象からそれぞれ7つ（①③，④，⑦⑧，⑩⑫）を網羅的に選択し文章にまとめています。主とする目標の選び方は自由です。たとえば，書き出した目標内容の中で比較的容易に達成できそうな内容だけを選択し文章化してもよいですし，何かに特化してもよいです。たとえば，①②③⑦を選択し文章化すれば，試合や競技に重点を置いた目標になります。

（3）目標設定シートの実際例（中学生）

　資料4-2は，陸上競技部に所属する中学3年生による個人の目標設定の実際例です。目標設定シートに示す①から⑫は，地区大会（県大会出場の予選会）に向けて年度始めに設定した目標です。その下に示す重点目標の文章化は，12個の目標を書き出した後に，その中からより重点を置く内容を選択し，重点目標として文章にしたものです。なお，資料4-2を活用した面談の方法を第5章で取り上げます。

5　問題行動に対する生徒指導の実践例

　問題行動を行った児童生徒に対する生徒指導の進め方は実態や状況などによりますが，事実関係の明確化や関係者間での確認・共有などを経た後に，本格的に問題解決への対応にとりかかります。以下では，4観点の枠組みを活用した生徒指導例を取り上げます。

資料 4-2　目標設定シートの実際例（陸上競技部中学生Aさん）

			有形的	
目標の明確化	自分以外	⑦ 祖父母が，私の競技をみて笑顔が増えるようにする。 ⑧ 同種目に取り組む後輩のBさんが，自己ベスト記録（15秒4以上）を出せるように支援する。 ⑨ チームの県大会出場者数が，前年度の24名を上回るようにする。	① 私は，100mハードル走で14秒4のタイムで優勝する。 ② 私は，100mハードル走の専門的知識を収集・勉強して，自分で練習計画を作成する。 ③ 私は，4×100mリレー走で第2走者を担い49秒9の大会新記録で優勝する。	自分
		⑩ 家族や応援してくださる方々が，取り組みや競技をみて感心するようにす。 ⑪ 後輩が，「努力は報われる」「やればできる」と感じるようにする。 ⑫ 校内の他の部活動の生徒が，陸上競技部の取り組みを理想にしたいと思うようにする。	④ 私は，陰ながら練習できる自主性を高める。 ⑤ 私は，練習日誌を毎日丁寧に書く粘り強さを身に付ける。 ⑥ 私は，部活動での学びを学校生活につなげようとする考え方と態度を定着させる。	
			無形的	
重点目標の文章化		私は，陰ながら練習できる自主性を高め，100mハードル走で14秒4のタイムで優勝し（5月26日），チームの県大会出場者数が前年度の24名を上回るようにする（5月27日）とともに，校内の他の部活動の生徒が，陸上競技部の取り組みを理想にしたいと思うようにする。 ※①～⑫から重点内容を選択し，それらをつないで文章化するが，選択する番号は記入者の判断による。この場合は，①④⑨⑫をつないで文章化した。		

設定者・記入者名　中学生Aさん
記入日　　　　　201x年　4月○○日
対象　　　　　　（部活動，陸上競技，地区大会）

（1）当該生徒の目標例

　限定的な情報になりますが，本屋でマンガ本を万引きし，それが2回目であった中学1年生の事例です。本事案に関連する事実関係の明確化や本屋への謝罪（和解を含む）などを終えた後に，担任教員は4観点の枠組みを念頭に置きながら，今後に向けた面談を当該生徒と行いました。その結果，当面の目標内容として，当該生徒が発言した内容，あるいは紙に書いた内容を，4観点の枠組みで整理したものが資料4-3です。①から⑯は，今後に向けた当面の目標内容・課題内容になります。

　①から⑯への取り組みを通して，当該生徒の成長を図っていくことになりますが，これらの①から⑯の目標内容は，それぞれ多様で具体的な価値を含んでいます。たとえば，⑤から⑧では，基本的生活習慣，勤勉，真面目，責任感，継続，自己成長，粘り強さなどです。⑨から⑫では，正義，感謝，思いやり，積極性，支援，貢献，所属意識，協働などです。4観点の枠組みを活用することで，そのような多様な価値内容を当該生徒が身につける取り組みを引き出す効果が期待できます。また，①から⑯に取り組むことを通して，多様な価値内容が内在化されていく可能性が高まります。

（2）4観点の枠組みによるバランスのとれた目標

　資料4-3の（ア）には，自らを主とした具体的な目標が記されています。①は問題行動に直接的に関連する内容であり，それに関する対応を具体的に立てておくことは当然です。それに加えて，②③④の学習面や生活面に関する発達促進的な目標も大切で，そのような取組による成長が，結果として問題行動の予防に大きく作用します。

　一方で，（ア）に該当する「自分・有形的」に記された行動のみの達成では，児童生徒の社会的資質・能力の成長や内面的成長を図ることは不十分と思われます。（イ）（エ）により内面の成長・充実や他者理解の深化を図ること，そして，（ウ）による他者への貢献を通して有用感を得る経験などが，その後の行動選択力に大きく関係します。目標を立てる際には，「自分・有形的」に関する行動改善のみに偏ることがないように，4観点をバランスよく活用しましょう。

資料4-3　万引きした生徒が明確にした当面の目標内容例

有形的

（ウ）	⑨ クラスメイトが「学級の授業雰囲気がよくなった」と評価できるように，マイナス行動をする生徒に，自分から注意をする。	① 私は，万引き代金の立替額を6か月以内に親に返す。また，本屋に少なくとも6か月間は出入りしない。　（ア）
	⑩ 学級全体の家庭学習総時間が，前月に比べプラス30時間以上になるように，係活動を通じて貢献する。	② 私は，毎日，家庭での就寝・起床時刻，家庭学習時間（60分以上），1日の振り返り等を日誌に記述し，担任の先生に提出する。
	⑪ 親が「家の手伝いをしてくれてありがとう」と言う回数が，これまでより増えるようにする。	③ 私は，次回定期テストで，数学の得点を前回のプラス10点にする。
自分以外	⑫ 月1回の親子地区行事が活発になるように，小学生をサポートする役割を担って参加する。	④ 私は，部活動に毎回，遅刻せずに参加し，全メニューを消化する。　　　　　　自分
	⑬ 母親が自分の日頃の様子をみて安心するようにする。	⑤ 私は，日誌を書き続け，毎日の生活の振り返りをしながら，規則正しい生活習慣を身に付ける。
	⑭ 部活動の他の部員の取り組み意欲が高まるようにする。	⑥ 私は，部活動に休まず参加し，練習や用具準備・片付けにも手抜きをせずに取り組み，やりきる精神力を高める。
	⑮ クラスの授業の雰囲気がよくなるように，授業中に迷惑をかけないようにする。	⑦ 私は，清掃活動で自分から拭き掃除を担当し，まじめに働く意識や役割を果たす責任感を高める。
（エ）	⑯ 学級担任と部活動の先生が，自分の成長を喜んでくれるようにする。	⑧ 私は，本屋の方々に，その後の自分の成長を手紙で定期的に伝えることを通じて，教訓を生かす心構えを強くしていく。　　　　　　　（イ）

無形的

【引用・参考文献】

吉田浩之　2007　目標設定のポイント（1）目的の吟味・明確化　月刊生徒指導　第37巻第1号　学事出版　48-51

吉田浩之　2007　目標設定のポイント（2）目標設定にかかわる基本項目　月刊生徒指導　第37巻第3号　学事出版　68-71

吉田浩之　2007　4観点で取り組みを考える　月刊生徒指導　第37巻第8号　学事出版　60-63

吉田浩之　2009　部活動と生徒指導――スポーツ活動における教育・指導・援助のあり方――　学事出版

吉田浩之　2014　部活動における教育活動の具体化　月刊生徒指導　第44巻第2号　学事出版　23-27

吉田浩之・来田宣幸　2015　部活動で生徒指導を進める視点　体育科教育　第63巻第1号　大修館書店　32-35

吉田浩之　2016　運動部活動の指導を振り返る複眼的な視点　友添秀則（編著）　運動部活動の理論と実践　大修館書店　200-207

吉田浩之　2017　部活動における生徒理解の方法――目標設定の機会を通して――　月刊生徒指導　第47巻第7号　学事出版　34-37

文部科学省　2018　小学校学習指導要領（平成29年告示）解説総則編　東洋館出版社

文部科学省　2018　中学校学習指導要領（平成29年告示）解説総則編　東山書房

文部科学省　2019　高等学校学習指導要領（平成30年告示）解説総則編　東洋館出版社

文部科学省　2022　生徒指導の基礎　生徒指導提要　12-38

八並光俊　2023　『生徒指導提要』の改訂の経緯と第1章「生徒指導の基礎」の要点　月刊生徒指導　第53巻第4号　学事出版　38-41

中央教育審議会　2023　次期教育振興基本計画について（答申）
https://www.mext.go.jp/content/20230308-mxt_soseisk02-000028073_1.pdf

中央教育審議会　2023　次期教育振興基本計画について（答申）参考資料・データ集
https://www.mext.go.jp/content/20230308-mxt_soseisk02-000028073_3.pdf

文部科学省　2024　第4期教育振興基本計画（リーフレット）
https://www.mext.go.jp/content/20230928-mxt_soseisk02-100000597_07.pdf

Chapter 5 指導，援助の方法，児童生徒理解の深化（教育相談，面談シート）

　提要改訂版では，生徒指導上の課題対応において，指導と援助を行うことを示しています。課題対応の実践力を高めるためには，必然的に指導と援助の知識やスキルを身につける必要があります。また，学習指導要領解説・総則編の「生徒指導の充実」には，生徒指導を進める基盤として，「児童生徒理解の深化」と「教師と児童生徒の信頼関係の構築」を示しています。学校でこれらを行うことができる場面として面談が考えられます。
　本章では，生徒指導で活用する指導と援助の実践的な知識やスキルについて解説します。また，学習指導要領解説・総則編と提要改訂版を基に，「児童生徒理解の深化」の要点を整理しながら，面談に役立つシートと，それを活用した実践事例を紹介します。

1　課題対応の際に活用する方法

（1）指導，援助

　学習指導要領解説・総則編では，指導と援助について，次のように示しています。

> 生徒指導は，学校の教育目標を達成するために重要な機能の一つであり，一人一人の児童生徒の人格を尊重し，個性の伸長を図りながら，社会的資質や行動力を高めるように<u>指導，援助</u>するものである。（下線は筆者による）

※学習指導要領解説・総則編「生徒指導の充実」（小中：第3章第4節，高：第6章第1節）

　また，第1章で取り上げましたが，提要改訂版の生徒指導の定義では，生徒指導における児童生徒の到達像と生徒指導が実践することについて，次のように記しています。

> 生徒指導とは，児童生徒が，社会の中で自分らしく生きることができる存在へと，自発的・主体的に成長や発達する過程を<u>支える</u>教育活動のことである。なお，生徒指導上の課題に対応するために，必要に応じて<u>指導や援助</u>を行う。（下線は筆者による）

　これらの文言から，生徒指導では教育活動全般で「支える」を方法として活用し，生徒指導上の課題対応で「指導や援助」を方法として活用することがわかります。なお，提要改訂版の「1.1.1　生徒指導の定義と目的」の「（2）生徒指導の目的」では，以下の①②③のように表記するとしています。
① 特定の課題を想定しない場合は「支える」若しくは「支持する」
② 特定の課題を想定した場合は「指導する」，「援助する」若しくは「指導・援助」

③ 上記の①②を包括的に示す場合は「支援する」

（2）指導と援助で力点を置く働きかけ

　指導では，児童生徒に必要な知識や能力や行動などが身につくように，「伝える」や「教える」働きかけに力点を置きます。援助では，児童生徒に選択権があることに特段に留意しながら，児童生徒に必要な解決する能力や行動などを「引き出す」働きかけに力点を置きます。両者は補完的関係にあり，状況に応じて力点の加減を変えます。

2　指導で活用する働きかけのスキル

　指導では，教員が児童生徒に必要なことを「伝える」，「教える」働きかけに力点を置きます。その働きかけを通して，必要な知識・能力や行動などが身に付くように目指します。特に，問題行動を起こした児童生徒の事後対応や再発防止に対しては，事例や諸状況に応じて求められる知識・能力や考え方，さらに当面の行動などが身に付くように指導することが重要視されます。指導で活用する働きかけのスキルとして，ソーシャルスキルを身に付ける基本的原理の活用が実践的で役に立ちます。その基本項目と展開は，「説明」→「手本・見本」→「試行」→「評価」→「定着」です。なお，事案や児童生徒の実態に応じて「説明」と「手本」，あるいは「試行」と「評価」をあわせて行います。展開ごとの要点は，次の（1）から（4）のとおりです。

（1）説明（インストラクション）

　「説明」では，主として言葉で児童生徒に教示し，対象や内容に関する理解を深めていきます。特に，全体像と順序の説明を丁寧に行います。たとえば，問題行動を起こした児童生徒が，自らに求められる行動や対応の全体内容について把握できるようにする必要があります。また，それに取り組む順序も理解できるようにする必要があります。その際には，教員は言葉で教示し，動機づけにも力を入れながら，児童生徒が自らの取り組みのスタートからゴールまでの全体像と展開順の理解が深まるように，説明をすることになります。同時に，児童生徒が「わかっているか（理解度）」，「受け入れているか（納得度）」，「その通りと感じているか（共感度）」に注意を向け，説明が伝わっている度合いを確認しながら行うようにします。

（2）手本・見本（モデリング）

　「手本・見本」では，言葉で教示したことについて児童生徒自身が実現できるように，方法や取組や考え方の表出などの実際を観察させ，あるいは見本・モデルを提示し，それを基に児童生徒に具体的な理想像・到達像のイメージを持たせるようにします。たとえ

第5章　指導，援助の方法，児童生徒理解の深化（教育相談，面談シート）

ば，問題行動を起こした児童生徒が，自らの当面の課題を明確にした後に，その解決に向けて取組や行動を計画した際に，「手本・見本」の働きかけによって，当該児童生徒が取組や行動のイメージが具体的に持てるようにします。

（3）試行（リハーサル）

イメージした理想像・到達像について，児童生徒に頭の中で繰り返しリハーサルさせます。そして，実際の行動でも繰り返しイメージしたことを試して，その中で感覚やコツをつかむようにします。たとえば，問題行動を起こした児童生徒と共有した課題解決に向けた取組・行動や考え方などについて，当該児童生徒が頭の中や行動でリハーサルを繰り返し，思い描いたことができるようにします。

（4）評価（フィードバック）

「評価」では，取組や行動を実施しているときに，「手本・見本」などに照らし，適切にできているところや修正・改善が必要なところを児童生徒に具体的に伝え，児童生徒がどうすればよいのかを明確にできるようにします。適切にできているところはそのように伝え，修正や改善が必要なところは肯定的評価を基調にしながら，「もう少し〇〇にすれば，さらによくなる」というように伝えます。取組への意欲を低下させないような配慮が前提になります。実際には，児童生徒が試行を繰り返す中で評価を行う機会が多くなりますが，「説明」，「手本・見本」の段階においても必要に応じて「評価」を行います。たとえば，問題行動を起こした児童生徒に対して，「試行」において取組・行動や考え方などを実施している際に，「評価」の働きかけによって，当該児童生徒ができているところや修正・改善が必要なところを直接伝えます。そのようにして当該児童生徒がどうすればよいか明確になるようにし，また，受けた「評価」を通して意欲が高まるようにします。

（5）定　　着

上記（1）から（4）の「説明」，「手本・見本」，「試行」，「評価」を通して，児童生徒に必要な取組・行動や考え方などを定着させ，いつでも，どこでも，繰り返し，再現できるように目指します。たとえば，問題行動を起こした児童生徒が，教員による「説明」，「手本・見本」，「試行」，「評価」の働きかけを通して，必要な知識・能力や考え方を理解し，その問題行動の解決や再発防止につながる取組・行動などが定着し，それを自分自身で再現できるように目指します。

❋ 3 ┃ 援助で活用する働きかけのスキル

援助では，児童生徒を主体として自らに必要な解決する能力や行動などを引き出すよう

にサポートしていきます。そこでは，人材育成の分野で活用されているコーチングのスキルが有効です。

援助では，選択権は児童生徒にあることに特段に留意して働きかけます。基本とする働きかけのスキルには，「傾聴」，「承認」，「質問」があります。それらを駆使し児童生徒が潜在的に持っている個性，意欲，能力，可能性，目標などの顕在化を促し，主体的に行動することをサポートします。要点を整理すると，図5-1のとおりです。

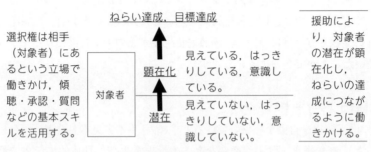

図5-1　援助の要点

（1）傾聴のスキル

「傾聴」では，児童生徒の方に意識を向けて，その声，言葉，気持ちを聴き取ろうとしていきます。児童生徒の話をさえぎらずに，呼吸やタイミングにペースを合わせ，聴いているというサインを送りながら，自分の判断を加えず，興味を持って最後まで聴くことを心がけます。そうすることで，児童生徒の発話を促すことができます。反対に，何かを気にしながら聞く，そっけない態度で聞く，相手の表情を見ないで聞く，相手の話の途中で自分の解釈をはさみ解決策提示やアドバイスをする，すぐに最終提案をしてしまう，相手の話を早く終わらせようとするなどは，児童生徒の発話を妨げます。

次に，「傾聴」の基本スキルを3つ紹介します。「うなずき」，「あいづち」，「繰り返し」です。これらは，相手の発話を促す積極的傾聴とされています。児童生徒が聴いてもらっている実感や安心感を抱けば，児童生徒の内面からの言葉や気持ちを引き出せる可能性が高まります。逆に，相手からそれらのリアクションがなければ，無反応で否定的と受け取られやすいものです。

1つめの「うなずき」では，児童生徒の話のペースに合わせて，自然に目を見ながら，首を上下に動かします。うなずきで肯定を児童生徒に伝えていくようにします。2つめの「あいづち」では，児童生徒の話に言葉で肯定的に反応します。たとえば，「なるほど」，「その通り」，「はい」などです。声に表情をつけるような効果的な抑揚が重要です。3つめの「繰り返し」では，児童生徒の話のポイントとなる言葉をそのまま返します。たとえば，児童生徒が「家庭学習時間を1時間増やしました」の言葉に対して，教員が「そうか，1時間増やしたんだね」と望ましい声のトーンや表情でリピートします。

（2）承認のスキル

　人は，自分を認めてくれる人を，自分も認める傾向があります。児童生徒が教員から認められていると感じれば，児童生徒は教員を認める方向に向かっていく可能性が高まります。児童生徒との信頼関係の構築に向けて，承認のスキルを積極的に活用していきましょう。また，自分の存在を認められ，進歩や成長を言葉で自然に伝えられるようになれば，児童生徒のモチベーションが高まることも期待できます。それらに資する，「承認」のスキルを3つ紹介します。

　1つめは，存在の承認です。日常の中で，何気なく児童生徒の存在を認め，それを伝えることは，承認の基本的な働きかけになります。たとえば，児童生徒の名前を呼ぶ，挨拶をかわす，目を合わせる，話しかける，お礼を言う，変化に気づいて伝える，会話を覚えている，報告・連絡・相談をするなどです。

　2つめは，事実をそのまま取り上げる承認です。これは，美点凝視の観点で目にしたことや感じたことを，その場ですかさず言語化して伝える即興的な働きかけです。たとえば，「いつも5分前に行動ができているね」，「約束事を確実に実行してくれる」，「クラスメイトの手助けをしていたね」のように，事実をそのまま取り上げて伝えることは，「よかった」，「向上した」といった漠然とした評価や，「○○君に比べてよい」など他の児童生徒との比較といった評価の言葉よりも受け取りやすく，行動のリピートに直結しやすい側面があります。

　3つめは，評価の視点（到達度，相対度，上達度）を活用する承認です。「到達度（できている，わかっている，到達しているという視点）」，「相対度（基準や対象との比較による視点）」，「上達度（本人なりに成長進歩しているという視点）」の3つの評価の視点を活用し，美点凝視で児童生徒にプラスの変化などの気づきを伝えます。

（3）質問のスキル

　「質問」によって，児童生徒は自らに内在する可能性を明確にすることができます。また，児童生徒が「問題をはっきりさせる」，「考えを整理する」，「視点を変える」，「モチベーションを上げる」などを引き出すことが可能です。以下では，質問のタイプを5つ紹介します。

　1つめは，「未来志向」と「原因追及」の質問です。「これから」に目を向け，「どうなれば望ましいか」，「どうしたらうまくいくか」といった未来志向の行動につながる質問が基本になります。一方，「これまで」に目を向け，原因や責任追及を目的とする質問は，過去に向かい前進の妨げになる場合があります。たとえば，「どうしてそうなったのか」，「誰がいけないのか」といった問いは，「すみません」，「○○のつもりだったのですが」などの防衛的・謝罪的な返答を引き出しやすくなります。

　2つめは，「二者択一」と「自由回答」の質問です。「これはあなたのレポートですか」などYes，Noを答えるだけの質問より，自由回答を引き出す質問の方が発展性が期待でき，気づきの可能性を拡大させます。しかし，「あなたはどう思いますか」などの問いか

けは，漠然としているため，答えにくいと感じる児童生徒もいるかもしれません。その場合は，以下に紹介するような質問の仕方を試すとよいでしょう。

3つめは，「ナンバー1」と「リストアップ」の質問です。物事を選択し優先順位を付けるような質問によって，考えを整理し発想の幅を広げることができます。たとえば，「教室のガラスを割ってしまったことについて，一番何に気をつければよかったですか」，「改善するには，どの方法がベストだと思いますか」は，ナンバー1をあげさせる質問です。また，「今後，すぐにできることを3つあげるとすれば，何ですか」，「その理由を3つあげてください」は，リストアップの質問です。また，程度の違いを数字で表現（スケーリング）する質問もあります。たとえば，「本日の取り組みの満足度を100点満点で表すと何点ですか」のような質問です。もし「85点です」と答えが返ってきたら，「マイナス15点の理由は何ですか」，「今後，100点に近づくには，どのような準備をしたらよいですか」のように，会話を展開させることができます。

4つめは，5W1Hの質問です。生徒指導の事案対応に向けて，事実関係や取組計画を明確にするためには必須の質問になります。「どうして○○になったのでしょうか」，「何が必要ですか」，「誰がすればよいですか」，「どこですればよいでしょうか」，「いつしますか」，「どのように行いますか」のように，「なぜ，何を，だれが，どこで，いつ，どのように」の5W1H（why, what, who, where, when, how）の質問で基本事項を明確にしていくことができます。それらの各項目を組み合わせると実践的な活用になります。たとえば，教員間での事案対応に関するやりとりにおいて「いつまで，何を明らかにしますか」，「どこで，誰が誰に，どのような理由で，今後の取組計画などを伝えますか」のような質問です。

5つめは，一覧表を活用する「質問」です。たとえば，学習，進路，部活動などの対象やテーマに応じて，基本的な質問項目をまとめた一覧表を活用すれば，要領よく質問することができます。表5-3は，教育相談における基本的な側面を中心にまとめた面談項目一覧表です。それを活用し児童生徒に質問するとします。児童生徒は，返答について思考する中で，自らの学習，生活，進路，健康などの全般に関する気づきや課題などを得ることができるでしょう。

（4）質問に関連する不適切な事例

質問のスキルや効果を取り上げてきましたが，次の報道された事例のように，不適切な質問が重大な事態を招いてしまう場合があります。

> 県教育委員会は，いじめの被害を訴えた児童への聞き取りの際，不適切な対応をしたとして，公立小学校の教頭を戒告の懲戒処分にした。教頭は，いじめ被害を訴えた2年生の児童に，担任とともに聞き取り調査をした際，「訴えの内容は思い違いではないか」という趣旨の質問を繰り返し，調査は1時間半にも及んだ。その後，学校が設置した第三者委員会が調査し，一部の行為でいじめがあったと認定し，実施した聞き取り調査を「不適切なものだった」と指摘した。

被害を訴える児童には，自由回答を引き出す質問を行い，丁寧に粘り強く事実関係を明

確にしていく必要があります。しかし，この事例では，いじめの被害を訴えている児童に対して，「思い違いではないか」といった被害の訴えの間違いを確認するように Yes, No の回答を求める質問が行われています。被害を訴える児童生徒に対しては，傾聴や承認の働きかけを駆使し，話しやすい状況を整えながら，自由回答を引き出す質問により，丁寧に事実関係を明確にしていくプロセスが大事です。

✾ 4 | 事案対応時に活用する指導と援助のスキル例

　再び，本屋でマンガ本を万引きし，それが2回目であった中学1年生の事案を例に，どのように指導・援助をしていけばよいか考えてみましょう（第4章の再掲事案）。本事案に関連する事実関係の明確化や本屋への謝罪（和解を含む）などはすでに終わったと想定し，担任教員として当該生徒と面談し，今後に向けて当該生徒とやりとりをしていきます。その場面で活用することが想定される指導と援助のスキルには，どのようなものがあるでしょうか。

（1）課題の明確化の場面のスキル例（援助のスキルを中心に）

　事実関係の明確化・共有化の後は，当該生徒の課題を明確にすることになります。その際には，教員側から課題を教示するよりも，援助のスキルの質問のスキルを活用し，当該生徒に内在・潜在する課題を自分自身で気づかせ，明確になるように引き出したいところです。どうしてもそれについて苦戦する場合は，教員がいくつかの課題を例示し，そこから生徒本人が理解を深め，判断・選択できるように引き出す働きかけを行うとよいでしょう。

　やりとりの中では，傾聴のスキルを活用し，当該生徒に意識を向けて，その声，言葉，気持ちを聴き取ろうとする姿勢を伝えます。その生徒の話をさえぎらずに，聴いているというサインを送りながら，自分の判断を加えず，興味を持って最後まで聴くことを心がけ，当該生徒の発話を促すようにします。

　また，承認のスキルを発揮し，問題行動を行ったとしても，当該生徒のよさや存在を認めていることを伝えます。また，当該生徒が今後の目標や課題に関して述べたことについては，その内容や考え方などを肯定的に評価しながら，たとえば，前向きな発言内容に対して「○○に取り組みたいという考えなのですね」など，発言内容をそのまま取り上げて評価を伝える承認のスキルを活用し，発言内容の実効性が高まるようにします。

（2）課題解決に向けた取組の場面のスキル例（指導のスキルを中心に）

　当該生徒が明確にした資料4-3の目標や課題の達成・解決に向けて，当該生徒の「○○に取り組む，○○になる，○○を身に付ける」の実効性を高めるために，指導のスキルの

手本・見本を活用し、当該生徒が取組や到達像を具体的にイメージしやすいようにします。また、当該生徒が掲げた目標や課題の解決を図る取組や行動を実行する場面では、指導のスキルの試行を活用し、まずは頭の中で繰り返しリハーサルを行い、その後に実際に行い、それらを通じて感覚やコツをつかむことができるようにします。その試行に対して、指導のスキルの評価を活用し、取組や行動を行う中で適切にできているところや、修正・改善が必要なところを伝えながら、改善を行っていくようにします。当然、そのような指導のスキルによって教員が具体的指摘を行いつつも、援助のスキルを発揮し、児童生徒に自己分析・自己理解を促し、それを踏まえて、主体的に改善に取り組せるようにします。

以上のように、実際の事案対応の場面では、児童生徒に対して指導や援助のスキルを駆使しているものです。なお、児童生徒の非行に関する専門的な知識や対応については、第9章「少年非行」で取り上げます。

5 児童生徒理解の深化

(1) 学習指導要領における「児童生徒理解の深化」

第3章で取り上げましたが、学習指導要領解説・総則編の「生徒指導の充実」では、生徒指導を進めていく基盤として「児童生徒理解の深化」を示しています。学習指導要領解説を基に、児童生徒理解を深める上での留意点を整理すると、表5-1のとおりです。

表5-1 児童生徒理解を深める上での留意点

・一人一人の児童生徒はそれぞれ違った能力・適性、興味・関心等をもっていること。
・児童生徒の生育環境も将来の夢や進路希望等も異なること。
・児童生徒理解においては、児童生徒を多面的・総合的に理解していくこと。
・学級担任の教師の日ごろの人間的な触れ合いに基づくきめ細かい観察や面接により児童生徒理解を行うこと。
・学年の教師、教科担任、部活動等の顧問教師、養護教諭などによるものを含めて、広い視野から児童生徒理解を行うこと。
・思春期にあって生活環境の急激な変化を受けている児童生徒一人一人の不安や悩みに目を向け、児童生徒の内面に対する共感的理解をもって児童生徒理解を深めること。
・教師と児童生徒との信頼関係をもとに、児童生徒の自己開示も高まり、教師の児童生徒理解も一層深まっていくこと。

(2) 提要改訂版における「児童生徒理解の深化」

提要改訂版の「1.3.1 児童生徒理解」では、児童生徒理解において対象とする側面について示しています。その「(1) 複雑な心理・人間関係の理解」では、生徒指導の基本は教職員の児童生徒理解であると示し、「(2) 観察力と専門的・客観的・共感的理解」では、児童生徒理解において対象とする側面について、心理面、学習面、社会面、健康面、進路

面，家庭面を示し，それらの側面から総合的に理解していくこととしています。また，提要改訂版の「1.1.1 生徒指導の定義と目的」の「(2) 生徒指導の目的」では，生徒指導において発達を支える児童生徒の側面は，心理面（自信・自己肯定感等），学習面（興味・関心・学習意欲等），社会面（人間関係・集団適応等），進路面（進路意識・将来展望等），健康面（生活習慣・メンタルヘルス等）を含む包括的なものとしています。

上述の「(2) 観察力と専門的・客観的・共感的理解」では，児童生徒理解の方法についても示しています。それは，観察，質問紙調査，教育相談です。また，提要改訂版の「3.3.2 教育相談活動の全校的展開」の「(3) 課題予防的教育相談：課題早期発見対応」では，代表的な早期発見の方法として，「丁寧な関わりと観察」，「定期相談」，「作品（日記，作文，絵など）の活用」，「質問紙調査」をあげています。

このように，学習指導要領と提要改訂版で記されていたことをまとめると，生徒指導の基本は教職員による児童生徒理解を深めることであり，その際には，児童生徒の成長・発達を支える視点から，児童生徒の心理面，学習面，社会面，進路面，健康面に関する理解を深めることになります。その代表的な方法としては，観察，質問紙調査，面談（教育相談），作品の活用があげられます。

6 児童生徒理解を深める項目の活用

児童生徒理解を深めていくためには，児童生徒の心理面，学習面，社会面，進路面，健康面に目を向け，観察，面談，質問紙，日誌，作品，会話などを駆使し，児童生徒の情報やニーズを把握しようとする意識は欠かせません。表 5-2 は，上述の５つの側面を参考に，児童生徒理解を深めるポイントを整理し，一覧表にまとめたもので，観察，面談，質問紙調査などで活用ができます。

この一覧表は，「健康面」，「学習面」，「キャリア・進路面」，「生活面（心理・社会面）」，「活力面」を取り上げて構成しています。「キャリア・進路面」については，2017 年，2018 年告示の学習指導要領の総則に，「キャリア教育の充実」が初めて明記され，児童生徒のキャリア発達を促す教育が重視されていることを受け，その項目名にしています。また，児童生徒それぞれの活力の基盤について把握し支援をすることで，他の側面も向上することが期待されるため，「活力面」の項目を設定しています。

具体的な活用場面ですが，たとえば，短時間で多数の情報やニーズを把握したい時は，一覧表の内容を質問紙（アンケート）の調査内容として活用できます。日常的に児童生徒を観察する際には，一覧表の内容を観察の観点として活用できます。また，個別の情報やニーズを丁寧に把握する際には面談が必要になりますが，その面談時の質問内容としても活用できます。

表 5-2 面談シートの項目例

	現在	今まで	体調・体力向上
健康面	心身の調子や状態，健康の保持増進に向けて気をつけていること・努力していること，など。	ケガや病気等の経験と現在の状態など。	取り組んでいること・考えていること・したいこと，など。
学習面	力を入れている	心配・気になる・知りたい	学業成績に関する考察
	力を入れている教科・内容・取り組み，など。	心配なこと・気になること・知りたいこと，など。	学業成績に関する自己分析，他者からの助言，客観的な指標との比較，など。
キャリア・進路面	職業・仕事観	人間・社会観	現時点・当面の目標
	将来○○の職業に就き，△△の役割をしてみたい，最近の職業に関する動向や情報，重視する価値，など。	将来○○な人になりたい・△△な人にはなりたくない，○○の社会が望ましい・△△な社会になることを危惧する，など。	卒業後は○○に進みたい（現時点），それに向けて努力していること・努力したいこと・知りたいこと，など。
生活面（心理・社会面）	対人関係・対集団関係	学校生活全般・学校外生活	基本的生活習慣
	対人関係（他児童生徒・保護者・教員）や対集団関係（学級・部活動・その他）で，心配・気になる・望むこと，など。	学校生活全般や学校外生活（家庭・その他）について，心配なこと・気になること・望むこと・頑張っていること，など。	帰宅後，学校外の自己時間割（起床や就寝の時刻・時間の過ごし方や使い方・家庭での役割），ルーティン行動，など。
活力面	現在	これから	長所・特技・興味・趣味
	学校内外など範囲を限定しないで，頑張っていること・楽しいこと・充実していること・満足していること，など。	学校内外など範囲を限定しないで，これから，頑張りたいこと・楽しみなこと・充実したいこと・達成したいこと，など。	長所，特技，興味，趣味，など。

（1）項目の解説

「健康面」については，「現在」，「今まで」，「体調・体力向上」の質問を通して，心身の健康状況を把握します。また，教員がそのような点について気にかけていることが児童生徒に伝わり，いたわりや温かい眼差しを感じてもらうようにすることも大切です。

「学習面」については，「力を入れている」，「心配・気になる・知りたい」，「学業成績に関する考察」を通して，児童生徒の自己分析を把握し，児童生徒なりの受けとめや実感を理解したいところです。特に，学習意欲の向上には手応えのある勉強方法について，児童生徒なりに具体的になっていくようにすることが大切です。

「キャリア・進路面」については，「現時点での当面の目標」に関する話題に加えて，「職業・仕事観」，「人間・社会観」などを通して，社会的・職業的な自立に向けた個別的な意見交換ができる貴重な機会としたいところです。普段は聞けない互いの考えやあらたな発見を得て，教員と児童生徒が相互に理解を深め，互いの自己開示が進むようになれば，信頼関係の構築につながることも期待できます。

「生活面」については，自己や対人に関する心理状況が対象になるため，生徒指導上で

はとりわけ慎重に理解を深めたい項目です。児童生徒が話しにくい可能性があるため，取り上げる順序は5つの側面の中では，基本的には後半になります。「生活面」の中でも「基本的生活習慣」，「学校生活全般・学校外生活」，「対人関係・対集団関係」と慎重に話を進めていくことになります。

「活力面」は，他の4つの側面の基盤となっていることがあります。児童生徒が個々に有する活力源が，取組全般のエネルギーになっている可能性があります。「現在」，「これから」，「長所・特技・興味・趣味」の質問を通して，児童生徒の活力源を把握し，それを支援する姿勢が伝わるようにすることで，他の4つの側面の充実につながることが期待できます。

（2）実施方法

ここでは，表5-2の一覧表を面談で活用する実践例を紹介します。面談の際には，表5-2の項目・内容や様式を加工するなどして面談シートを作成し，児童生徒にあらかじめシートに各項目について記入させておき，そのシートを基に面談する方法があります。また，事前に面談シートに記入させることをせずに，教員が面談シート項目に基づき，児童生徒に質問しやりとりしながら進めていく方法もあります。

やりとりする内容の順番は，当該児童生徒の状況に応じて選択することになります。特に大きな課題を抱えていない場合には，「健康面」から始め，面談シートの縦の順に進めていくのが基本的といえます。また，最初に「活力面」を取り上げ，前向きになりやすい話題から入る方が効果的な場合もあります。すべての項目を活用することが時間の都合上難しい場合には，項目を選択するようにして実施する場合もあります。

❋ 7 ┃ 児童生徒理解を深める目標設定シートの活用

児童生徒理解を深める機会は，あらゆる場面が対象になります。たとえば，第4章で取り上げたような目標設定シートへの記述内容からは，児童生徒理解につながる情報を得ることができます。児童生徒に目標を記述させて終わりとせずに，目標内容を資料に面談をする機会を設定し実施すると，児童生徒の目標内容に含まれる意味の把握や理解が深まり，児童生徒理解を深めることができます。また，目標に対する意外な理由や予想以上に児童生徒が重点を置いている価値内容を知るなど，あらたな情報を得ることもできます。

（1）目標設定シートと面談シナリオ

第4章で紹介した部活動の地区大会に向けた中学生の目標設定シート（資料4-2）を活用し，顧問教員として，あるいは担任教員として当該生徒に対して，その目標内容の理解を深めるために面談をするとします。充実した面談にするためには，事前の準備として，進め方のシナリオを描いておくことが大切です。ゴール（面談が終了した段階の理想の到

達像）の設定や主となる質問を設定しておくとシナリオは描きやすくなります。大まかであっても，開始から終了までのイメージを立てておくことが大切です。それに向けては，次の①から④の内容がポイントになります。

① 面談が終了した段階で，当該児童生徒がどのようになっていることを目指すか。
② ①に向けて，留意点は何か。また，面談において発言してはいけないことは何か。
③ 面談における「ポイントとなる質問」とその「順番」をどうするか。
④ ①に向けて，最初に何を発言して始めるか。次に何を発言するか。面談において，中心，あるいは山場となるのは，どのような内容についてやりとりしているときか。

（2）面談時に活用する援助のスキル例

①については，面談が終了した段階で，児童生徒が「また，面談を受けてみたい」，「意欲が高まった」という状態は，最低限のラインとしたいところです。②については，援助のスキルを中心に，選択権は児童生徒にあるとする姿勢になります。もちろん，児童生徒が話しやすくなるように，「傾聴」，「承認」のスキルを活用します。そして，児童生徒の思いや願いなどを引き出す「質問」を軸にやりとりを進めていきます。

また，③と④については，上記の目標設定シート（資料4-2）でいえば，目標内容は複数ありますが，当該生徒にとって優先度や難易度がそれぞれあると思われるため，たとえば，「最も大切にしたい，あるいは達成したい目標はどれですか」，「達成を目指す上で，最もむずかしいと感じている目標はどれですか」と質問し確認したいところです。また，「最もアドバイスや支援などが必要な目標と内容を教えてください」など，指導者のサポートが必要と考えている内容についても本人から直接に確認し具体的に把握したいところです。あわせて，その理由も把握し，思いや価値観などを共有しておくことも大切です。なお，面談の導入時には，中心的な話題に入る前に別の話題から始めるようにして，面談しやすい雰囲気を整える配慮が大切です。たとえば，目標を設定した努力を評価することや，最近の学習・生活の様子ですばらしい点を取り上げ賞賛するなどが考えられます。

（3）質問に対する回答の実際例と対応上の留意点

資料4-2の当該生徒の顧問教員は，当該生徒へいくつか質問を行いました。その中で「12個の目標があります。現在，その中で最も大切にしたいと思っている内容は何ですか」と質問しました。その質問に対して意外な返答を得たということです。当該生徒が中学生としては一定以上の競技力を有していて，競技力向上にも熱心に取り組んでいたことから，顧問教員は，競技面に関する①②③を予想していました。

しかし，「⑦です」と返答があったそうです。その返答に関連して理由を質問する中で，「幼少期には，祖父母と過ごした時間が長かったこと」，「毎回，試合の応援にきてくれていたこと」，「試合で競技している様子をみて，うれしそうにしてくれていることが自分の励みになっていたこと」などの情報を得ることができたそうです。

このように，日頃から担当している児童生徒であっても，目標をみて安易に「このような意味だろう」と解釈をしないことが前提になります。教員としての評価，感想，意見が先走ると，児童生徒の内にある思いや願いなどを引き出せず，児童生徒理解の深化や信頼関係の構築からは遠ざかります。

（4）目標および面談によって得た情報に基づく動機づけの実際例

　面談後からは，タイミングをみて「今度も，応援にきてくれそうなの」，「頑張っている様子を見てほしいね」など，顧問教員として祖父母のことを気にかけながら声がけをするように意識したそうです。それを契機に，当該生徒からは，⑦以外の①から⑫に関する目標に対しても，より意欲を高めて取り組む様子がうかがえたそうです。⑦は当該生徒の部活動に取り組む活力源になっていたようです。

　生徒によって重点を置く価値の内容や度合いは，少なからず異なります。生徒にぴったりあった働きかけの内容は，表面的には見えない場合があります。多様な価値を書き出すことが可能な目標設定の様式を活用し，そこで明確になった目標についての理解を深め，その目標について共有やサポートする姿勢を教員が示すことで，生徒の意欲度が高まった事例と考えられます。

【引用・参考文献】

河村茂雄（編）　2000　Q-U学級満足尺度による学級経営コンサルテーション・ガイド──代表的なパターンによる学級集団の状態の理解と具体的な対応策──　図書文化社

本間正人・松瀬理保　2015　コーチング入門第2版　日本経済新聞社

相川充・佐藤正二（編）　2006　実践！ソーシャルスキル教育　中学校──対人関係能力を育てる授業の最前線──　図書文化社

吉田浩之　2009　部活動と生徒指導──スポーツ活動における教育・指導・援助のあり方──　学事出版

吉田浩之　2011　コミュニケーション力とコーチング　月刊生徒指導　第41巻第3号　学事出版　58-62

吉田浩之　2016　運動部活動の指導を振り返る複眼的な視点　友添秀則（編著）　運動部活動の理論と実践　大修館書店　200-207

吉田浩之　2017　部活動における生徒理解の方法──目標設定の機会を通して──　月刊生徒指導　第47巻第7号　学事出版　34-37

石隈利紀・田村節子　2018　新版石隈・田村式援助シートによるチーム援助入門──学校心理学・実践編──　図書文化社

文部科学省　2018　小学校学習指導要領（平成29年告示）解説総則編　東洋館出版社

文部科学省　2018　中学校学習指導要領（平成29年告示）解説総則編　東山書房

文部科学省　2019　高等学校学習指導要領（平成30年告示）解説総則編　東洋館出版社

朝日新聞デジタル　2021　小2のいじめ訴えに不適切対応　教頭が「思い違いでは」　https://www.asahi.com/articles/ASP2432TZP23OHGB01G.html（2021年2月4日）

文部科学省　2022　生徒指導の基礎　生徒指導提要　12-38

Chapter 6 不登校

　「教育機会確保法」は，不登校に関する初めての法律で，2016年12月に公布，2017年2月に完全施行され，それらの内容は学習指導要領にも反映されています。さらに，関連する基本方針や通知も発出され，これまでの不登校児童生徒への支援の在り方が大きく変わる規定が設けられました。また，近年の文部科学省が実施する不登校の要因に関する調査結果をみると，不登校の児童生徒の実感を基に分析や対策を講じる必要性がうかがえます。
　本章では，「教育機会確保法」及び関連する基本方針について解説します。また，近年の動向を踏まえながら今日的な不登校支援の在り方について解説します。

1　不登校児童生徒の支援に関する近年の動向

　不登校に関する初めての法律である「義務教育の段階における普通教育に相当する教育の機会の確保等に関する法律」（以下，教育機会確保法）が2016年12月に成立し，2017年2月に完全施行されました。教育機会確保法施行後の2017年3月には，教育機会確保法の第7条に基づき，教育機会の確保等に関する施策を総合的に推進することを目的として，「義務教育の段階における普通教育に相当する教育の機会の確保等に関する基本指針」が文部科学省において策定されました。さらに，教育機会確保法の第13条を受け，同年3月には，不登校児童生徒への学校以外の場での学習等に対する支援にむけて，教育委員会・学校と民間の団体等による連携した支援や，その支援の充実などを求める「不登校児童生徒による学校以外の場での学習等に対する支援の充実について（通知）」が発出されました。
　また，2017年3月には小学校及び中学校の学習指導要領が示され，その総則には初めて「不登校児童への配慮」（小学校）と「不登校生徒への配慮」（中学校）の項目が明記され，同様に2018年3月には高等学校学習指導要領の総則にも初めて明記されました。その後，2019年10月には，これまでの不登校施策に関する通知を整理しまとめた「不登校児童生徒への支援の在り方について（通知）」（以下，支援の在り方（通知））が示されました。

2　教育機会確保法

（1）教育機会確保法の概要

　教育機会確保法は，「総則（第1条～第6条）」，「基本指針（第7条）」，「不登校児童生徒等

に対する教育機会の確保等（第8条〜第13条）」，「夜間等において授業を行う学校における就学の機会の提供等（第14条・第15条）」「教育機会の確保等に関するその他の施策（第16条〜第20条）」の全20条で構成されています。ここで取り上げる内容に関連する主な条文は，表6-1のとおりです。

　教育機会確保法の目的（第1条）は，教育基本法及び児童の権利に関する条約などの趣旨に則り，不登校児童生徒に対する教育機会の確保，夜間等において授業を行う学校における就学機会の提供その他の義務教育の段階における普通教育に相当する教育の機会の確保等を総合的に推進するものです。端的には，不登校の児童生徒の支援や夜間中学への就学機会の支援を進めることを目的にしています。

　また，教育機会の確保に関する基本理念（第3条）には，全ての児童生徒が安心して教育を受けられる学校環境の確保や，不登校の児童生徒の様々な学習の実情を踏まえた支援の必要性を明記しています。そして，第13条では，不登校の児童生徒が学校以外の場で行う「多様で適切な学習活動」の重要性を認めています。それらを受けて国や自治体は特別な教育課程を持つ「不登校特例校」や，公立の「教育支援センター」の整備に向け必要な措置を講ずるよう努めるとしています。

（2）注 目 点

　不登校児童生徒への支援（第13条）と不登校児童生徒の定義（第2条）が法律で定められたのは初めてです。また，施策などが「児童の権利に関する条約等の教育に関する条約」に則って行うこと（第1条），不登校児童生徒には「休養の必要性」（第13条）があること，さらに，戦後の混乱で義務教育を修了できなかった人向けに，自治体が夜間中学などで就学できるような措置をすること（第14条）なども初めて明示されました。

表6-1　「教育機会確保法」の主な条文

第1条　（目的）
　この法律は，教育基本法（平成18年法律第120号）及び児童の権利に関する条約等の教育に関する条約の趣旨にのっとり，教育機会の確保等に関する施策に関し，基本理念を定め，並びに国及び地方公共団体の責務を明らかにするとともに，基本指針の策定その他の必要な事項を定めることにより，教育機会の確保等に関する施策を総合的に推進することを目的とする。

第2条　（定義）
　この法律において，次の各号に掲げる用語の意義は，それぞれ当該各号に定めるところによる。
一　学校　学校教育法（昭和22年法律第26号）第1条に規定する小学校，中学校，義務教育学校，中等教育学校の前期課程又は特別支援学校の小学部若しくは中学部をいう。
二　児童生徒　学校教育法第18条に規定する学齢児童又は学齢生徒をいう。
三　不登校児童生徒　相当の期間学校を欠席する児童生徒であって，学校における集団の生活に関する心理的な負担その他の事由のために就学が困難である状況として文部科学大臣が定める状況にあると認められるものをいう。
四　教育機会の確保等　不登校児童生徒に対する教育の機会の確保，夜間その他特別な時間において授業を行う学校における就学の機会の提供その他の義務教育の段階における普通教育に相当する教育の機会の確保及び当該教育を十分に受けていない者に対する支援をいう。

第3条 （基本理念）

　教育機会の確保等に関する施策は，次に掲げる事項を基本理念として行われなければならない。

一　全ての児童生徒が豊かな学校生活を送り，安心して教育を受けられるよう，学校における環境の確保が図られるようにすること。

二　不登校児童生徒が行う多様な学習活動の実情を踏まえ，個々の不登校児童生徒の状況に応じた必要な支援が行われるようにすること。

三　不登校児童生徒が安心して教育を十分に受けられるよう，学校における環境の整備が図られるようにすること。

四　義務教育の段階における普通教育に相当する教育を十分に受けていない者の意思を十分に尊重しつつ，その年齢又は国籍その他の置かれている事情にかかわりなく，その能力に応じた教育を受ける機会が確保されるようにするとともに，その者が，その教育を通じて，社会において自立的に生きる基礎を培い，豊かな人生を送ることができるよう，その教育水準の維持向上が図られるようにすること。

五　国，地方公共団体，教育機会の確保等に関する活動を行う民間の団体その他の関係者の相互の密接な連携の下に行われるようにすること。

第8条 （学校における取組への支援）

　国及び地方公共団体は，全ての児童生徒が豊かな学校生活を送り，安心して教育を受けられるよう，児童生徒と学校の教職員との信頼関係及び児童生徒相互の良好な関係の構築を図るための取組，児童生徒の置かれている環境その他の事情及びその意思を把握するための取組，学校生活上の困難を有する個々の児童生徒の状況に応じた支援その他の学校における取組を支援するために必要な措置を講ずるよう努めるものとする。

第13条 （学校以外の場における学習活動等を行う不登校児童生徒に対する支援）

　国及び地方公共団体は，不登校児童生徒が学校以外の場において行う多様で適切な学習活動の重要性に鑑み，個々の不登校児童生徒の休養の必要性を踏まえ，当該不登校児童生徒の状況に応じた学習活動が行われることとなるよう，当該不登校児童生徒及びその保護者（学校教育法第16条に規定する保護者をいう。）に対する必要な情報の提供，助言その他の支援を行うために必要な措置を講ずるものとする。

第14条 （就学の機会の提供等）

　地方公共団体は，学齢期を経過した者（その者の満6歳に達した日の翌日以後における最初の学年の初めから満15歳に達した日の属する学年の終わりまでの期間を経過した者をいう。次条第2項第3号において同じ。）であって学校における就学の機会が提供されなかったもののうちにその機会の提供を希望する者が多く存在することを踏まえ，夜間その他特別な時間において授業を行う学校における就学の機会の提供その他の必要な措置を講ずるものとする。

（数字の一部について算用数字を使用）

　なお，上述した「休養の必要性」については，「休んでもよい」ということを法律が認めたということになります。不登校は誰にでも起こり得るにもかかわらず，「学校に行くのが普通の児童生徒」で「不登校になるのは特殊な児童生徒」との見方が存在します。不登校の児童生徒の中には，学校に行かなければと自分を追い込んでしまう場合もあります。休養の必要性を法律で明示することで，児童生徒が法律を根拠に遠慮せずに休むことが認められるとともに，教員も休ませることを勧めやすく，休むことを受け入れやすくなる効果も期待できます。

　また，これまでの不登校対策は，児童生徒の学校復帰が大前提とされてきました。しかし，学びの場は学校に限らず，不登校の児童生徒の中には，教育委員会が設置する公的施設である教育支援センターや民間のフリースクールなどに通っている場合もみられます。教育機会確保法では，そのような「学校以外の場で行う多様で適切な学習活動の重要性」

（第13条）を認めています。

3 不登校の定義と調査

（1）不登校児童生徒の定義

　教育機会確保法において，初めて明示された不登校児童生徒の定義をみてみましょう。第2条第3項に，次のように示しています。

> 　相当の期間学校を欠席する児童生徒であって，<u>学校における集団の生活に関する心理的な負担その他の事由のために就学が困難である状況として文部科学大臣が定める状況</u>にあると認められるものをいう。（下線は筆者による）

　条文には「学校における集団の生活に関する心理的な負担その他の事由のために就学が困難である状況として文部科学大臣が定める状況」とあります。これについて文部科学省では，2017年2月に「義務教育の段階における普通教育に相当する教育の機会の確保等に関する法律第二条第三号の就学が困難である状況を定める省令」（以下，省令）を発出しています。その省令は，次のとおりです。

> 　義務教育の段階における普通教育に相当する教育の機会の確保等に関する法律（以下「法」という。）第二条第三号の学校における集団の生活に関する心理的な負担その他の事由のために就学が困難である状況として文部科学大臣が定める状況は，<u>何らかの心理的，情緒的，身体的若しくは社会的要因又は背景によって，児童生徒が出席しない又はすることができない状況</u>（病気又は経済的理由による場合を除く。）とする。（下線は筆者による）

　省令では就学が困難である状況について，「何らかの心理的，情緒的，身体的若しくは社会的要因又は背景によって，児童生徒が出席しない又はすることができない状況（病気又は経済的理由による場合を除く。）とする」と示しています。教育機会確保法（第2条第3項）に省令をあてはめた法律上の「不登校児童生徒の定義」は，次のとおりです。

> 　相当の期間学校を欠席する児童生徒であって，<u>何らかの心理的，情緒的，身体的若しくは社会的要因又は背景によって，児童生徒が出席しない又はすることができない状況</u>（病気又は経済的理由による場合を除く。）にあると認められるものをいう。（下線は筆者による）

　なお，文部科学省により毎年実施されている「児童生徒の問題行動・不登校等生徒指導上の諸課題に関する調査」では，不登校とは，「年度間に連続又は断続して30日以上欠席した児童生徒」で「何らかの心理的，情緒的，身体的，あるいは社会的要因・背景により，児童生徒が出席しないあるいはすることができない状況にある者（ただし，「病気」や「経済的理由」による者を除く。）をいう」としています。

　教育機会確保法の第2条第3号では，不登校児童生徒を「相当の期間学校を欠席する児童生徒」と規定しており，具体的な数値を示していません。一方，文部科学省調査では，「年度間に連続又は断続して30日以上欠席」としています。学校では，年度間に連続また

は断続して30日以上の欠席があった場合に不登校にカウントしています。

（2）「登校拒否」,「学校ぎらい」から「不登校」へ

　1975年頃から増加した長期欠席は，当時「登校拒否」と呼ばれており，児童生徒自身の不適応，家族内の人間関係，社会の変化に起因する病理現象とみなされていました。1994年3月,「登校拒否（不登校）問題について——児童生徒の「心の居場所」づくりを目指して——」（学校不適応対策調査研究協力者会議報告書）が発表され，そこで示された「登校拒否問題に対応する上での基本的な視点」では，「登校拒否は誰にでも起こり得るものであるという視点に立ってこの問題をとらえていく必要があること」であり，また，特定の児童生徒にみられる病理的な現象ではないとの見解が示されました。

　なお，同報告書では，不登校について「何らかの心理的，情緒的，身体的，あるいは社会的要因・背景により，児童生徒が登校しないあるいはしたくともできない状況にあること（ただし，病気や経済的な理由によるものを除く）をいう」と示しています。その内容は現在にもつながっています。

　その後，広く学校に行けない，あるいは，行かない状態を指すものとして「不登校」という用語が一般化してきました。学校基本調査では，年度内に30日以上欠席した児童生徒を長期欠席者として，その欠席理由を「病気」,「経済的理由」,「学校ぎらい」,「その他」に区分して調査していましたが，1998年度から，上記区分のうち「学校ぎらい」を「不登校」に名称変更し，現在に至っています。なお，「学校ぎらい」は1966年度から1997年度までの学校基本調査で使用されていました。

（3）文部科学省の不登校調査

　文部科学省による不登校調査は，2015年度までは「児童生徒の問題行動等生徒指導上の諸問題に関する調査」，2016年度からは「児童生徒の問題行動・不登校等生徒指導上の諸課題に関する調査」（以下，不登校等調査）の中で行われています。また，小・中学校に加えて，国・公・私立高等学校の調査が2004年度から始まりました。

　2019年度には，1,000人当たりの不登校児童生徒数が，小学校8.3人，中学校39.4人で，不登校の名称で調査を始めた1998年度以降，小・中学校ともに最多となっています。2020年度から2022年度は，新型コロナウイルスの感染回避という理由により30日以上登校しなかった児童生徒数も調査対象としました。新型コロナウイルス感染症の位置づけが2類相当から5類感染症に移行する直前の2022年度は，全ての校種で不登校児童生徒数と1,000人当たりの不登校児童生徒数が過去最多になっています。最新データは，文部科学省の「児童生徒の問題行動・不登校等生徒指導上の諸課題に関する調査」（https://www.mext.go.jp/a_menu/shotou/seitoshidou/1302902.htm）を参照ください。

4 不登校児童生徒への配慮

　小・中学校 2017 年及び高等学校 2018 年告示の学習指導要領に初めて，「不登校児童への配慮」（小学校）及び「不登校生徒への配慮」（中学校・高等学校）についての規定が設けられました。小学校学習指導要領（第1章第4の2の（3）不登校児童への配慮）では，次のように示しています。なお，中学校及び高等学校の学習指導要領も同様の内容です。

> ア　不登校児童については，保護者や関係機関と連携を図り，心理や福祉の専門家の助言又は援助を得ながら，社会的自立を目指す観点から，個々の児童の実態に応じた情報の提供その他の必要な支援を行うものとする。
> イ　相当の期間小学校を欠席し引き続き欠席すると認められる児童を対象として，文部科学大臣が認める特別の教育課程を編成する場合には，児童の実態に配慮した教育課程を編成するとともに，個別学習やグループ別学習など指導方法や指導体制の工夫改善に努めるものとする。

　また，小学校学習指導要領解説・総則編（第3章第4節の2の（3）不登校児童への配慮）において，「個々の児童の実態に応じた支援」と「不登校児童の実態に配慮した教育課程の編成」の2つの項目を設けて解説を示しています。なお，前者については，中学校及び高等学校学習指導要領も同様の内容が記載されています。後者については，教育課程編成に関わるため，小・中学校と高等学校ごとに基づく法律・条文などをそれぞれ示していますが，学校に求められる内容については同様となっています。その2つの項目の要点は，次の（1）と（2）のとおりです。

（1）「個々の児童生徒の実態に応じた支援」の要点

　「個々の児童生徒の実態に応じた支援」では，2つの項目を設けています。不登校に対する見方や姿勢等と不登校児童生徒への支援です。それらの記載内容の要点を整理すると，表6-2のとおりです。

①　支援の目標と休養の必要性

　表6-2の⑤では支援の目標を示しています。また，⑦では休養の必要性を示しています。「支援の在り方（通知）」では，「不登校児童生徒への支援は，「学校に登校する」という結果のみを目標にするのではなく，児童生徒が自らの進路を主体的に捉えて，社会的に自立することを目指す必要がある」ことを示すとともに，「不登校の時期が休養や自分を見つめ直すなどの積極的な意味を持つことがある」ことも示しています。

　従来は，学校復帰が前提で登校の有無にこだわる姿勢や，心の問題としてのみ捉える傾向がみられました。これからの不登校児童生徒への支援では，基本的な考え方は，「社会的に自立することを目指すこと」であると理解することが大切です。不登校の児童生徒一人一人の個性を生かし社会参加しつつ，充実した人生を過ごしていくための道筋を築いていけるように，社会的自立に向けて自らの進路を主体的に形成していくための生き方の支援が求められます。

表 6-2 「個々の児童生徒の実態に応じた支援」の要点

不登校に対する見方や姿勢等

① 不登校は，取り巻く環境によっては，どの児童生徒にも起こり得ることとして捉える必要がある。

② 不登校とは，多様な要因・背景により，結果として不登校状態になっているということであり，その行為を「問題行動」と判断してはならない。

③ 不登校児童生徒が悪いという根強い偏見を払拭し，学校・家庭・社会が不登校児童生徒に寄り添い共感的理解と受容の姿勢をもつことが，児童生徒の自己肯定感を高めるためにも重要である。

不登校児童生徒への支援

④ 不登校児童生徒について，個々の状況に応じた必要な支援を行うことが必要である。

⑤ 登校という結果のみを目標にするのではなく，児童生徒や保護者の意思を十分に尊重しつつ，児童生徒が自らの進路を主体的に捉えて，社会的に自立することを目指す必要がある。

⑥ 不登校児童生徒への支援の際は，不登校のきっかけや継続理由，学校以外の場において行っている学習活動の状況等について，家庭訪問も含めた継続的な把握が必要である。

⑦ 不登校児童生徒の状況によっては休養が必要な場合があることを留意しつつ，学校以外の多様で適切な学習活動の重要性も踏まえ，個々の状況に応じた学習活動等が行われるよう支援することが必要である。

⑧ いじめられている児童生徒の緊急避難としての欠席が弾力的に認められてもよく，そのような場合には，その後の学習に支障がないように配慮する必要がある。

⑨ 不登校児童生徒の保護者に対し，不登校児童生徒への支援を行う機関や保護者の会などに関する情報提供及び指導要録上の出席扱いや通学定期乗車券の取扱等を周知することも重要である。

⑩ 家庭で多くの時間を過ごしている不登校児童生徒に対しては，その状況を見極め，当該児童生徒及び保護者との信頼関係を構築しつつ，必要な情報提供や助言，ICT 等を通じた支援，家庭等への訪問による支援を行うことが重要である。

⑪ 不登校児童生徒が自らの意思で登校した場合は，温かい雰囲気で迎え入れられるよう配慮するとともに，保健室，相談室や学校図書館等も活用しつつ，安心して学校生活を送ることができるような支援を行うことが重要である。

⑫ 不登校児童生徒への支援を行うためには，学級担任のみならず教育相談担当教師など他の教師がスクールカウンセラーやスクールソーシャルワーカー等の専門スタッフ等と連携・分担し学校全体で行うことが必要である。

⑬ 必要に応じ，福祉，医療及び民間の団体等の関係機関や関係者間と情報共有を行うほか，学校間の引継ぎを行うなどして継続した組織的・計画的な支援を行うことが重要であり，その際，学校は，当該児童生徒や保護者と話し合うなどして「児童生徒理解・教育支援シート」等を作成することが望ましい。

② 不登校の理由に応じた働きかけや関わりの重要性

　表 6-2 の⑥では，支援にはきっかけや継続理由の把握が必要であると示しています。「支援の在り方（通知）」においても，不登校児童生徒への支援については児童生徒が不登校となった要因を的確に把握し，「不登校のきっかけや継続理由に応じて，その環境づくりのために適切な支援や働きかけを行う必要がある」ことを示しています。

　文部科学省は，不登校の要因の分析に向けて不登校児童生徒の実態把握に関する調査を実施し，2021 年に報告書（以下，不登校実態調査報告書）を示しました。調査対象は，2019 年度に不登校で 2020 年度に小学校 6 年生または中学校 2 年生のうち，学校に登校または教育支援センターに通所の実績がある児童生徒とその保護者でした。表 6-3 は，調査項目の「最初に行きづらいと感じ始めたきっかけ」に対する回答割合の上位項目です。

表6-3 「最初に行きづらいと感じ始めたきっかけ」の回答割合の上位項目

校種・学年	「最初に行きづらいと感じ始めたきっかけ」の上位回答	割合
小学校5年時 不登校児童	・先生のこと（先生と合わなかった，先生が怖かった，体罰があったなど）	29.7%
	・身体の不調（学校に行こうとするとおなかが痛くなったなど）	26.5%
	・生活リズムの乱れ（朝起きられなかったなど）	25.7%
中学校1年時 不登校生徒	・身体の不調（学校に行こうとするとおなかが痛くなったなど）	32.6%
	・勉強が分からない（授業がおもしろくなかった，成績がよくなかった，テストの点がよくなかったなど）	27.6%
	・先生のこと（先生と合わなかった，先生が怖かった，体罰があったなど）	27.5%

「最初に行きづらいと感じ始めたきっかけ」が不登校の要因と関係することは明らかです。回答割合の上位項目には，特段に注目する必要があります。一方で，毎年実施されている不登校等調査をみると，「不登校の要因」では，「無気力，不安」が例年最多という結果を示しています。「無気力，不安」の中には「最初に行きづらいと感じ始めたきっかけ」に関係することが潜んでいる可能性があるため，「無気力，不安」になったきっかけや理由について，詳細に調査する必要があります。

なお，不登校等調査では，学校ごとに要因を報告したものを集計し，不登校実態調査では不登校の児童生徒本人から直接に回答を得て集計しています。今後も不登校実態調査を継続的に実施し，不登校になったきっかけや理由を含め，当事者の児童生徒に対して詳細な実態把握を丁寧に行い，それに基づく個別の支援を早期の段階から組織的・計画的に実施することが求められます。

③ 欠席と出席扱い

表6-2の⑧⑨では，欠席と出席扱いを示しています。「教育機会確保法」の第13条で，「不登校の児童生徒が学校以外の場において行う多様で適切な学習活動の重要性」が示されていることを踏まえると，今後益々，不登校児童生徒の学校外における教育機会の環境が整い，学校外などでの学習活動の出席扱いが増加すると考えられます。

「支援の在り方について（通知）」では，別記資料において2つの場合の出欠の取り扱いについて示しています。1つは「義務教育段階の不登校児童生徒が学校外の公的機関や民間施設において相談・指導を受けている場合の指導要録上の出欠の取扱いについて」です。もう1つは「不登校児童生徒が自宅においてICT等を活用した学習活動を行った場合の指導要録上の出欠の取扱いについて」です。

前者の出席扱い等の要件については，表6-4のとおりです。不登校児童生徒が学校外の施設において相談・指導を受けるとき，表の要件を満たすとともに，当該施設における相談・指導が不登校児童生徒の社会的な自立を目指すものであり，かつ，不登校児童生徒が現在において登校を希望しているか否かにかかわらず，不登校児童生徒が自ら登校を希望した際に，円滑な学校復帰が可能となるよう個別指導等の適切な支援を実施していると評価できる場合，校長は指導要録上出席扱いとすることができるとしています。

4 不登校児童生徒への配慮

表6-4　学校外の公的機関等において相談・指導の場合の出席扱い等の要件

義務教育段階の不登校児童生徒が学校外の公的機関や民間施設において相談・指導を受けている場合の指導要録上の出欠の取扱い

・保護者と学校との間に十分な連携・協力関係が保たれていること。
・当該施設は，教育委員会等が設置する教育支援センター等の公的機関とするが，公的機関での指導の機会が得られないあるいは公的機関に通うことが困難な場合で本人や保護者の希望もあり適切と判断される場合は，民間の相談・指導施設も考慮されてよいこと。ただし，民間施設における相談・指導が個々の児童生徒にとって適切であるかどうかについては，校長が，設置者である教育委員会と十分な連携をとって判断するものとすること。
・当該施設に通所又は入所して相談・指導を受ける場合を前提とすること。
・学校外の公的機関や民間施設における学習の計画や内容がその学校の教育課程に照らし適切と判断される場合。

後者の出席扱い等の要件については，表6-5のとおりです。義務教育段階における不登校児童生徒が自宅においてICTなどを活用した学習活動を行うとき，当該児童生徒が在籍する学校の校長は，表の要件を満たすとともに，その学習活動が，当該児童生徒が現在において登校を希望しているか否かにかかわらず，自ら登校を希望した際に，円滑な学校復帰が可能となるような学習活動であり，かつ，当該児童生徒の自立を助ける上で有効・適切であると判断する場合に，指導要録上出席扱いとすること及びその成果を評価に反映することができるとしています。

表6-5　自宅においてICT等を活用した学習活動の場合の出席扱い等の要件

不登校児童生徒が自宅においてICT等を活用した学習活動を行った場合の指導要録上の出欠の取扱い

・保護者と学校との間に十分な連携・協力関係が保たれていること。
・ICT等を活用した学習活動とは，ICT（コンピュータやインターネット，遠隔教育システムなど）や郵送，FAXなどを活用して提供される学習活動であること。
・訪問等による対面指導が適切に行われることを前提とすること。対面指導は，当該児童生徒に対する学習支援や将来の自立に向けた支援などが定期的かつ継続的に行われるものであること。
・学習活動は，当該児童生徒の学習の理解の程度を踏まえた計画的な学習プログラムであること。なお，当該児童生徒に対し学習活動を行わせる主体者が民間事業者である場合には，当該児童生徒にとって適切であるかどうか判断すること。
・校長は，当該児童生徒に対する対面指導や学習活動の状況等について，例えば，対面指導に当たっている者から定期的な報告を受けたり，学級担任等の教職員や保護者などを含めた連絡会を実施したりするなどして，その状況を十分に把握すること。
・ICT等を活用した学習活動を出席扱いとするのは，基本的に当該児童生徒が学校外の公的機関や民間施設において相談・指導を受けられないような場合に行う学習活動であること。対面指導が適切に行われていることを前提とすること。
・学習活動の成果を評価に反映する場合には，学校が把握した当該学習の計画や内容がその学校の教育課程に照らし適切と判断される場合であること。

④　児童生徒理解・教育支援シート

表6-2の⑬では，関係者による継続した組織的・計画的な支援を行う際に活用する「児童生徒理解・教育支援シート」の作成についてふれています。また，「支援の在り方につ

いて（通知）」においても，別添資料「児童生徒理解・支援シートの作成と活用について」の中で，「児童生徒理解・支援シート」の活用を推奨しています。

「児童生徒理解・支援シート」とは，文部科学省（2019）によれば，「支援の必要な児童生徒一人一人の状況を的確に把握するとともに，当該児童生徒の置かれた状況を関係機関で情報共有し，組織的・計画的に支援を行うことを目的として，学級担任，対象分野の担当教員，養護教諭などの教員や，スクールカウンセラー，スクールソーシャルワーカーなどを中心に，家庭，地域及び医療や福祉，保健，労働などの関係機関との連携を図り，学校が組織的に作成するもの」としています。

シートは3種類あります。「共通シート」，「学年別ABシート」，「協議シート」（ケース会議・検討会等記録シート）で，Excel形式でダウンロードを行い活用することが可能です。

その中の「学年別シート」は，対象となる児童生徒の状況や具体的な支援の計画を記入するものです。支援機関に関する内容や本人の学習や健康状況などを記載することで，継続的に本人の変化を把握するようにします。資料6-1は「学習別Bシート」の参考例です。なお，「児童生徒理解・支援シート」は，「条例や各種規程などに基づいて適切に保存されるものですが，出席の状況など指導要録の記載内容と重なる部分もあることから，指導要録の保存期間に合わせて，5年間保存されることが文書管理上望ましい」（文部科学省，2019）としています。

（2）「不登校児童生徒の実態に配慮した教育課程の編成について」の要点

学習指導要領解説・総則編の「不登校児童生徒の実態に配慮した教育課程の編成について」の要点を整理すると，表6-6のとおりです。

表6-6 「不登校児童生徒の実態に配慮した教育課程の編成について」の要点

①	相当の期間学校を欠席し，引き続き欠席すると認められる等の児童生徒を対象として，その実態に配慮した特別の教育課程を編成して教育を実施する必要があると文部科学大臣が認める場合には，小・中学校と高等学校でそれぞれに定められた法律の規定に基づき，その実態に配慮した特別の教育課程を編成して教育を実施することになる。
②	特別の教育課程においても，憲法，教育基本法の理念を踏まえ，学校教育法に定める学校教育の目標の達成に努める必要がある。
③	特別の教育課程を実施する際は，不登校児童生徒の状況に配慮し，例えば，不登校児童生徒の学習状況に合わせた個別学習，グループ別学習，家庭訪問や保護者への支援等個々の児童の実態に即した支援，学校外の学習プログラムの積極的な活用など指導方法や指導体制の工夫改善に努めることが求められる。

5 学齢を経過した者への配慮

中学校夜間学級（以下，夜間中学）は，戦後の混乱期の中で，生活困窮などの理由により

資料 6-1 児童生徒理解・支援シート（学年別 B シート）

担任名（ふりがな）		管理職名	
作成年月日		作成者名	
追記年月日（追記者名）			

○児童生徒名等

名前（ふりがな）（　　　　　　　　）	性別	学校名	学年	学級

○本人・保護者の状況・希望

	現在の状況	将来の希望（進路を含む）
本人		
保護者		

○本学年の目標

○各学期の個別の支援計画

		目標	支援内容	経過・評価
1学期	学校			
	関係機関			
2学期	学校			
	関係機関			
3学期	学校			
	関係機関			

昼間に就労または家事手伝いなどを余儀なくされた学齢生徒が多くいたことから，それらの生徒に義務教育の機会を提供することを目的として，昭和20年代初頭に中学校に付設された学級です。端的には，夜間中学とは，市町村や都道府県が設置する中学校において，夜の時間帯等に授業が行われる公立中学校のことをいいます。

教育機会確保法の第14条は，夜間中学に通う方などへの支援に関する規定を示し，また，中学校学習指導要領（第1章第4の2の（4）学齢を経過した者への配慮ア，イ）では，次のように示されています。

> ア　夜間その他の特別の時間に授業を行う課程において学齢を経過した者を対象として特別の教育課程を編成する場合には，学齢を経過した者の年齢，経験又は勤労状況その他の実情を踏まえ，中学校教育の目的及び目標並びに第2章以下に示す各教科等の目標に照らして，中学校教育を通じて育成を目指す資質・能力を身に付けることができるようにするものとする。
> イ　学齢を経過した者を教育する場合には，個別学習やグループ別学習など指導方法や指導体制の工夫改善に努めるものとする。

教育機会確保法が成立し，学齢期を経過した者であって小中学校等における就学の機会が提供されなかった者のうちに，就学機会の提供を希望する者が多く存在することを踏まえ，すべての地方公共団体に，夜間中学における就学機会の提供等の措置を講ずることが義務付けられました。2021年4月時点で全国に36校，2024年10月時点で53校が設置されており，今後夜間中学の設置は増加することが予想されます。なお，夜間中学には，「義務教育未修了者に加えて，本国において義務教育を修了していない外国籍の者や不登校など様々な事情から実質的に十分な教育を受けられないまま学校の配慮などにより卒業した者で，中学校で学び直すことを希望する者」（文部科学省，2017），そして不登校となっている学齢生徒の受入れが可能です。このように，夜間中学には，義務教育を受ける機会を実質的に保障するための様々な役割が期待されています。

6 不登校児童生徒への支援の在り方
（学校等の取組の充実）

「支援の在り方について（通知）」は，これまでの不登校施策に関する通知をあらためて整理しまとめたものであり，その中の「学校等の取組の充実」は，今後，学校に求められる取り組みについて示しています。その要点を整理すると表6-7のとおりです。不登校児童生徒への支援の基本的方向や取り組み内容を端的に確認する資料として活用できます。

表6-7　不登校児童生徒への支援の在り方（学校等の取組の充実）の要点

1．不登校児童生徒への支援の視点
・不登校児童生徒への支援は，「学校に登校する」という結果のみを目標にするのではなく，児童生徒が自らの進路を主体的に捉えて，社会的に自立することを目指す必要があること。 ・児童生徒によっては，不登校の時期が休養や自分を見つめ直す等の積極的な意味を持つことがある。一方で，学業の遅れや進路選択上の不利益や社会的自立へのリスクが存在することに留意すること。

2. 「児童生徒理解・支援シート」を活用した組織的・計画的支援

・不登校児童生徒への効果的な支援については，学校及び教育支援センターなどの関係機関を中心として組織的・計画的に実施することが重要であり，また，個々の児童生徒ごとに不登校になったきっかけや継続理由を的確に把握し，その児童生徒に合った支援策を策定することが重要であること。

・児童生徒に合った支援策を策定する際，学級担任，養護教諭，スクールカウンセラー，スクールソーシャルワーカー等の学校関係者が中心となり，児童生徒や保護者と話し合うなどして，「児童生徒理解・支援シート」を作成することが望ましいこと。

3. 不登校が生じないような学校づくり

・児童生徒が不登校になってからの事後的な取組に先立ち，児童生徒が不登校にならない，魅力ある学校づくりを目指すことが重要であること。

・いじめや暴力行為を許さない学校づくり，問題行動への毅然とした対応が大切であること。

・教職員による体罰や暴言等，不適切な言動や指導は許されず，教職員の不適切な言動や指導が不登校の原因となっている場合は，懲戒処分も含めた厳正な対応が必要であること。

・学業のつまずきから学校へ通うことが苦痛になる等，学業の不振が不登校のきっかけの一つとなっていることから，児童生徒が学習内容を確実に身に付けることができるよう，指導方法や指導体制を工夫改善し，個に応じた指導の充実を図ることが望まれること。

・社会総がかりで児童生徒を育んでいくため，学校，家庭及び地域等との連携・協働体制を構築することが重要であること。

・児童生徒が将来の社会的自立に向けて，主体的に生活をコントロールする力を身に付けることができるよう，学校や地域における取り組みを推進することが重要であること。

4. 不登校児童生徒に対する効果的な支援の充実

・校長のリーダーシップの下，教員だけでなく，様々な専門スタッフと連携協力し，組織的な支援体制を整えることが必要であること。また，不登校児童生徒に対する適切な対応のために，各学校において中心的かつコーディネーター的な役割を果たす教員を明確に位置付けることが必要であること。

・不登校児童生徒の支援においては，予兆への対応を含めた初期段階からの組織的・計画的な支援が必要であること。

・不登校の要因や背景を的確に把握するため，学級担任の視点のみならず，スクールカウンセラー及びスクールソーシャルワーカー等によるアセスメント（見立て）が有効であること。

・相談支援体制の両輪である，スクールカウンセラー及びスクールソーシャルワーカーを効果的に活用し，学校全体の教育力の向上を図ることが重要であること。

・プライバシーに配慮しつつ，定期的に家庭訪問を実施して，児童生徒の理解に努める必要があること。また，家庭訪問を行う際は，常にその意図・目的，方法及び成果を検証し適切な家庭訪問を行う必要があること。

・家庭訪問や電話連絡を繰り返しても児童生徒の安否が確認できない等の場合は，直ちに市町村又は児童相談所への通告を行うほか，警察等に情報提供を行うなど，適切な対処が必要であること。

・不登校児童生徒が教育支援センターや民間施設等の学校外の施設において指導を受けている場合には，当該児童生徒が在籍する学校がその学習の状況等について把握することは，学習支援や進路指導を行う上で重要であること。

・学校が把握した当該学習の計画や内容がその学校の教育課程に照らし適切と判断される場合には，当該学習の評価を適切に行い指導要録に記入したり，また，評価の結果を通知表その他の方法により，児童生徒や保護者，当該施設に積極的に伝えたりすることは，児童生徒の学習意欲に応え，自立を支援する上で意義が大きいこと。

・不登校児童生徒が登校してきた場合は，温かい雰囲気で迎え入れられるよう配慮するとともに，保健室，相談室及び学校図書館等を活用しつつ，徐々に学校生活への適応を図っていけるような指導上の工夫が重要であること。

・いじめが原因で不登校となっている場合等には，いじめを絶対に許さない毅然とした対応をとることがまずもって大切であること。また，いじめられている児童生徒の緊急避難としての欠席が弾力的に認められてもよく，そのような場合には，その後の学習に支障がないよう配慮が求められること。い

じめられた児童生徒又はその保護者が希望する場合には，柔軟に学級替えや転校の措置を活用することが考えられること。

・教員による体罰や暴言等，不適切な言動や指導が不登校の原因となっている場合は，不適切な言動や指導をめぐる問題の解決に真剣に取り組むとともに，保護者等の意向を踏まえ，十分な教育的配慮の上で学級替えを柔軟に認めるとともに，転校の相談に応じることが望まれること。

・保護者等から学習の遅れに対する不安により，進級時の補充指導や進級や卒業の留保に関する要望がある場合には，補充指導等の実施に関して柔軟に対応するとともに，校長の責任において進級や卒業を留保するなどの措置をとるなど，適切に対応する必要があること。また，欠席日数が長期にわたる不登校児童生徒の進級や卒業に当たっては，あらかじめ保護者等の意向を確認するなどの配慮が重要であること。

5．不登校児童生徒に対する多様な教育機会の確保

・不登校児童生徒の一人一人の状況に応じて，教育支援センター，不登校特例校，フリースクールなどの民間施設，ＩＣＴを活用した学習支援など，多様な教育機会を確保する必要があること。また，夜間中学において，本人の希望を尊重した上での受入れも可能であること。

・義務教育段階の不登校児童生徒が学校外の公的機関や民間施設において，指導・助言等を受けている場合の指導要録上の出席扱い及び義務教育段階の不登校児童生徒が自宅においてＩＣＴ等を活用した学習活動を行った場合の指導要録上の出席扱い，また高等学校における不登校生徒が学校外の公的機関や民間施設において，指導・助言等を受けている場合の指導要録上の出席扱いについては，各通知によるものとすること。

6．中学校等卒業後の支援

・高等学校で学ぶ意欲や能力を有する不登校生徒について，これを適切に評価することが望まれること。

・国の実施する中学校卒業程度認定試験の活用について，やむを得ない事情により不登校となっている生徒が在学中に受験できるよう，不登校生徒や保護者に対して適切な情報提供を行うことが重要であること。

・就労支援や教育的ニーズを踏まえた特色ある高等学校づくり等も含め，様々な取り組みや工夫が行われることが重要であること。

・中学校時に不登校であり，中学校卒業後に進学も就労もしていない者，高等学校へ進学したものの学校に通えない者，中途退学した者等に対しては，多様な進学や職業訓練等の機会等について相談できる窓口や社会的自立を支援するための受皿が必要であること。

・不登校等によって実質的に義務教育を十分に受けられないまま中学校等を卒業した者のうち，改めて中学校等で学び直すことを希望する者については，関連通知に基づき，一定の要件の下，夜間中学での受入れを可能とすることが適当であることから，夜間中学が設置されている地域においては，卒業時に夜間中学の意義や入学要件等について生徒及び保護者に説明しておくことが考えられること。

【引用・参考文献】

文部科学省 1992　学校不適応対策調査研究協力者会議報告（概要）「登校拒否（不登校）問題について」
　　──児童生徒の「心の居場所」づくりを目指して──

　　https://warp.ndl.go.jp/info:ndljp/pid/11385330/www.mext.go.jp/b_menu/shingi/chukyo/chukyo3/
　　siryo/06042105/001/001.htm

国立教育政策研究所生徒指導研究センター　2009　生徒指導資料第1集（改訂版）生徒指導上の諸問題の
　　推移とこれからの生徒指導──データに見る生徒指導の課題と展望──　ぎょうせい

文部科学省 2016　義務教育の段階における普通教育に相当する教育の機会の確保等に関する法律の公布に
　　ついて（通知）

　　https://www.mext.go.jp/a_menu/ shotou/seitoshidou/1380952.htm

文部科学省 2016　別添3　義務教育の段階における普通教育に相当する教育の機会の確保等に関する法律
　　（平成28年法律第105号）

https://www.mext.go.jp/a_menu/shotou/seitoshidou/1380960.htm

不登校に関する調査研究協力者会議　2016　不登校児童生徒への支援に関する最終報告――一人一人の多様な課題に対応した切れ目のない組織的な支援の推進――
https://www.mext.go.jp/component/b_menu/shingi/toushin/__icsFiles/afieldfile/2016/08/01/1374856_2.pdf

文部科学省　2017　別添　義務教育の段階における普通教育に相当する教育の機会の確保等に関する法律第二条第三号の就学が困難である状況を定める省令
https://www.mext.go.jp/a_menu/shotou/seitoshidou/__icsFiles/afieldfile/2017/04/24/1384619_1.pdf

文部科学省　2017　義務教育の段階における普通教育に相当する教育の機会の確保等に関する基本指針
https://www.mext.go.jp/a_menu/shotou/seitoshidou/__icsFiles/afieldfile/2017/04/17/1384371_1.pdf

文部科学省　2017　不登校児童生徒による学校以外の場での学習等に対する支援の充実について（通知）
https://www.mext.go.jp/b_menu/shingi/chousa/shotou/107/houkoku/attach/1388331.htm

山田哲也　2017　不登校問題と子どもの居場所　古賀正義・山田哲也（編著）　現代社会の児童生徒指導　一般財団法人　放送大学教育振興会　113-134

文部科学省　2018　小学校学習指導要領（平成 29 年告示）　東洋館出版社

文部科学省　2018　中学校学習指導要領（平成 29 年告示）　東山書房

文部科学省　2018　小学校学習指導要領（平成 29 年告示）解説総則編　東洋館出版社

文部科学省　2018　中学校学習指導要領（平成 29 年告示）解説総則編　東山書房

文部科学省　2019　高等学校学習指導要領（平成 30 年告示）　東山書房

文部科学省　2019　高等学校学習指導要領（平成 30 年告示）解説総則編　東洋館出版社

文部科学省　2019　不登校児童生徒への支援の在り方について（通知）
https://www.mext.go.jp/a_menu/shotou/seitoshidou/1422155.htm

文部科学省　2019　夜間中学の設置促進・充実について
https://www.mext.go.jp/a_menu/shotou/yakan/

文部科学省　2020　令和元年度 児童生徒の問題行動・不登校等生徒指導上の諸課題に関する調査結果について
https://www.mext.go.jp/content/20211008-mext_jidou01-100002753_01.pdf

文部科学省　2021　不登校児童生徒の実態把握に関する調査報告書
https://www.mext.go.jp/content/20211006-mxt_jidou02-000018318_03.pdf

文部科学省　2022　不登校　生徒指導提要　221-239

文部科学省　2023　令和 4 年度 児童生徒の問題行動・不登校等生徒指導上の諸課題に関する調査結果について
https://www.mext.go.jp/content/20231004-mxt_jidou01-100002753_1.pdf

文部科学省　2024　夜間中学の設置・検討状況一覧
https://www.mext.go.jp/content/20241127-mxt_syoto02-000021383_1.pdf

Chapter 7 いじめの理解
――法律，通知，調査，事例に基づく最新動向――

> 　2013年にいじめに特化した法律であるいじめ防止対策推進法が制定・施行されましたが，その後もいじめの認知件数は増加し，重大な事案は発生し続けています。いじめは，それを受けた児童生徒の心身の健全な成長及び人格形成に重大な影響を与えるのみならず，その生命または身体に重大な危険を生じさせるおそれがあります。いじめ問題への対応は学校における最重要課題の一つであり，一人の教職員が抱え込むのではなく，学校全体で組織的に対応する必要があります。また，事案によっては他機関との連携が求められます。
> 　本章では，文部科学省の資料を基にいじめの現状と課題を取り上げます。また，関連する法律や通知などに基づき，学校や教職員に求められるいじめの正確な認知の在り方について理解を深めます。

1 いじめの定義といじめの認知

（1）児童生徒間の事例

　次の①と②は，授業中と遊びにおける児童生徒の間で起こった出来事です。これらは，いじめに該当するでしょうか。

> ①　授業中に先生に指されたが答えられないAさんにBさんが「こんな問題も分からないの」と言った。Aさんは，ショックを受けて下を向いてしまった。
> ②　CさんはDさんから滑り台の順番を抜かされて悲しい顔をしていることが度々あった。

　上記の2つの事例は，文部科学省（2016）の資料（「資料1 いじめの認知について」）から引用しています。結論としては，①のAさんと②のCさんへの行為はいじめに該当するとしています。「その程度のことで？」，「ささいなことで，よくあることでは？」，「社会通念上，いじめとはいえないのでは？」など，疑問を抱くかもしれません。

　ある基準に則ると，上記の事例はいじめに該当します。それは，2013年6月に制定された「いじめ防止対策推進法」（以下，法）です。法は，児童生徒間のいじめを対象とするいじめに特化した法律です。学校においていじめ問題に取り組む場合には，まずは，法に則ることを意識する必要があります。

（2）法のいじめの定義

　法第2条に，いじめの定義が示されています。なお，条文中の「児童等」とは，学校に在籍する児童または生徒をいいます。

> 　この法律において「いじめ」とは，児童等に対して，当該児童等が在籍する学校に在籍している等当該児童等と一定の人的関係にある他の児童等が行う心理的又は物理的な影響を与える行為（インターネットを通じて行われるものを含む。）であって，当該行為の対象となった児童等が心身の苦痛を感じているものをいう。

　かつての文部科学省調査によるいじめの定義には「自分よりも弱い者に対して一方的に」，「継続的に」，「深刻な苦痛」などの要素が含まれていました（表7-2参照）。しかし，法の定義には，それらの要素が含まれていないことに留意する必要があります。

（3）いじめの定義の4つの要件

　いじめの定義では，次の①から④の4つの要件を示しています。

① 行為をした者も行為の対象となった者も児童生徒であること（対象者（行為者・客体）の属性）

　法では児童生徒間でのいじめを対象にします。したがって，たとえば大学生同士や大人から児童生徒へのいじめについては，法の対象外です。その場合に法律を適用するとすれば，別の法律（内容に応じた刑法など）になります。

② 当該児童生徒の間に一定の人的関係が存在すること（対象者間の関係性）

　「一定の人的関係」とは，学校の内外を問わず，同じ学校・学級や部活動の児童生徒，塾やスポーツクラブなどの当該児童生徒が関わっている仲間や集団など，当該児童生徒との何らかの人的関係を指していて，その対象者を広く示しています。「自分よりも弱いものに対して」といった力関係の条件はありません。

③ 児童生徒が児童生徒に対して心理的または物理的な影響を与える行為をしたこと（実行行為）

　「影響を与える行為」と行為の範囲を広く示しています。「継続的」，「攻撃的」，「陰湿な」，「集団で」といった行為の条件はありません。「いじめの防止等のための基本的な方針」（以下，国の基本方針）に示される8つのいじめの態様例，文部科学省の「学校において生じる可能性がある犯罪行為等について」を参考に，該当する可能性のある刑罰法規と事例を表7-1にまとめました。なお，国の基本方針は，法第11条に基づき文部科学大臣により法の内容を総合的かつ効果的に推進するために策定されたものです。

表 7-1　いじめの態様例と該当する可能性がある刑罰法規例

いじめの態様例	刑罰法規	事例
・冷やかしやからかい，悪口や脅し文句，嫌なことを言われる。	脅迫（刑法第 222 条）	学校に来たら危害を加えると脅す。
	名誉毀損（刑法第 230 条）侮辱（刑法 231 条）	校内や地域の壁や掲示板に実名を挙げて，「万引きをしていた」，気持ち悪い，うざい，などと悪口を書く。
・軽くぶつかられたり，遊ぶふりをして叩たたかれたり，蹴られたりする。	暴行（刑法第 208 条）	プロレスと称して同級生を押さえつけたり投げたりする。
・ひどくぶつかられたり，叩かれたり，蹴られたりする。	暴行（刑法第 208 条）	同級生の腹を繰り返し殴ったり蹴ったりする。
	傷害（刑法第 204 条）	顔面を殴打しあごの骨を折るケガを負わせる。
・仲間はずれ，集団による無視をされる。	※刑法ではないが，不法行為による損害賠償（民法第 709 条）	精神的被害を与え，治療費等の損害も発生させる。
・嫌なことや恥ずかしいこと，危険なことをされたり，させられたりする。	強要（刑法第 223 条）	断れば危害を加えると脅し汚物を口にいれさせる。
	不同意わいせつ罪（刑法第 176 条）	断れば危害を加えると脅し，性器を触る。
・金品をたかられる。	恐喝（刑法第 249 条）	断れば危害を加えると脅し現金等を巻き上げる。
・金品を隠されたり，盗まれたり，壊されたり，捨てられたりする。	窃盗（刑法第 235 条）	教科書等の所持品を盗む。
	器物損壊等（刑法第 261 条）	自転車を故意に破損させる。
・パソコンや携帯電話等で，ひぼう・中傷や嫌なことをされる。	脅迫（刑法第 222 条）	学校に来たら危害を加えると脅すメールを送る。
	名誉毀損（刑法第 230 条）侮辱（刑法 231 条）	特定の人物を誹謗中傷するため，インターネット上のサイトに実名を挙げて「万引きをしていた」，「気持ち悪い，うざい」などと書く。
	児童ポルノ所持,提供等（児童買春，児童ポルノに係る行為等の規制及び処罰並びに児童の保護等に関する法律：第 7 条）	同級生に対して，スマートフォンで自身の性器や下着姿などの写真・動画を撮影して送るように指示し，自己のスマートフォンに送らせる。

④ 当該行為の対象となった児童生徒が心身の苦痛を感じていること（被害状況）

　被害状況は被害児童生徒が心身の苦痛を感じている実感に基づくとされています。いじめをした児童生徒の主観的事情は被害状況の判断に含まれていません。「わざとではなく，よかれと思っての行為」（故意なく好意の行為）によって，心身の苦痛を与えてしまう場合も想定されますが，いじめられた児童生徒の主観的な立場に立って被害状況を判断することが前提になります。

　なお，法に対する附帯決議において，「いじめには多様な態様があることに鑑み，本法の対象となるいじめに該当するか否かを判断するに当たり，「心身の苦痛を感じているもの」との要件が限定して解釈されることのないよう」に求めています。たとえば，長期間いじめの被害を受け続け，心身の苦痛の感覚が鈍化している状況にある場合や，加害者か

1　いじめの定義といじめの認知　　85

ら強く脅かされていて正直に言えない場合に，被害者が苦痛を否定しているからいじめを受けていないと解釈することは，不正確で限定した解釈となります。

（4）児童生徒が「大丈夫」と答えた事例

　では，いじめを受けていると思われる児童生徒が「大丈夫」と答えた場合は，いじめに該当するでしょうか。

> 　A君は，B君，C君と休み時間によく一緒に遊んでいた。最近は，教室でプロレスごっこがはやっており過激になってきている。同じクラスの生徒が担任の先生に「B，Cはプロレスをやっている際，かなり乱暴。Aは2人にやられている。」との話があった。担任がA君に直接確認したところ「大丈夫です。」と答えたため，A君が苦痛を感じていないと判断し，いじめと認知しなかった。

　上記の事例は，（1）と同じ文部科学省の資料から引用しています。上記の「附帯決議」の通り「心身の苦痛を感じているもの」という要件は限定して解釈してはいけないことを踏まえる必要があります。本事案では，A君本人が「大丈夫」，「苦痛を感じていない」と発言していますが，それをもっていじめではないと判断することは不適切です。周囲の生徒からの情報を収集し，あわせてB君及びC君とA君とのやりとりの事実内容，さらに普段の関係性などについて，当事者を含めて正確に聞き取り，客観的にいじめか否かの判断を行うことになります。

　したがって，A君本人が「大丈夫」と発言し，B君とC君が「ふざけ合い」と述べたとしても，プロレス遊びの中で過激でかなり乱暴にB君とC君からA君がやられている状況がよくみられ，日ごろから不適切な行為がみられるようであれば，いじめと判断することになります。

（5）いじめの追跡調査の結果

　国立教育政策研究所（2016）のいじめ追跡調査の結果によれば，暴力を伴わないいじめ（仲間はずれ・無視・陰口）について，小学校4年生から中学校3年生までの6年間で，被害経験をまったく持たなかった児童生徒は1割程度，加害経験をまったく持たなかった児童生徒も1割程度であるとし，多くの児童生徒が被害や加害を経験していると指摘しています。このように，いじめは，どの子供にもどの学校でも起こり得ることや，嫌がらせやいじわるなどの「暴力を伴わないいじめ」は，児童生徒が被害者としても加害者としても巻き込まれやすい行為であることを示唆しています。また，国立教育政策研究所（2021）のいじめの追跡調査の結果では，「暴力を伴わないいじめ」について，上記の2016年度の結果に比べて，全体的に加害経験の減少はみられるとしながらも，特別な児童生徒が何度も繰り返す問題ではなく，幅広い児童生徒が被害者にも加害者にもなり得る問題であるとしています。

　「暴力を伴わないいじめ」であっても，何度も繰り返されたり多くの者から集中的に行われたりすることで，「暴力を伴ういじめ」とともに，生命または身体に重大な危険を生

じさせ得るものです。いじめの加害・被害という二者関係だけでなく，学級や部活動などの所属集団の構造上の問題（たとえば無秩序性や閉塞性），「観衆」としてはやし立てたり面白がったりする存在，周辺で暗黙の了解を与えている「傍観者」の存在などにも注意を払い，集団全体にいじめを許容しない雰囲気が形成されるようにすることが必要です。

2　いじめ調査の定義と認知件数

(1) いじめ調査における定義の変遷

　文部科学省は，1985年から児童生徒の問題行動等の調査において，いじめ件数の調査を実施し，調査におけるいじめの定義を定め，それに基づき件数をまとめています。その

表7-2　いじめ調査の定義

期間		1985年度から1993年度	1994年度から2005年度	2006年度から2012年度	2013年度以降
対象校種		公立小・中・高等学校	公立小・中・高等学校，公立特殊教育諸学校	国・公・私立小・中・高等学校，国・公・私立特別支援学校	国・公・私立小・中・高等学校，国・公・私立特別支援学校（高等学校に通信制度課程を含める）
定義	対象者	「いじめ」とは，①自分より弱い者に対して一方的に，	「いじめ」とは，①自分より弱い者に対して一方的に，	「いじめ」とは，①当該児童生徒が，一定の人間関係のある者から，	「いじめ」とは，①児童生徒に対して，当該児童生徒が在籍する学校に在籍している等当該児童生徒と一定の人的関係のある他の児童生徒が行う
	行為内容	②身体的・心理的な攻撃を継続的に加え，	②身体的・心理的な攻撃を継続的に加え，	②心理的，物理的な攻撃を受けたことにより，	②心理的又は物理的な影響を与える行為（インターネットを通じて行われるものも含む。）であって，
	被害状況	③相手が深刻な苦痛を感じているもの	③相手が深刻な苦痛を感じているもの	③精神的な苦痛を感じているもの	③当該行為の対象となった児童生徒が心身の苦痛を感じているもの
	補足	学校としてその事実（関係児童生徒，いじめの内容等）を確認しているもの。起こった場所は学校の内外を問わない。	起こった場所は学校の内外を問わない。個々の行為がいじめに当たるか否かの判断を表面的・形式的に行うことなく，いじめられた児童生徒の立場に立って行うこと。	起こった場所は学校の内外を問わない。個々の行為が「いじめ」に当たるか否かの判断は，表面的・形式的に行うことなく，いじめられた児童生徒の立場に立って行うものとする。	起こった場所は学校の内外を問わない。

（引用）文部科学省「いじめの問題に対する施策」「いじめの定義の変遷」をもとに作成（https://www.mext.go.jp/ component/ a_menu/education/detail/__icsFiles/afieldfile/2019/06/26/1400030_003.pdf）

定義の変遷は，表7-2のとおりです。

　2013年度以降は，法が制定・施行されたことを受けて，法で規定するいじめの定義に基づき調査を行っています。その現行の定義と比べると，調査開始の1985年度から2005年度のいじめの定義には，「自分より弱いものに対して一方的に」，「攻撃を継続的に加え」，「相手が深刻な苦痛を感じているもの」などの条件がみられます。

　2006年度から2012年度は，いじめの対象になる児童生徒間の立場について，それまでの「自分より弱い者に対して一方的に」という条件から「一定の人間関係にある者」となり，また，「相手が深刻な苦痛を感じているもの」という条件から「精神的な苦痛を感じているもの」となりました。さらに，学校（教員）からみていじめの発生の事実を確認し報告する発生件数としていたものを，いじめられた児童生徒の認知に基づきいじめを把握し報告する認知件数に変更された点に注目する必要があります。

（2）いじめの認知件数

　1985年度から調査が始まりましたが，いじめが認知件数として報告が始まった2006年度以降をみると，2015年度から2019年度はすべての校種で前年度に比べて増加し，とりわけ小学校で顕著になっています。また，新型コロナウイルス感染症の流行が始まり，その影響を強く受けた2020年度から2022年度をみると，2020年度は，全国一斉休校など教育活動が制限された影響から全校種で大幅な減少となっています。一方，2021年度と2022年度は前年度に比べ再び増加傾向を示しています。最新データは，文部科学省の「児童生徒の問題行動・不登校等生徒指導上の諸課題に関する調査」（https://www.mext.go.jp/a_menu/shotou/seitoshidou/1302902.htm）を参照ください。

3　いじめの認知をめぐる課題

（1）いじめの認知件数の都道府県間の差

　2016年3月に文部科学省は，「いじめの正確な認知に向けた教職員間での共通理解の形成及び新年度に向けた取組について（通知）」を発出し，その中で「2014年度調査における児童生徒1,000人当たりのいじめの認知件数について，都道府県間の差が30倍を超えるなど，実態を反映したものとは言い難い状況」であると指摘しています。そして，「いじめを正確に漏れなく認知することは，いじめへの対応の第一歩」であり，「いじめの認知と対応が適切に行われなかったために，重大な結果を招いた事案がいまだに発生していることを真摯に受け止める必要性」を示しています。

　また，上記の通知では，いじめの認知に関する文部科学省の考え方として，次の内容を示しています。いじめの認知件数が多いことは教職員の目が行き届いていることのあかしであるとする一方で，いじめの認知がなかったりいじめの認知件数が極めて少なかったり

する学校には，いじめ認知への努力を強く求めています。

> 法律上のいじめに該当する事象は，成長過程にある児童生徒が集団で学校生活を送る上でどうしても発生するものであると考えています。ですから，文部科学省は，いじめの認知件数が多い学校について，教職員の目が行き届いていることのあかしであると考えています。正確に認知し，しっかりと対応していくことが大切だと考えています。
> 　反対に，いじめの認知がなかったり，いじめの認知件数が極めて少なかったりする学校は，いじめを見逃していないかと心配しています。
> 　いじめの認知件数が増えても保護者や地域の方々が不安に思わないよう，普段から「積極的に認知し（件数は増える），早期対応を行っている」ことを丁寧に伝えてください。

（2）総務省による文部科学省への改善勧告

　2018年3月，総務省行政評価局は「いじめ防止対策の推進に関する調査結果に基づく勧告」において，2016年度におけるいじめの認知件数の都道府県間の差は最大で約19倍あり，実態を正確に反映したものとは言い難い状況がみられるため，「関係機関によるいじめの防止等の取り組み実態を明らかにし，いじめ防止対策を推進する観点から，いじめの早期発見・対処の取り組み状況，いじめの重大事態の再発防止等の取り組み状況を調査した結果」を示しました。そこでは，抽出校の24％が法律の定義よりも狭く解釈し，いじめの定義として「継続性」，「集団性」，「一方的」，「陰湿」など，法にない独自の基準を加えていたことがわかりました。

　この結果を受けて，いじめを見逃したり深刻な事態を招いたりするおそれがあるため，総務省は文部科学省に「いじめの正確な認知に向けた取組を更に促すこと」，「法のいじめの定義を限定解釈しないことについて周知徹底すること」などの改善を勧告しました。

　文部科学省は，総務省の改善勧告を受けて，2018年3月，「いじめ防止対策の推進に関する調査結果に基づく勧告を踏まえた対応（通知)」を発出しています。そこでは，教育委員会や学校などに対して，次の4つを示しています。

　1つめは，いじめの認知に関する消極姿勢や認知漏れがないかを十分確認すること，2つめは，各学校においていじめの認知件数がなかった場合は，当該事実を児童生徒や保護者向けに公表し，検証を仰ぐことで，認知漏れがないか確認すること，3つめは，いじめの正確な認知に関する教職員間での共通理解を図ることです。そして4つめは，いじめの認知に当たっては，被害・加害児童生徒の力関係の差等の要素により，いじめの定義を限定して解釈しないようにすることと，いじめの定義とは別の要素（加害行為の「継続性」「集団性」など）を判断基準とすることにより，いじめとして認知しないことがないようにすることです。

✿ 4 ｜ いじめ事案に対する報道

　2015年7月，岩手県矢巾町の中学2年男子生徒が列車にはねられ死亡（自死）しまし

た。同級生から日常的に嫌がらせを受け，砂をかけられたり殴られたり髪の毛をつかまれ顔を机に打ち付けられている姿が目撃され，担任に提出の「生活記録ノート」には，いじめの苦しみや自死をほのめかす深刻な内容が書かれていました。

　この事案に対する報道では，法施行前までのいじめに関する報道と比べて，いじめ防止対策推進法の規定を基準に対応を問う内容や法の用語が随所に記されていました。その記事内容を一部抜粋したのが，資料7-1です。法の規定に基づく記事内容が確認できます。また，記事内容の下線に関連する主な条文は，表7-3のとおりです。いじめについては，法はもちろんのこと，国の基本方針を基準に，学校・教職員の対応が問われているため，それらの内容を知り，理解を深めておくことが必須となります。

資料7-1　矢巾中学校事案の記事内容の抜粋（毎日新聞WEB2015年7月9日より引用）

　岩手県矢巾町の中学2年の男子生徒が 1)いじめを苦に自殺したとみられる問題で， 2)生徒がいじめを訴え自殺を担任教諭にほのめかしながら， 3)学年主任や同僚教員も把握していなかったことが，町教育委員会への取材で分かった。

　2013年施行のいじめ防止対策推進法では， 4)いじめが確認された場合， 5)複数の教職員による対応を求めているが，実施されていなかった可能性が高い。生徒が通っていた中学では，担任が生徒と「生活記録ノート」をやりとりし，生活状況を把握している。そこには，5月以降，他の生徒から蹴られたり，首を絞められたりしていることをノートに記していた。

　中学は同法に基づき， 6)「いじめ防止に関する基本方針」を作成。 7)早期発見のため，生活ノートを活用するとしていた。さらに，いじめを発見したり，通報を受けたりした場合，校長らでつくる 8)「いじめ対策委員会」を開き， 9)校長以下全教員で共通理解を持って対応することになっていた。しかし町教委によると， 10)ノート内容については担任から学年主任への報告もなかった。同僚教員にも担任からいじめの可能性があると聞いた人はいないという。

　 11)同法やその基本方針を教員に周知させる研修などの実施に関し，町教委は関与しておらず，各校の判断に委ねられていた。町教委学務課は「 12)他の教員らと情報共有し，ステップを踏んで対応すべきだった」と話している。

（下線や数字符号は筆者による）

表7-3　新聞記事内容に関連する条文

1）第28条：学校の設置者又はその設置する学校による対処（重大事態への対処について）
2）第23条：いじめに対する措置（いじめの情報を得た場合の対処について）
3）第22条：学校におけるいじめの防止等の対策のための組織（いじめについての情報を得た場合に報告する組織について）。第23条：いじめに対する措置（いじめについての情報を得た場合の対処について）
4）第22条：学校におけるいじめの防止等の対策のための組織（いじめの確認や認定をする組織について）。第23条：いじめに対する措置（いじめへの対処について）
5）第22条：学校におけるいじめの防止等の対策のための組織（いじめへの対処の方針等を判断する組織について）。第23条：いじめに対する措置（いじめへの対処について）
6）第13条：学校いじめ防止基本方針（国や地方の基本方針を参考とした学校の基本方針の策定について）
7）第16条：いじめの早期発見のための措置（いじめの早期発見について）
8）第22条：学校におけるいじめの防止等の対策のための組織（いじめ情報を報告し，いじめ対処の方針やいじめの有無の判断等をする組織について）
9）第8条：学校及び学校の教職員の責務（学校及び学校の教職員は学校全体で組織的にいじめの防止・早期発見・対処に取り組む責務を有する規定について）。第22条：学校におけるいじめの防止等の対策のための組織（組織的にいじめに対応する常設組織について）

10) 第22条：学校におけるいじめの防止等の対策のための組織（いじめに関するささいな情報でもその日のうちに報告する組織について）

11) 第18条：いじめの防止等のための対策に従事する人材の確保及び資質の向上（いじめに関連する教職員の資質向上の研修について）。第22条：学校におけるいじめの防止等の対策のための組織（教職員研修を計画する組織について）。第15条：学校におけるいじめの防止（いじめの防止について）

12) 第24条：学校の設置者による措置（学校からいじめの報告を受けたときに，学校の設置者による学校に対する支援や指示や調査について）

5 法 の 概 要

（1）法の全体と学校または教職員を対象とする主要な条文

　法は6章構成で全35条からなります。その一覧は表7-4のとおりです。なお，学校または教職員を対象とする主要な条文には，下線を引いてあります。また，下線を引いた条文の一覧は，表7-5のとおりです。

表7-4　いじめ防止対策推進法の構成（6章，全35条）

第1章　総則，基本的な理念や考え方，関係者の責務（第1条〜10条）	第2章　いじめ防止基本方針等（第11条〜14条）
第1条（目的），第2条（定義），第3条（基本理念），第4条（いじめの禁止），第5条（国の責務），第6条（地方公共団体の責務），第7条（学校の設置者の責務），第8条(学校及び学校の教職員の責務)，第9条(保護者の責務等)，第10条（財政上の措置等）	第11条（いじめ防止基本方針），第12条（地方いじめ防止基本方針），第13条（学校いじめ防止基本方針），第14条（いじめ問題対策連絡協議会）
第3章　基本的施策（第15条〜21条）	第4章　いじめの防止等に関する措置（第22条〜27条）
第15条（学校におけるいじめの防止），第16条（いじめの早期発見のための措置），第17条（関係機関等との連携等），第18条（いじめの防止等のための対策に従事する人材の確保及び資質の向上），第19条（インターネットを通じて行われるいじめに対する対策の推進），第20条（いじめの防止等のための対策の調査研究の推進等），第21条(啓発活動)	第22条（学校におけるいじめの防止等の対策のための組織），第23条（いじめに対する措置），第24条（学校の設置者による措置），第25条（校長及び教員による懲戒），第26条（出席停止制度の適切な運用等)，第27条(学校相互間の連携協力体制の整備）
第5章　重大事態への対処（第28条〜33条）	第6章　雑則（第34条〜35条）
第28条(学校の設置者又はその設置する学校による対処)，第29条（国立大学に附属して設置される学校に係る対処），第30条（公立の学校に係る対処），第31条（私立の学校に係る対処），第32条（学校設置会社），第33条（文部科学大臣又は都道府県の教育委員会の指導，助言及び援助）	第34条（学校評価における留意事項），第35条（高等専門学校における措置）

5　法 の 概 要　91

表7-5　学校または教職員を対象とする主要な条文

基本理念	第３条３　いじめの防止等のための対策は，いじめを受けた児童等の生命及び心身を保護することが特に重要であることを認識しつつ，国，地方公共団体，学校，地域住民，家庭その他の関係者の連携の下，いじめの問題を克服することを目指して行われなければならない。
学校及び学校の教職員の責務	第８条　学校及び学校の教職員は，基本理念にのっとり，当該学校に在籍する児童等の保護者，地域住民，児童相談所その他の関係者との連携を図りつつ，学校全体でいじめの防止及び早期発見に取り組むとともに，当該学校に在籍する児童等がいじめを受けていると思われるときは，適切かつ迅速にこれに対処する責務を有する。
学校いじめ防止基本方針	第１３条　学校は，いじめ防止基本方針又は地方いじめ防止基本方針を参酌し，その学校の実情に応じ，当該学校におけるいじめの防止等のための対策に関する基本的な方針を定めるものとする。
学校におけるいじめの防止	第１５条　学校の設置者及びその設置する学校は，児童等の豊かな情操と道徳心を培い，心の通う対人交流の能力の素地を養うことがいじめの防止に資することを踏まえ，全ての教育活動を通じた道徳教育及び体験活動等の充実を図らなければならない。 ２　学校の設置者及びその設置する学校は，当該学校におけるいじめを防止するため，当該学校に在籍する児童等の保護者，地域住民その他の関係者との連携を図りつつ，いじめの防止に資する活動であって当該学校に在籍する児童等が自主的に行うものに対する支援，当該学校に在籍する児童等及びその保護者並びに当該学校の教職員に対するいじめを防止することの重要性に関する理解を深めるための啓発その他必要な措置を講ずるものとする。
いじめの早期発見のための措置	第１６条　学校の設置者及びその設置する学校は，当該学校におけるいじめを早期に発見するため，当該学校に在籍する児童等に対する定期的な調査その他の必要な措置を講ずるものとする。 ３　学校の設置者及びその設置する学校は，当該学校に在籍する児童等及びその保護者並びに当該学校の教職員がいじめに係る相談を行うことができる体制（次項において「相談体制」という。）を整備するものとする。 ４　学校の設置者及びその設置する学校は，相談体制を整備するに当たっては，家庭，地域社会等との連携の下，いじめを受けた児童等の教育を受ける権利その他の権利利益が擁護されるよう配慮するものとする。
いじめの防止等のための対策に従事する人材の確保及び資質の向上	第１８条２　学校の設置者及びその設置する学校は，当該学校の教職員に対し，いじめの防止等のための対策に関する研修の実施その他のいじめの防止等のための対策に関する資質の向上に必要な措置を計画的に行わなければならない。
インターネットを通じて行われるいじめに対する対策の推進	第１９条　学校の設置者及びその設置する学校は，当該学校に在籍する児童等及びその保護者が，発信された情報の高度の流通性，発信者の匿名性その他のインターネットを通じて送信される情報の特性を踏まえて，インターネットを通じて行われるいじめを防止し，及び効果的に対処することができるよう，これらの者に対し，必要な啓発活動を行うものとする。
学校におけるいじめの防止等の対策のための組織	第２２条　学校は，当該学校におけるいじめの防止等に関する措置を実効的に行うため，当該学校の複数の教職員，心理，福祉等に関する専門的な知識を有する者その他の関係者により構成されるいじめの防止等の対策のための組織を置くものとする。
いじめに対する措置	第２３条　学校の教職員，地方公共団体の職員その他の児童等からの相談に応じる者及び児童等の保護者は，児童等からいじめに係る相談を受けた場合において，いじめの事実があると思われるときは，いじめを受けたと思われる児童等が在籍する学校への通報その他の適切な措置をとるものとする。 ２　学校は，前項の規定による通報を受けたときその他当該学校に在籍する児童等がいじめを受けていると思われるときは，速やかに，当該児童等に係るいじめの事

実の有無の確認を行うための措置を講ずるとともに，その結果を当該学校の設置者
に報告するものとする。

3　学校は，前項の規定による事実の確認によりいじめがあったことが確認された
場合には，いじめをやめさせ，及びその再発を防止するため，当該学校の複数の教
職員によって，心理，福祉等に関する専門的な知識を有する者の協力を得つつ，い
じめを受けた児童等又はその保護者に対する支援及びいじめを行った児童等に対す
る指導又はその保護者に対する助言を継続的に行うものとする。

4　学校は，前項の場合において必要があると認めるときは，いじめを行った児童
等についていじめを受けた児童等が使用する教室以外の場所において学習を行わせ
る等いじめを受けた児童等その他の児童等が安心して教育を受けられるようにする
ために必要な措置を講ずるものとする。

5　学校は，当該学校の教職員が第3項の規定による支援又は指導若しくは助言を
行うに当たっては，いじめを受けた児童等の保護者といじめを行った児童等の保護
者との間で争いが起きることのないよう，いじめの事案に係る情報をこれらの保護
者と共有するための措置その他の必要な措置を講ずるものとする。

6　学校は，いじめが犯罪行為として取り扱われるべきものであると認めるときは
所轄警察署と連携してこれに対処するものとし，当該学校に在籍する児童等の生命，
身体又は財産に重大な被害が生じるおそれがあるときは直ちに所轄警察署に通報
し，適切に，援助を求めなければならない。

校長及び教員による懲戒	第25条　校長及び教員は，当該学校に在籍する児童等がいじめを行っている場合であって教育上必要があると認めるときは，学校教育法第11条の規定に基づき，適切に，当該児童等に対して懲戒を加えるものとする。
学校の設置者又はその設置する学校による対処	第28条　学校の設置者又はその設置する学校は，次に掲げる場合には，その事態（以下「重大事態」という。）に対処し，及び当該重大事態と同種の事態の発生の防止に資するため，速やかに，当該学校の設置者又はその設置する学校の下に組織を設け，質問票の使用その他の適切な方法により当該重大事態に係る事実関係を明確にするための調査を行うものとする。 一　いじめにより当該学校に在籍する児童等の生命，心身又は財産に重大な被害が生じた疑いがあると認めるとき。 二　いじめにより当該学校に在籍する児童等が相当の期間学校を欠席することを余儀なくされている疑いがあると認めるとき。 2　学校の設置者又はその設置する学校は，前項の規定による調査を行ったときは，当該調査に係るいじめを受けた児童等及びその保護者に対し，当該調査に係る重大事態の事実関係等その他の必要な情報を適切に提供するものとする。 3　第1項の規定により学校が調査を行う場合においては，当該学校の設置者は，同項の規定による調査及び前項の規定による情報の提供について必要な指導及び支援を行うものとする。
国立大学に附属して設置される学校に係る対処	第29条　国立大学法人（国立大学法人法（平成15年法律第112号）第2条第1項に規定する国立大学法人をいう。以下この条において同じ。）が設置する国立大学に附属して設置される学校は，前条第一項各号に掲げる場合には，当該国立大学法人の学長又は理事長を通じて，重大事態が発生した旨を，文部科学大臣に報告しなければならない。
公立の学校に係る対処	第30条　地方公共団体が設置する学校は，第28条第1項各号に掲げる場合には，当該地方公共団体の教育委員会を通じて，重大事態が発生した旨を，当該地方公共団体の長に報告しなければならない。
私立の学校に係る対処	第31条　学校法人（私立学校法（昭和24年法律第270号）第3条に規定する学校法人をいう。以下この条において同じ。）が設置する学校は，第28条第1項各号に掲げる場合には，重大事態が発生した旨を，当該学校を所轄する都道府県知事（以下こ

5　法の概要

	の条において単に「都道府県知事」という。）に報告しなければならない。 第32条　学校設置会社（構造改革特別区域法（平成14年法律第189号）第12条第2項に規定する学校設置会社をいう。以下この条において同じ。）が設置する学校は，第28条第1項各号に掲げる場合には，当該学校設置会社の代表取締役又は代表執行役を通じて，重大事態が発生した旨を，同法第12条第1項の規定による認定を受けた地方公共団体の長（以下「認定地方公共団体の長」という。）に報告しなければならない。
学校評価における留意事項	第34条　学校の評価を行う場合においていじめの防止等のための対策を取り扱うに当たっては，いじめの事実が隠蔽されず，並びにいじめの実態の把握及びいじめに対する措置が適切に行われるよう，いじめの早期発見，いじめの再発を防止するための取組等について適正に評価が行われるようにしなければならない。
高等専門学校における措置	第35条　高等専門学校（学校教育法第1条に規定する高等専門学校をいう。以下この条において同じ。）の設置者及びその設置する高等専門学校は，当該高等専門学校の実情に応じ，当該高等専門学校に在籍する学生に係るいじめに相当する行為の防止，当該行為の早期発見及び当該行為への対処のための対策に関し必要な措置を講ずるよう努めるものとする。

（2）法制定の目的（第1条）

　法第1条では，法の目的について，次のように示しています。端的には，社会総がかりでいじめの問題に向き合い，対処していくための基本的な理念や体制などを定めた法律であることを示しています。

> 　この法律は，いじめが，いじめを受けた児童等の教育を受ける権利を著しく侵害し，その心身の健全な成長及び人格の形成に重大な影響を与えるのみならず，その生命又は身体に重大な危険を生じさせるおそれがあるものであることに鑑み，児童等の尊厳を保持するため，いじめの防止等（いじめの防止，いじめの早期発見及びいじめへの対処をいう。以下同じ。）のための対策に関し，基本理念を定め，国及び地方公共団体等の責務を明らかにし，並びにいじめの防止等のための対策に関する基本的な方針の策定について定めるとともに，いじめの防止等のための対策の基本となる事項を定めることにより，いじめの防止等のための対策を総合的かつ効果的に推進することを目的とする。

（3）基本理念（第3条）

　法第3条では，基本理念について，次のように示しています。

> 　いじめの防止等のための対策は，いじめが全ての児童等に関係する問題であることに鑑み，児童等が安心して学習その他の活動に取り組むことができるよう，学校の内外を問わずいじめが行われなくなるようにすることを旨として行われなければならない。
> 2　いじめの防止等のための対策は，全ての児童等がいじめを行わず，及び他の児童等に対して行われるいじめを認識しながらこれを放置することがないようにするため，いじめが児童等の心身に及ぼす影響その他のいじめの問題に関する児童等の理解を深めることを旨として行われなければならない。
> 3　いじめの防止等のための対策は，いじめを受けた児童等の生命及び心身を保護することが特に重要であることを認識しつつ，国，地方公共団体，学校，地域住民，家庭その他の関係者の連携の下，いじめの問題を克服することを目指して行われなければならない。

　大きく3つを強調しています。1つめは，学校の内外を問わずいじめが行われなくなるようにして，児童生徒が学習その他の活動に安心して取り組むことができるようにするこ

とです。2つめは，児童生徒がいじめを行わず，及びいじめを認識しながら放置することがないようにするため，いじめの問題に関する児童生徒の理解を深めることです。3つめは，いじめを受けた児童生徒の生命及び心身を保護することが特に重要であることを認識しながら，関係者間で連携して，いじめの問題に取り組むことです。

（4）学校及び学校の教職員の責務（第8条）

　法及び国の基本方針では，学校及び学校の教職員に求める具体的な規定を様々示していますが，法第8条では，「学校及び学校の教職員の責務」の条文を設け，その責務を示す規定を設けています（表7-5参照）。

　学校及び学校教職員は，大きく5つの責務を有していることを示しています。1つめは，法第3条の基本理念に則る責務，2つめは，在籍する児童生徒に対応する責務，3つめは，いじめの防止・早期発見・対処について関係者との連携を図りながら役割を果たす責務，4つめは，学校全体でいじめの防止と早期発見に取り組む責務，5つめは，学校全体で適切かつ迅速にいじめを受けている可能性があると思われる児童生徒に対処する責務です。

　また，国の基本方針では，教職員が報告を行わないことは違反である，としています。具体的には，「学校の特定の教職員が，いじめに係る情報を抱え込み，学校いじめ対策組織に報告を行わないことは，いじめ防止対策推進法の規定に違反し得る」と示しています。「違反」と明記し強調している点に留意する必要があります。なお，ここで言ういじめ防止対策推進法の規定とは第23条第1項を指します。

　以上を踏まえると，教員が最低限，理解し実行すべきことのうちの1つに，いじめが疑われる情報を得た場合には，その日のうちに，在籍する学校の学校いじめ対策組織（管理職，あるいはその構成メンバー）に，たとえ些細なことと思われる情報であっても報告し，報告した内容を自分で記録しておくことがあげられます。いじめ問題において，個人で情報を抱え，勝手に判断・対応することは，きわめてリスクが高いことになります。

（5）学校に求められる柱となる2つの条文と重大事態の条文

　法第13条と第22条は，学校に求められる柱となる条文です。第8章で具体的に取り上げますが，端的には，「学校いじめ防止基本方針」（第13条）に基づき，いじめ問題への対応が「計画的」「組織的」に実行されるように，すべての学校はいじめ防止等のための「学校いじめ防止基本方針」を策定し，法律や基本方針に基づいて取組を行うことになります。また，「学校におけるいじめ防止等対策のための組織」（第22条）に基づき，すべての学校がいじめの対策の組織（学校いじめ対策組織）を置き，学校内外を問わず，いじめの通報の窓口として，いじめの未然防止から発見・対処に至るまで，中心となって取組を行うことになります。

　「いじめの重大事態への対処」（第28条）では，児童生徒の生命・心身・財産・不登校に

関わる事態への対処が対象であり，学校として求められる事項が規定されています。たとえば，学校か学校の設置者（公立学校の場合は当該教育委員会，私立学校の場合は学校法人など）が主体となり調査をすることが規定されています。「いじめの重大事態への対処」を含め，「学校いじめ防止基本方針」，「学校いじめ対策組織」，「いじめの防止」，「いじめの早期発見」，「いじめへの対処」については，第8章で具体的に取り上げます。

【引用・参考文献】

国立教育政策研究所生徒指導研究センター　2009　生徒指導資料第1集（改訂版）生徒指導上の諸問題の推移とこれからの生徒指導――データに見る生徒指導の課題と展望――　ぎょうせい

文部科学省　2013　いじめ防止対策推進法の公布について（通知）
　　https://www.mext.go.jp/a_menu/shotou/seitoshidou/1337219.htm

文部科学省　2013　いじめ防止対策推進法の公布について（通知）　別添3　いじめ防止対策推進法（平成25年法律第71号）
　　https://www.mext.go.jp/a_menu/shotou/seitoshidou/1337278.htm

文部科学省　2013　いじめ防止対策推進法の公布について（通知）　別添4　いじめ防止対策推進法案に対する附帯決議（衆議院文部科学委員会）
　　https://www.mext.go.jp/a_menu/shotou/seitoshidou/1337280.htm

文部科学省　2013　平成25年5月16日　早期に警察へ相談・通報すべきいじめ事案について（通知）　別紙1　学校において生じる可能性がある犯罪行為等について
　　https://www.mext.go.jp/a_menu/shotou/seitoshidou/1335369.htm

文部科学省　2015　平成26年度「児童生徒の問題行動等生徒指導上の諸問題に関する調査」の一部見直しについて（依頼）
　　https://www.mext.go.jp/a_menu/shotou/seitoshidou/1400221.htm

毎日新聞WEB　2015　「岩手中2自殺：生活ノートに記された気持ち…担任報告せず」2015年7月9日（2015年7月12日）

国立教育政策研究所 生徒指導・進路指導研究センター　2016　いじめ追跡調査2013-2015 いじめQ＆A
　　https://www.nier.go.jp/shido/centerhp/2806sien/tsuiseki2013-2015_3.pdf

国立教育政策研究所生徒指導・進路指導研究センター　2016　いじめ追跡調査2013－2015 いじめQ＆A
　　https://www.nier.go.jp/shido/centerhp/2806sien/tsuiseki2013-2015_3.pdf

文部科学省　2016　いじめの正確な認知に向けた教職員間での共通理解の形成及び新年度に向けた取組について（通知）
　　https://www.mext.go.jp/a_menu/shotou/seitoshidou/1400170.htm

文部科学省　2016　いじめの正確な認知に向けた教職員間での共通理解の形成及び新年度に向けた取組について（通知）（別添）いじめの認知について～先生方一人一人がもう一度確認してください。～
　　https://www.mext.go.jp/a_menu/shotou/seitoshidou/__icsFiles/afieldfile/2018/07/23/1400170_001.pdf

文部科学省　2016　資料1　いじめの認知について
　　https://www.mext.go.jp/b_menu/shingi/chousa/shotou/124/shiryo/__icsFiles/afieldfile/2016/10/26/1378716_001.pdf

総務省行政評価局　2018　いじめ防止対策の推進に関する調査結果に基づく勧告
　　https://www.soumu.go.jp/main_content/000538674.pdf

文部科学省　2017　いじめの防止等のための基本的な方針

96　第7章　いじめの理解

https://www.mext.go.jp/a_menu/shotou/seitoshidou/__icsFiles/afieldfile/2018/01/04/1400142_001.pdf

坂田仰（編）　2018　補訂版 いじめ防止対策推進法──全条文と解説──　学事出版

文部科学省　2018　いじめ防止対策の推進に関する調査結果に基づく勧告を踏まえた対応について（通知）
https://www.mext.go.jp/a_menu/shotou/seitoshidou/1409382.htm

文部科学省　2018　いじめ対策に係る事例集
https://www.mext.go.jp/a_menu/shotou/seitoshidou/__icsFiles/afieldfile/2018/09/25/1409466_001_1.pdf

文部科学省　2019　児童生徒の問題行動・不登校等生徒指導上の諸課題に関する調査──用語の解説──
https://www.mext.go.jp/b_menu/toukei/chousa01/shidou/yougo/1267642.htm

文部科学省　2020　令和元年度 児童生徒の問題行動・不登校等生徒指導上の諸課題に関する調査結果について
https://www.mext.go.jp/content/20211008-mext_jidou01-100002753_01.pdf

吉田浩之　2021　いじめ問題，暴力行為と生徒指導　生徒指導・進路指導の理論と方法　会沢信彦・渡部昌平（編著）　北樹出版　52-61

文部科学省　2021　令和2年度 児童生徒の問題行動・不登校等生徒指導上の諸課題に関する調査結果について
https://www.mext.go.jp/content/20211007-mxt_jidou01-100002753_1.pdf

国立教育政策研究所生徒指導・進路指導研究センター　2021　いじめ追跡調査 2016 − 2018 いじめQ＆A
https://www.nier.go.jp/shido/centerhp/2806sien/tsuiseki2016-2018.pdf

文部科学省　2022　令和3年度 児童生徒の問題行動・不登校等生徒指導上の諸課題に関する調査結果について
https://www.mext.go.jp/content/20221021-mxt_jidou02-100002753_1.pdf

文部科学省　2022　いじめ　生徒指導提要　120-140

文部科学省　2023　令和4年度 児童生徒の問題行動・不登校等生徒指導上の諸課題に関する調査結果について
https://www.mext.go.jp/content/20231004-mxt_jidou01-100002753_1.pdf

文部科学省　2024　いじめの重大事態の調査に関するガイドラインの改訂について（通知）　別添2　いじめの重大事態の調査に関するガイドライン改訂版（本文）
https://www.mext.go.jp/content/20240830-mext_jidou01-000037829_3.pdf

Chapter 8 いじめへの対応
——学校及び学校の教職員に求められる取組——

> いじめ防止対策推進法（以下，法）はいじめに特化した法律です。関連する国の基本方針や通知には，学校及び学校の教職員に求められる内容が具体的に示されています。それらに基づく対応を行わなかったために，厳しい指摘を受けた事例が増加しています。いじめへの対応については，法や基本方針などに基づくことを強く意識する必要があります。特に，いじめの重大事態は，児童生徒の生命・心身・財産に重大な危険が生じている事案になるため，具体的な対処の手続きを正確に理解しておく必要があります。
> 　本章では，「学校いじめ防止基本方針」，「学校いじめ対策組織」，「いじめの防止・早期発見・対処（いじめの防止等）」，「いじめの重大事態への対処」を取り上げ，法及び国の基本方針に基づき理解を深めておくことが求められる内容について解説します。

 1　学校いじめ防止基本方針

（1）学校いじめ防止基本方針の規定

　法第13条は，学校いじめ防止基本方針について，次のように定めています。

> 学校は，いじめ防止基本方針又は地方いじめ防止基本方針を参酌し，その学校の実情に応じ，当該学校におけるいじめの防止等のための対策に関する基本的な方針を定めるものとする。

　この法律では，各学校に，国の基本方針や地方の基本方針を参考にして，自らの学校として，どのようにいじめの防止等の取り組みを行うかについての「基本的な方向」や「取組の内容」などを「学校いじめ防止基本方針」（以下，学校の基本方針）として定めることを求めています。「いじめ防止基本方針」（以下，国の基本方針）とは，法第11条に規定された，文部科学大臣がいじめ防止等のための対策を総合的かつ効果的に推進するために定めた方針のことです。また，「地方いじめ防止基本方針」（以下，地方の基本方針）とは，法第12条に規定された，地方公共団体が法の趣旨を踏まえ，国の基本方針を参考にして，当該地方公共団体におけるいじめ防止等のための対策を総合的かつ効果的に推進するために定めた方針のことです。

（2）学校の基本方針の内容

　国の基本方針は，どのような内容を学校の基本方針に盛り込む必要があるかを示してい

ます。それを整理すると，表8-1のとおり，「大枠的事項」，「中核的事項」，「学校評価」，「関係者との連携」の4項目になります。実際には，各学校の実態を踏まえ策定することにな

表8-1 「学校の基本方針の策定」チェックリスト

（1）大枠的事項

① 国の基本方針又は地方いじめ防止基本方針を参考にして策定していることを示す。また，学校の基本方針に基づき，一致協力体制を確立し，学校設置者とも連携の上，学校の実情に応じた対策について示す。

② 学校のいじめの防止等（いじめの防止，早期発見，対処）の取組の「基本的な方向」と「取組の内容」を示す。

③ 教職員がいじめを抱え込まず，かつ，学校のいじめへの対応が個々の教職員による対応ではなく，組織として一貫した対応をすることを示す。

（2）中核的事項

① 「いじめの防止のための取組」「早期発見・事案への対処の在り方」「教育相談体制」「生徒指導体制」「校内研修」など，いじめの防止等全体に係る内容について示す。

② 年間の学校教育活動全体を通じて，いじめの防止に資する多様な取組が体系的・計画的に行われるような包括的な取組の方針を示す。さらに，その具体的な指導内容のプログラムを示す。（端的には「学校いじめ防止プログラム」を示す）

③ アンケート，いじめの通報，情報共有，適切な対処等のあり方についての手順を示す。（端的には「早期発見・事案対処の手順」を示す）

④ 策定した早期発見・事案対処の手順を徹底するため，チェックリストを作成・共有して全教職員で実施するなどの取組を示す。

⑤ いじめの発生時における学校の対応を示し，児童生徒が学校生活を送る上での安心感を与えるとともに，いじめの加害行為の抑止につなげることについて示す。

⑥ 「学校いじめ対策組織」による未然防止，早期発見，事案対処の行動計画と，年間を通じた「学校いじめ対策組織」の活動計画を示す。

⑦ いじめの加害児童生徒に対する成長支援の観点から，加害児童生徒が抱える問題を解決するための具体的な対応方針を示す。

⑧ 学校いじめ基本方針が，当該学校の実情に即して適切に機能しているかを学校いじめ対策組織を中心に点検し，必要に応じて見直す，というサイクル（PDCAサイクル等）について示す。

（3）学校評価

① 学校いじめ基本方針に基づく取組の実施状況を学校評価の評価項目に位置付けていることを示す。

② いじめの防止等のための取組に係る達成目標を設定し，学校評価において目標の達成状況を評価していることを示す。

③ いじめの防止等のための取組の達成目標に対する達成状況を評価した結果を踏まえ，いじめの防止等のための取組の改善を行っていることを示す。

（4）関係者との連携

① 学校いじめ基本方針を検討する段階から保護者，地域住民，関係機関等の参画を得ていることを示す。

② 保護者，地域住民，関係機関等の関係者と協議を重ねて，具体的ないじめ防止等の対策に係る連携をすることについて示す。

③ 児童生徒の意見を取り入れるなど，いじめの防止等について児童生徒の主体的かつ積極的な参加を確保していることを示す。

④ 学校のホームページへの掲載その他の方法により，保護者や地域住民が学校いじめ防止基本方針の内容を容易に確認できるようにしていることを示す。

⑤ 学校いじめ基本方針の内容を，入学時・各年度の開始時に児童生徒，保護者，関係機関等に説明していることを示す。

1 学校いじめ防止基本方針

りますが，4項目の内容は学校の基本方針を策定する基準やチェックリストとして活用することができます。

　表8-1に記すように，学校の基本方針には大枠として「基本的な方向」と「取組内容」を示し，また「具体的な行動計画・活動計画」を示すことや，学外へ公表することが求められています。各教員は，公表されている当該校の基本方針の内容について理解し実施する必要があります。たとえば，児童生徒や保護者から，「担任教員として，どのようないじめ対策の取り組みに力を入れるのですか」と質問を受けた場合に，どのように返答するでしょうか。まずは，学校の基本方針が法に基づき当該校ごとに策定されることを踏まえ，「本校の学校の基本方針に示す取り組みに力を入れます」と伝えることが望ましいと考えられます。次に，クラスの実態や課題などを踏まえ，担任教員として具体的に力を入れて取り組みたい内容を伝えるようにする返答例が考えられます。

❋ 2 学校いじめ対策組織

（1）学校いじめ対策組織の規定
　法第22条は，学校いじめ対策組織について，次のように定めています。

> 　学校は，当該学校におけるいじめの防止等に関する措置を実効的に行うため，当該学校の複数の教職員，心理，福祉等に関する専門的な知識を有する者その他の関係者により構成されるいじめの防止等の対策のための組織を置くものとする。

　第22条は，学校におけるいじめの防止・早期発見・対処に関する措置を実効的に行うため，組織的な対応を行う中核となる常設の組織を置くことを明示的に規定しています。いじめは，特定の教職員で問題を抱え込まず学校が組織的に対応することにより，複数の目による状況の見立てが可能となります。また，心理や福祉などの外部専門家が参加することも規定しています。

（2）学校いじめ対策組織の構成
　「当該学校の複数の教職員」とは，学校の管理職や主幹教諭，生徒指導担当教員，学年主任，養護教諭，学級担任，教科担任，部活動指導に関わる教職員，学校医などを指します。そこに，個々のいじめの防止・早期発見・対処に当たって関係の深い教職員を加えて，組織的対応の中核として機能するような体制を，学校の実情に応じて整えていきます。
　「心理，福祉等に関する専門的な知識を有する者」とは，スクールカウンセラー，スクールソーシャルワーカー，弁護士，医師，警察官経験者などの外部専門家のことであり，可能な限り，当該組織に参画させる必要があります。
　組織を実際に機能させるに当たっては，適切に外部専門家の助言を得つつも機動的に運用できるよう，最終的ないじめか否かの判断や重大な事案に関する検討は，「構成員全体

の会議」で行い，すぐに対応や判断すべき事案の検討は，「学校の教職員による日常的な関係者の会議」で行うなど，学校の実情に応じて工夫するとよいでしょう。

（3）学校いじめ対策組織の役割

　学校いじめ対策組織は，学校が組織的かつ実効的にいじめの問題に取り組むに当たり，中核となる役割を担います。国の基本方針が求める役割内容を整理すると，表 8-2 のとおりです。たとえば，役割内容の①をみると，学校いじめ対策組織は学校内外の窓口であることがわかります。また，②③をみると，児童生徒から組織の存在や活動内容が認識される取り組みが求められていることがわかります。

　児童生徒や保護者から，「いじめかどうか誰が判断するのですか」と質問された場合

表 8-2 「学校いじめ対策組織の役割内容」チェックリスト

① 学校内外のいじめの相談・通報を受け付ける窓口の役割を担う。

② いじめを受けた児童生徒を徹底して守り通し，事案を迅速かつ適切に解決する相談・通報の窓口であると，児童生徒から認識される取組を行う。

③ 児童生徒及び保護者に対して，組織の存在及び活動が容易に認識される取組（たとえば，全校集会の際にいじめ対策組織の教職員が児童生徒の前で取組を説明する等）を行う。

④ 児童生徒に対する定期的なアンケートを実施する際に，児童生徒が学校いじめ対策組織の存在や，その活動内容等について具体的に把握・認識しているか否かを調査し，取組の改善を行う。

⑤ いじめが起きにくい，いじめを許さない環境づくりを行う。

⑥ いじめに係る情報（いじめが疑われる情報や児童生徒間の人間関係に関する悩みを含む。）があったときには，緊急会議を開催するなど情報の迅速な共有を行う。

⑦ いじめの疑いに関する情報や児童生徒の問題行動などに係る情報を収集し，個別の児童生徒ごとなどに記録し，共有化を行う。

⑧ 関係児童生徒に対するアンケート調査，聴き取り調査等により，事実関係の把握といじめであるか否かの判断を行う。

⑨ いじめの防止等の中核となる組織として，的確にいじめの疑いに関する情報を共有し，共有された情報を基に，組織的に対応を行う。

⑩ いじめの被害児童生徒に対する支援，加害児童生徒に対する指導の体制，対応方針の決定，保護者との連携といった対応を組織的に行う。

⑪ いじめの情報共有は，個々の教職員の責任追及のために行うものではなく気付きを共有して早期対応につなげることを目的にする。また，情報共有を行いやすい環境の醸成に取り組む。

⑫ 学校いじめ防止基本方針やマニュアル等において，いじめの情報共有の手順及び情報共有すべき内容（いつ，どこで，誰が，何を，どのように等）を明確に定める。

⑬ 学校いじめ基本方針に基づく取組の実施や具体的な年間計画の作成・実行・検証・修正を行う。

⑭ 学校いじめ基本方針における年間計画に基づき，いじめの防止等に係る校内研修を企画し，計画的に行う。

⑮ 学校いじめ基本方針の策定や学校いじめ基本方針が当該学校の実情に即して適切に機能しているかについての点検を行い，学校いじめ防止基本方針の見直しを行う。

⑯ 学校で定めたいじめの取組が計画どおりに進んでいるかどうかのチェックや，いじめの対処がうまくいかなかったケースの検証，必要に応じた計画の見直しなど，学校のいじめの防止等の取組について PDCA サイクルで検証を行う。

に，どのように返答するでしょうか。⑧をみると，いじめかどうかの判断は，学校いじめ対策組織が行うことがわかります。いじめられた児童生徒のいじめ認知の実感（主観）や影響を与えた行為の事実関係の確認など，必要な情報・資料を収集し，客観的・総合的に学校いじめ対策組織が判断するということになります。

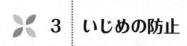 3 いじめの防止

（1）いじめの防止の規定

法第15条に，いじめの防止について示しています（表7-5参照）。

第1項では，いじめの防止に資することとして，児童生徒の豊かな情操と道徳心を培い，心の通う対人交流の能力の素地を養うことを示し，それに向けて，すべての教育活動を通じた道徳教育及び体験活動などの充実を図ることを求めています。なお，道徳，情操，対人交流（コミュニケーション）について，優先順位や優劣関係を示してはいません。

この第1項を受け，学習指導要領解説・総則編（第3章第6節3（3）ア）に，道徳教育における「いじめの防止」について示しています。そこでは，道徳教育は道徳科を要（小・中学校）とし，教育活動全体を通して，節度ある言動，思いやりの心，寛容な心などを育てることが大切であるとしています。また，「こうして学んだことが，日常生活の中で，よりよい人間関係やいじめのない学級生活を実現するために自分たちにできることを相談し協力して実行したり，いじめに対してその間違いに気付き，友達と力を合わせ，教師や家族に相談しながら正していこうとしたりするなど，いじめの防止等に児童生徒が主体的に関わる態度へとつながっていく」と記しています。

第2項では，児童生徒の自主的ないじめ防止活動を支援し，また，児童生徒，保護者，教職員に対するいじめ防止の理解を深める取り組みを行うことを示しています。なお，法に対する文教科学委員会の附帯決議においても，「いじめ防止等について児童生徒の主体的かつ積極的な参加が確保できるよう留意すること」と規定しています。

法の第3条（基本理念）では，いじめの防止等のための対策は，いじめがすべての児童生徒に関係する問題であると規定しています。このように，いじめはどの子供にも起こり得るという前提に立って，「すべての児童生徒を対象に，いじめに向かわせないための未然防止の取り組みとして，児童生徒が自主的にいじめの問題について考え，議論するなどのいじめの防止に資する活動に取り組む」ことを求めています。

（2）いじめの防止の取り組み内容

いじめの防止の取り組みについて国の基本方針の別添2の「学校における「いじめ防止」「早期発見」「いじめに対する措置」のポイント」の「（1）いじめの防止」に示す内容を整理すると，表8-3のとおりです。たとえば，表の（2）をみると，実例を取り上げ

ながら法律上の扱いを児童生徒が学ぶ取り組みの実施を示しています。また，表の（3）をみると，障害を有する児童生徒や言葉や文化の差により学びに困難を抱える児童生徒については，組織的な見守りや支援が必要です。

　たとえば，障害を有する児童生徒をサポートするクラスメイトの好意による行為が，当該児童生徒に苦痛を感じさせているケースがあります。そのような場合には，普段から支援をしているクラスメイトが意識をしないままにいじめ行為の加害者とみなされることがあるため，加害者とされたクラスメイト及びその保護者は，強い抵抗感を抱くことが想定されます。そのようなケースのいじめ相談は増えています。表8-3を基に，いじめの防止で求められている内容を認識し計画的に取り組むことが大切です。

表8-3 「いじめの防止の取組内容」チェックリスト

（1）いじめについての共通理解

① いじめの態様や特質，原因・背景，具体的な指導上の留意点などについて，校内研修や職員会議で周知を行い，また，平素から教職員全員の共通理解を行う。

② 児童生徒に対して，全校集会や学級活動（ホームルーム活動）などで校長や教職員が，日常的にいじめの問題について触れ，「いじめは人間として絶対に許されない」との雰囲気を学校全体に醸成する。

③ いじめの未然防止のための授業（「いじめとは何か。いじめはなぜ許されないのか。」等）を，学校いじめ対策組織の構成員である教職員が講師を務め実施し，学校いじめ対策組織の存在及び活動が，児童生徒に容易に認識される取組を行う。

④ 常日頃から，児童生徒と教職員がいじめとは何かについて具体的な認識を共有する手段として，何がいじめなのかを具体的に列挙して目につく場所に掲示する。

（2）いじめに向かわない態度・能力の育成

① 学校の教育活動全体を通じた道徳教育や人権教育の充実，読書活動・体験活動などによって児童生徒の社会性を育む。

② 幅広い社会体験・生活体験の機会を設けることによって，他人の気持ちを共感的に理解できる豊かな情操を培い，自分の存在と他人の存在を等しく認め，お互いの人格を尊重する態度を養う。

③ 自他の意見の相違があっても，互いを認め合いながら建設的に調整し，解決していける力や，自分の言動が相手や周りにどのような影響を与えるかを判断して行動できる力など，児童生徒が円滑に他者とコミュニケーションを図る能力を育てる取組を行う。

④ 発達の段階に応じて，児童生徒がいじめの問題を自分のこととして捉え，考え，議論する取組を行い，正面から向き合うことができるようにする。

⑤ いじめは重大な人権侵害に当たり，被害者，加害者及び周囲の児童生徒に大きな傷を残すものであり，決して許されないことについて，実例を示しながら，人権を守ることの重要性やいじめの法律上の扱いを学ぶといった取組を行う。

⑥ いじめが刑事罰の対象となり得ること，不法行為に該当し損害賠償責任が発生し得ることについて，実例を示しながら，人権を守ることの重要性やいじめの法律上の扱いを学ぶといった取組を行う。

（3）いじめが生まれる背景と指導上の注意

① 授業についていけない焦りや劣等感などが過度なストレスとならないよう，一人一人を大切にした分かりやすい授業づくりを進める。

② 学級や学年，部活動等の人間関係を把握して一人一人が活躍できる集団づくりを進める。

③ ストレスを感じた場合にストレスに適切に対処できる力を育むため，それを他人にぶつけるのではなく，運動・スポーツや読書などで発散したり，誰かに相談したりする取組を行う。

④ 教職員の不適切な認識や言動が，児童生徒を傷つけたり，他の児童生徒によるいじめを助長したりすることのないように，指導の在り方に細心の注意を払う。

3　いじめの防止

⑤ 教職員による「いじめられる側にも問題がある」という認識や発言は，いじめている児童生徒や，周りで見ていたり，はやし立てたりしている児童生徒を容認するものであり，いじめられている児童生徒を孤立させ，いじめを深刻化させるため，そのような認識や発言を行わない。
⑥ 発達障害を含む，障害のある児童生徒が関わるいじめについては，教職員が個々の児童生徒の障害の特性への理解を深めるとともに，個別の教育支援計画や個別の指導計画を活用した情報共有を行いつつ，当該児童生徒のニーズや特性，専門家の意見を踏まえた指導及び支援を行う。
⑦ 海外から帰国した児童生徒や外国人の児童生徒，国際結婚の保護者を持つなどの外国につながる児童生徒は，言語や文化の差から，学校での学びにおいて困難を抱える場合も多いことに留意し，それらの差からいじめが行われることがないよう，教職員，児童生徒，保護者等の外国人児童生徒等に対する理解を促進するとともに，学校全体で注意深く見守り，支援を行う。
⑧ 性同一性障害や性的指向・性自認に係る児童生徒に対するいじめを防止するため，性同一性障害や性的指向・性自認について，教職員に対して正しい理解の促進や，学校として必要な対応については周知をする。
⑨ 東日本大震災により被災した児童生徒又は原子力発電所事故により避難している児童生徒については，当該児童生徒が受けた心身への多大な影響や慣れない環境への不安感等を教職員が十分に理解し，当該児童生徒に対する心のケアを適切に行い，細心の注意を払いながら，当該児童生徒に対するいじめの未然防止・早期発見に取り組む。

（4）自己有用感や自己肯定感を育む

① ねたみや嫉妬などいじめにつながりやすい感情を減らすために，すべての児童生徒が，認められている，満たされているという思いを抱くことができるよう，学校の教育活動全体を通じ，児童生徒が活躍でき，他者の役に立っていると感じ取ることのできる機会をすべての児童生徒に提供し，児童生徒の自己有用感が高められる取組を行う。
② 児童生徒の自己有用感が高められるように，教職員はもとより，家庭や地域の人々などにも協力を求め，幅広い大人から認められているという思いが得られる取組を行う。
③ 児童生徒の自己肯定感を高められるように，困難な状況を乗り越えるような体験の機会などを積極的に設ける。
④ 異学校種や同学校種間で連携し，児童生徒の社会性や自己有用感・自己肯定感が，発達段階に応じて身に付いていくように取り組む。

（5）児童生徒自らがいじめについて学び，取り組む

① 児童生徒自らが，いじめの問題について学び，そうした問題を児童生徒自身が主体的に考え，児童生徒自身がいじめの防止を訴えるような取組（例として，児童会・生徒会によるいじめ撲滅宣言，相談箱設置など）を行う。
② 児童生徒は，「いじめられる側にも問題がある」「大人に言いつける（チクる）ことは卑怯である」「いじめを見ているだけなら問題はない」などの考え方は誤りであることを学ぶ取組を行う。
③ 児童生徒は，ささいな嫌がらせや意地悪であっても，しつこく繰り返したり，みんなで行ったりすることは，深刻な精神的危害になることを学ぶ取組を行う。
④ 児童会・生徒会，あるいは児童生徒が「やらされている」だけの活動に陥ることや，一部の役員等だけが行う活動にしない。
⑤ 全ての児童生徒がいじめの防止の意義を理解し，主体的に参加できる活動になっているかどうかを教職員はチェックしながら，教職員は陰で支える役割に徹するようにする。

4 いじめの早期発見

（1）いじめの早期発見の規定

法第16条は，いじめの早期発見について示しています（表7-5）。

第1項では，いじめを早期に発見するため，定期的な調査などを行うことを示しています。法に対する文教科学委員会の附帯決議においても，「いじめの実態把握を行うに当たっては，必要に応じて質問票の使用や聴き取り調査を行うこと等により，早期かつ効果的に発見できるよう留意すること」と規定しています。

第2項は，たとえば，24時間子供SOSダイヤル（文部科学省），子どもの人権110番（法務省），教育委員会の附属機関（14条），その他支援団体など，関係機関が通報・相談を受けつけるための体制を整備することを求めています。学校では，それらの機関について周知する必要があります。

第3項は，学校の相談体制を整備するように定めています。具体的には学校いじめ対策組織（第22条）が相談体制の中軸を担う組織になります。この組織が学校の相談窓口であることを児童生徒及び保護者などに周知するとともに，相談を受けた後の展開についても具体的に示す必要があります。

第4項は，いじめを受けた児童生徒の教育を受ける権利及びその他の権利利益が擁護されるように示しています。いじめを受けた児童生徒の教育を受ける権利を擁護することはもちろんとして，いじめを相談した者が不利益を被らないようにすることも含めて，権利利益が擁護されるようにしなければなりません。

表8-4 「いじめの早期発見の取組内容」チェックリスト

① 定期的なアンケート調査と教育相談の実施や，家庭訪問の機会を活用し，いじめの実態把握に取り組む。

② 学校の基本方針にアンケート調査，個人面談の実施やそれらの結果の検証及び組織的な対処方法について定める。

③ 児童生徒及びその保護者，教職員が，抵抗なくいじめに関して相談できる体制を整備する。

④ 児童生徒が日頃からいじめを訴えやすい雰囲気をつくる。

⑤ 児童生徒及びその保護者の悩みを積極的に受け止められているか，適切に機能しているかなど，定期的に相談体制を点検する。

⑥ アンケート調査や個人面談において，児童生徒が自らSOSを発信すること及びいじめの情報を教職員に報告することは，当該児童生徒にとっては多大な勇気を要するものであることを教職員は理解し，それを踏まえ，児童生徒からの相談に対しては，必ず学校の教職員が迅速に対応することを徹底する。

⑦ アンケート調査は，あくまで手段の一つであり，教員と児童生徒の信頼関係の上で，はじめてアンケート調査を通じたいじめの訴えや発見があること，アンケートを実施した後に起きたいじめについては把握できないことなどに留意する。

⑧ 休み時間や放課後の雑談の中などで児童生徒の様子に目を配り，個人ノートや生活ノート等，教職員と児童生徒の間で日常行われている日記等を活用して交友関係や悩みを把握する。

⑨ 児童生徒に対して多忙さやイライラした態度を見せ続けることは避ける。また，児童生徒の相談に対し，「たいしたことではない」「それはいじめではない」などと悩みを過小評価せず，相談を受けたことには真摯に対応する。

⑩ 保護者用のいじめチェックシートなどを活用し，家庭と連携して児童生徒を見守り，健やかな成長を支援する。

⑪ 保健室や相談室の利用，電話相談窓口について広く周知する。

⑫ 教育相談等で得た，児童生徒の個人情報については，対外的な取扱いの方針を明確にし適切に扱う。

(2) いじめの早期発見の取組内容

いじめの早期発見の取り組みについて，国の基本方針の別添2の「学校における「いじめの防止」「早期発見」「いじめに対する措置」のポイント」の「（2）早期発見」に示す内容を整理すると，表8-4のとおりです。

たとえば，①や⑧に早期発見の方法を示しています。⑩ではチェックシートを作成し，保護者と早期発見のポイントを共有し連携することについて言及しています。④や⑨では雰囲気づくりや教員の姿勢・態度が早期発見には重要であるとしています。どれも当然と思われるような内容ですが，あらためて確認し留意することが大切です。

5 いじめへの対処

(1) いじめへの対処の規定

法第23条は，いじめへの対処について示しています（表7-5参照）。

第1項は，児童生徒からいじめについて相談を受けた時点で，いじめの事実があると思われるときは，学校への通報などを行うことを示しています。いじめが疑われる事実を認識したときや認識の判断に迷いがあるなども含めます。たとえば，学校の教職員がいじめを発見し，または相談を受けた場合には，速やかに，学校いじめ対策組織に対し当該いじめに係る情報を報告し，学校の組織的な対応につなげなければなりません。すなわち，学校の特定の教職員が，いじめに係る情報を抱え込み，学校いじめ対策組織に報告を行わないことは，第1項の規定に違反し得ることになります。

第2項は，いじめの相談，通報，その他によって，いじめを受けていると思われるときには，いじめの事実の有無の確認を行い，その結果を学校の設置者に報告する義務があることを示しています。具体的には，学校いじめ対策組織にいじめの情報が入り，その組織が速やかにいじめの有無や事実関係を確認し，その有無の結果について，学校長が学校の設置者に報告することになります。

第3項は，いじめの事実が確認された後には，教職員が中心になって，専門家と協力しつつ，いじめの解消と再発防止のために，いじめを受けた児童生徒及びその保護者といじめを行った児童生徒及びその保護者への対応を積極的に行動し，継続することについて示しています。

第4項は，学習環境を整備する義務として，いじめを受けた児童生徒やその他の児童生徒が安心して教育を受けられるようにするために，必要があるときは，いじめを行った児童生徒に対して，別室学習，家庭学習，出席停止，転校などを講じることについて示しています。

第5項は，いじめを受けた児童生徒及びその保護者と，いじめを行った児童生徒及びその保護者への対応において，学校が両方へ必要な情報の提供・共有を行い，保護者間で争

いが起こらないようにすることを示しています。

　第6項は，いじめを犯罪行為として取り扱う状況と判断する場合や，いじめを受けた児童生徒に重大な被害が生じる可能性がある場合における学校と警察の連携について示しています。学校がいじめを行う児童生徒に対応するだけでは十分な効果を上げることが困難な場合，いじめが犯罪行為や触法行為までに至っていなくても，必要に応じて警察と連携し支援を受けることが重要です。

　文部科学省は2023年2月に，重大ないじめ事案における警察連携など，いじめ対応において改めて留意すべき事項を取りまとめ，学校設置者・学校に対して再徹底を図るために，「いじめ問題への的確な対応に向けた警察との連携等の徹底について（通知）」を発出しました。その中で，学校が，警察に相談・通報すべきかどうかの判断に当たって参考にするために，「警察に相談又は通報すべきいじめの事例」を示しました。その内容を整理すると，表8-5のとおりです。また，同通知では，「重大ないじめ事案やいじめが犯罪行為として取り扱われるべきと認められる事案において学校が警察に相談・通報を行うこと

表8-5　警察に相談または通報すべきいじめの19の事例

① ゲームや悪ふざけと称して，繰り返し同級生を殴ったり，蹴ったりする。（暴行：刑法第208条）

② 無理やりズボンを脱がす。（暴行：刑法第208条）

③ 感情を抑えきれずに，ハサミやカッター等の刃物で同級生を切りつけてけがをさせる。（傷害：刑法第204条）

④ 断れば危害を加えると脅し，性器や胸・お尻を触る。（不同意わいせつ罪：刑法第176条）

⑤ 断れば危害を加えると脅し，現金を巻き上げる。（恐喝：刑法第249条）

⑥ 断れば危害を加えると脅し，オンラインゲームのアイテムを購入させる。（恐喝：刑法第249条）

⑦ 靴や体操服，教科書等の所持品を盗む。（窃盗：刑法第235条）

⑧ 財布から現金を盗む。（窃盗：刑法第235条）

⑨ 自転車を壊す。（器物損壊等：刑法第261条）

⑩ 制服をカッターで切り裂く。（器物損壊等：刑法第261条）

⑪ 度胸試しやゲームと称して，無理やり危険な行為や苦痛に感じる行為をさせる。（強要：刑法第223条）

⑫ 本人の裸などが写った写真・動画をインターネット上で拡散すると脅す。（脅迫：刑法第222条）

⑬ 特定の人物を誹謗中傷するため，インターネット上に実名をあげて，身体的特徴を指摘し，気持ち悪い，不細工などと悪口を書く。（名誉毀損：刑法第230条，侮辱：刑法第231条）

⑭ 同級生に対して「死ね」と言ってそそのかし，その同級生が自殺を決意して自殺した。（自殺関与：刑法第202条）

⑮ 同級生に対して，スマートフォンで自身の性器や下着姿などの写真・動画を撮影して送るよう指示し，自己のスマートフォンに送らせる。（児童ポルノ提供等：児童買春，児童ポルノに係る行為等の規制及び処罰並びに児童の保護等に関する法律第7条）

⑯ 同級生の裸の写真・動画を友達1人に送信して提供する。（児童ポルノ提供等）

⑰ 同級生の裸の写真・動画をSNS上のグループに送信して多数の者に提供する。（児童ポルノ提供等）

⑱ 友達から送られてきた児童ポルノの写真・動画を，性的好奇心を満たす目的でスマートフォン等に保存している。（児童ポルノ提供等）

⑲ 元交際相手と別れた腹いせに性的な写真・動画をインターネット上に公表する。（私事性的画像記録提供（リベンジポルノ）：私事性的画像記録の提供等による被害の防止に関する法律第3条）

5　いじめへの対処　107

は法令上求められており，こうした事案について警察への相談・通報を行ったことは，学校として適切な対応を行っているとして評価されるものであること」としています。

（2）いじめの解消の要件

国の基本方針では，いじめの解消の要件を示しています。少なくとも次の①と②の2つの要件が満たされている必要があります。ただし，これらの要件が満たされている場合であっても，必要に応じ，他の事情も勘案して判断することになります。

① いじめに係る行為が止んでいること

被害者に対する心理的または物理的な影響を与える行為が止んでいる状態が相当の期間継続（少なくとも3か月を目安）していることです。ただし，いじめの被害の重大性などから，さらに長期の期間が必要であると判断される場合は，この目安にかかわらず，学校の設置者または学校いじめ対策組織の判断により，さらに長期の期間を設定します。

学校の教職員は，相当の期間（少なくとも3か月を目安）が経過するまでは，被害・加害児童生徒の様子を含め状況を注視し，期間が経過した段階で判断を行います。行為が止んでいない場合は，あらためて相当の期間を設定して状況を注視することになります。

② 被害児童生徒が心身の苦痛を感じていないこと

いじめに係る行為が止んでいるかどうかを判断する時点において，被害児童生徒がいじめの行為により，心身の苦痛を感じていないと認められる必要があります。その際には，被害児童生徒本人及びその保護者に対し，心身の苦痛を感じていないかどうかを面談などにより確認します。

学校は，いじめが解消に至っていない段階では，被害児童生徒を徹底的に守り通し，その安全・安心を確保する責任を有します。学校いじめ対策組織においては，いじめが解消に至るまで被害児童生徒の支援を継続するため，支援内容，情報共有，教職員の役割分担を含む対処プランを策定し，確実に実行することになります。

上記のいじめが「解消している状態」とは，あくまで，一つの段階に過ぎません。「解消している状態」に至った場合でも，いじめが再発する可能性が十分にあり得ることを踏まえ，学校の教職員は，当該いじめの被害児童生徒及び加害児童生徒について，日常的に注意深く観察する必要があります。

（3）いじめへの対処の基本展開と取り組み内容

いじめへの対処の基本展開を3つの段階に分け，その段階ごとに法及び国の基本方針に基づき要点を整理すると，次の①②③のとおりです。

① 「情報入手から学校いじめ対策組織への報告」の段階

学校の教職員がいじめを発見し，または相談を受けた場合には，速やかに，その日のうちに，学校いじめ対策組織に対し当該いじめに係る情報を報告し，その後の対応を組織的に行うことになります。当然，進行中のいじめ行為は止め，放置することがないようにし

なければなりません。この段階の要点事項について，法及び国の基本方針に基づき，端的に図示すると，図8-1のとおりです。

また，国の基本方針の「いじめの発見・通報を受けたときの対応」の内容から要点を整理しチェックリストにすると，表8-6のとおりです。この段階の対応の点検評価に活用できます。

② 「事実確認の調査及び関係者への対応」の段階

学校いじめ対策組織が中心となり，いじめの事実確認の調査を開始します。いじめを受けた児童生徒の安全確保や心理面の支援など，いじめを受けた児童生徒を最優先に対応します。学校のみでは対応が困難と思われる事案については，学校の設置者（当該教育委員会など）に第一報を入れ，指示・支援などを受けて対応する場合や他機関と連携する場合もあります。

いじめられた児童生徒から，事実関係の聴取を行った場合には，家庭訪問などにより，その日のうちに迅速に保護者に事実関係を伝えることになります。被害児童生徒の保護者へ調査方針，初期やその後の対応の説明を行います。そして，保護者の意向・要望を把握し，学校いじめ対策組織で共有し，調査・対応を進めます。また，いじめられた児童生徒やその保護者には，調査結果はもちろんのこと，経過報告として適宜，事実確認のための聴き取りやアンケートなどにより判明した情報を適切に提供し，丁寧に連携を進める必要があります。

いじめを行った児童生徒から事実関係を聴取した後は，迅速にその保護者に連絡し，事実に対する保護者の理解や納得を得た上で，学校と保護者が連携して以後の対応を適切に行えるよう保護者の協力を求めるとともに，保護者に対する継続的な助言を行うことになります。いじめを行った児童生徒に対しては，謝罪や責任を形式的に問うことに主眼を置くのではなく，社会性の向上を含め児童生徒の人格の成長に主眼を置いた指導を行います。その旨を保護者と共有し連携を図るようにします。

学校は，調査により把握したいじめの有無の結果について，速やかに学校の設置者（当該教育委員会など）に報告する義務があります。必要に応じて，学校の設置者は，学校に支援・指示，あるいは自ら調査を行う場合があります。

児童生徒が真にいじめの問題を乗り越えた状態とは，加害児童生徒による被害児童生徒に対する謝罪だけではなく，被害児童生徒と加害児童生徒をはじめとする他の児童生徒との関係の修復を経て，双方の当事者や周りの者全員を含む集団が好ましい集団活動を取り

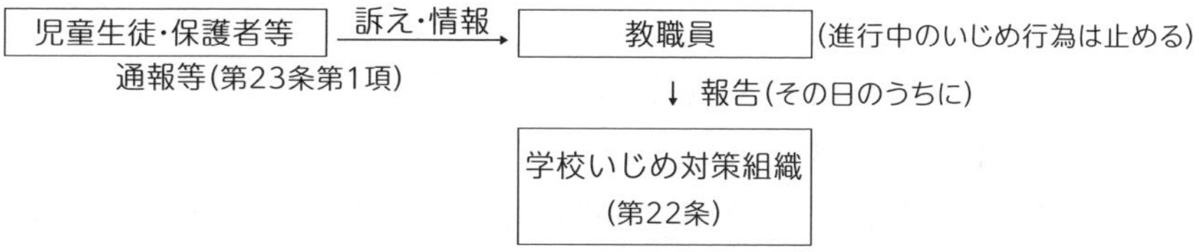

図8-1 「情報入手から学校いじめ対策組織への報告の段階」の要点事項

表 8-6 「いじめの発見・通報を受けたときの対応段階」チェックリスト

① 学校の教職員がいじめを発見し，又は相談を受けた場合には，速やかに，学校いじめ対策組織に対し当該いじめに係る情報を報告し，学校では組織的な対応をする。

② 学校の特定の教職員が，いじめに係る情報を抱え込み，学校いじめ対策組織に報告を行わないことは，いじめ防止対策推進法の規定に違反し得ることを理解する。

③ 学校いじめ対策組織において情報共有を行った後は，事実関係の確認の上，組織的に対応方針を決定し，被害児童生徒を徹底して守り通す。

④ 遊びや悪ふざけなど，いじめと疑われる行為を発見した場合，その場でその行為を止める。

⑤ 児童生徒や保護者から「いじめではないか」との相談や訴えがあった場合には，真摯に傾聴し，また，ささいな兆候であっても，いじめの疑いがある行為には，早い段階から的確に関わりを持つ。

⑥ いじめられた児童生徒やいじめを知らせてきた児童生徒の安全を確保する。

⑦ 発見・通報を受けた教職員は一人で抱え込まず，学校いじめ対策組織に直ちに情報を共有し，当該組織が中心となり，速やかに関係児童生徒から事情を聴き取るなどして，いじめの事実の有無の確認を行う。

⑧ いじめの事実確認の結果は，校長が責任を持って学校の設置者に報告するとともに，被害・加害児童生徒の保護者に連絡する。

⑨ 児童生徒から学校の教職員にいじめ（疑いを含む）に係る情報の報告・相談があった時に，学校が当該事案に対して速やかに具体的な行動をとり，児童生徒から「報告・相談しても何もしてくれない」と思われないようにする。

⑩ いじめに係る情報が教職員に寄せられたときは，教職員は，他の業務に優先して，かつ，即日，当該情報を速やかに学校いじめ対策組織に報告し，学校の組織的な対応につなげる。

⑪ 教職員全員の共通理解の下，保護者の協力を得て，必要に応じて関係機関・専門機関と連携し，対応に当たる。

⑫ いじめた児童生徒に対して必要な教育上の指導を行っているにもかかわらず，その指導により十分な効果を上げることが困難な場合で，いじめが犯罪行為として取り扱われるべきものと認めるときは，いじめられている児童生徒を徹底して守り通すという観点から，学校はためらうことなく所轄警察署と相談して対処する。

⑬ 児童生徒の生命，身体又は財産に重大な被害が生じるおそれがあるときは，直ちに所轄警察署に通報し，適切に援助を求める。

戻し，あらたな活動に踏み出すことをもって達成されるものです。したがって，いじめが起きた集団への働きかけも求められます。すべての児童生徒が，集団の一員として，互いを尊重し，認め合う人間関係を構築できるような集団づくりを事前から進めるとともに，いじめが起きた後においても一層力を入れる必要があります。

　この段階の要点事項について，法及び国の基本方針に基づき，端的に図示すると，図 8-2 のとおりです。また，国の基本方針の「いじめられた児童生徒又はその保護者への支援」，「いじめた児童生徒への指導又はその保護者への助言」，「いじめが起きた集団への働きかけ」，「インターネット上のいじめへの対応」の内容から要点を整理しチェックリストにすると，表 8-7 のとおりです。この段階の対応の点検評価に活用できます。

③ 「対応結果の報告」の段階

　加害児童生徒及びその保護者と，関係する児童生徒への対応結果について，被害児童生徒及びその保護者と共有します。さらに，再発防止策を含めた今後の対応についても，い

じめを受けた児童生徒の保護者に説明を行います。その結果，被害児童生徒及びその保護者が納得できる状況に至れば，その後は少なくとも3か月の経過観察を行い，その時点で「いじめに係る行為が止んでいること」と「被害児童生徒が心身の苦痛を感じていないこと」について，被害児童生徒及びその保護者に対し直接の確認を行い，いじめの解消を判断することになります。

　被害児童生徒及びその保護者が納得できない場合には，学校の設置者に調査や対応を依頼することもあります。この段階の要点事項について，法及び国の基本方針に基づき，端的に図示すると，図8-3のとおりです。また，国の基本方針の「いじめが解消している状態」の内容から要点を整理しチェックリストにすると，表8-8のとおりです。この段階の対応の点検評価に活用できます。

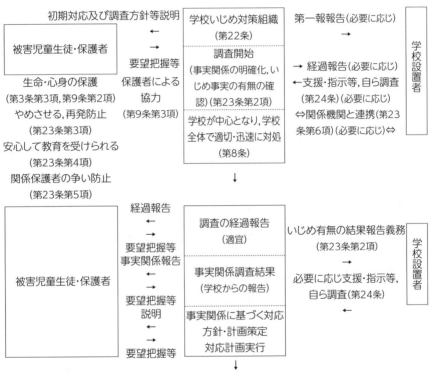

図8-2　「事実確認の調査及び関係者への対応の段階」の要点事項（括弧内はいじめ防止対策指導法の関連する条文を指す）

表8-7　「事実確認の調査及び関係者対応の段階」チェックリスト

いじめられた児童生徒またはその保護者への支援

① いじめられた児童生徒から，事実関係の聴取を行う場合には，いじめられている児童生徒にも責任があるという考え方は持たず，「あなたが悪いのではない」ことをはっきりと伝えるなど，自尊感情を高める。
② 児童生徒の個人情報の取扱い等，プライバシーには十分に留意して対応を行う。

5　いじめへの対処

③ いじめられた児童生徒から，事実関係の聴取を行った場合には，家庭訪問等により，（その日のうちに）迅速に保護者に事実関係を伝える。

④ いじめられた児童生徒や保護者に対し，徹底して守り通すことや秘密を守ることを伝え，できる限り不安を除去する。

⑤ 事態の状況に応じて，複数の教職員の協力の下，当該児童生徒の見守りを行うなど，いじめられた児童生徒の安全を確保する。

⑥ いじめられた児童生徒にとって信頼できる人（親しい友人や教職員，家族，地域の人等）と連携し，いじめられた児童生徒に寄り添い支える体制をつくる。

⑦ いじめられた児童生徒が安心して学習その他の活動に取り組むことができるよう（必要に応じて，いじめた児童生徒を別室において指導することや，状況に応じて出席停止制度を活用することなど），いじめられた児童生徒が落ち着いて教育を受けられる環境の確保をする。

⑧ いじめられた児童生徒やその保護者への支援として，状況に応じて，心理や福祉等の専門家，教員経験者・警察官経験者など外部専門家の協力を得るようにする。また，必要に応じ，被害児童生徒の心的外傷後ストレス障害（PTSD）等のいじめによる後遺症へのケアを行う。

⑨ いじめが解消したと思われる場合でも，継続して十分な注意を払い，いじめられた児童生徒やその保護者に，折りに触れ必要な支援を行う。

⑩ いじめられた児童生徒やその保護者に，事実確認のための聴き取りやアンケート等により判明した情報を適切に提供する。

いじめた児童生徒への指導またはその保護者への助言

① 加害児童生徒に対しては，当該児童生徒の人格の成長を旨として，教育的配慮の下，毅然とした態度で指導する。

② 加害児童生徒に対しては，謝罪や責任を形式的に問うことに主眼を置くのではなく，社会性の向上等，児童生徒の人格の成長に主眼を置いた指導を行う。

③ 加害児童生徒への対応については，教職員全員の共通理解，保護者の協力，必要に応じて，関係機関・専門機関との連携の下で取り組む。

④ いじめがあったことが確認された場合，学校は，複数の教職員が連携し，必要に応じて心理や福祉等の専門家，教員・警察官経験者など外部専門家の協力を得て，組織的に，いじめをやめさせ，その再発を防止する措置をとる。

⑤ 事実関係を聴取したら，迅速に保護者に連絡し，事実に対する保護者の理解や納得を得た上で，学校と保護者が連携して以後の対応を適切に行えるよう保護者の協力を求めるとともに，保護者に対する継続的な助言を行う。

⑥ いじめた児童生徒への指導に当たっては，いじめは人格を傷つけ，生命，身体又は財産を脅かす行為であることを理解させ，自らの行為の責任を自覚させる。

⑦ いじめた児童生徒が抱える問題など，いじめの背景にも目を向け，当該児童生徒の安心・安全，健全な人格の発達に配慮した指導を行い，また，児童生徒の個人情報の取扱い等，プライバシーには十分に留意して対応を行う。

⑧ いじめの状況に応じて，心理的な孤立感・疎外感を与えないよう一定の教育的配慮の下，特別の指導計画による指導のほか，さらに出席停止や警察との連携による措置も含め，毅然とした対応をする。

⑨ いじめには様々な要因があることに鑑み，懲戒（学校教育法第11条の規定に基づき）を加える際には，主観的な感情に任せて一方的に行うのではなく，教育的配慮に十分に留意し，いじめた児童生徒が自ら行為の悪質性を理解し，健全な人間関係を育むことができるよう成長を促す目的で行う。

いじめが起きた集団への働きかけ

① いじめを見た場合には，自分の問題として捉えさせ，たとえ，いじめを止めさせることはできなくても，誰かに知らせる勇気を持つよう伝える。

② はやしたてるなど同調する行為は，いじめに加担する行為であることを理解させる。

③ 学級全体で話し合うなどして，いじめは絶対に許されない行為であり，根絶しようという態度を行き渡らせるようにする。

④ 児童生徒が真にいじめの問題を乗り越えた状態とは，加害児童生徒による被害児童生徒に対する謝罪だけではなく，被害児童生徒の回復，加害児童生徒が抱えるストレス等の問題の除去，被害児童生徒と加害児童生徒をはじめとする他の児童生徒との関係の修復を経て，双方の当事者や周りの者全員を含む集団が，好ましい集団活動を取り戻し，あらたな活動に踏み出すことをもって達成されるものであることを，児童生徒に伝える。

⑤ すべての児童生徒が，集団の一員として，互いを尊重し，認め合う人間関係を構築できるような集団づくりを進める。

インターネット上のいじめへの対応

① インターネット上の不適切な書き込み等については，被害の拡大を避けるため，直ちに削除する措置をとる。

② 名誉毀損やプライバシー侵害等があった場合，（プロバイダは違法な情報発信停止を求めたり，情報を削除したりできるようになっているため），プロバイダに対して速やかに削除を求めるなど必要な措置を行う。また，こうした措置をとるに当たり，必要に応じて法務局又は地方法務局の協力を求める。

③ 児童生徒の生命，身体又は財産に重大な被害が生じるおそれがあるときは，直ちに所轄警察署に通報し，適切に援助を求める。

④ 早期発見の観点から，学校の設置者等と連携し，学校ネットパトロールを実施することにより，インターネット上のトラブルの早期発見に努める。

⑤ 児童生徒が悩みを抱え込まないよう，法務局・地方法務局におけるインターネット上の人権侵害情報に関する相談の受付など，関係機関の取組についても周知する。

⑥ パスワード付きサイトやＳＮＳ（ソーシャルネットワーキングサービス），携帯電話のメールを利用したいじめなどについては，より大人の目に触れにくく，発見しにくいため，学校における情報モラル教育を進めるとともに，保護者においてもこれらについての理解を求める。

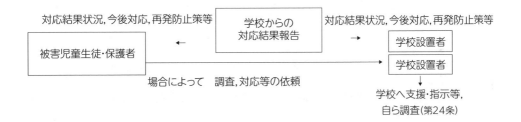

図8-3 「対応結果の報告の段階」の要点事項（括弧内はいじめ防止対策推進法の関連する条文を指す）

表8-8 「いじめが解消している状態」チェックリスト

① いじめは，単に謝罪をもって安易に解消とはしない。

② いじめが「解消している」状態とは，少なくとも，「いじめに係る行為が止んでいること」と「被害児童生徒が心身の苦痛を感じていないこと」から判断するが，これらの要件が満たされている場合であっても，必要に応じ，他の事情も勘案して判断する。

③ いじめが「解消している」状態については，被害者に対する心理的又は物理的な影響を与える行為が止んでいる状態の期間を少なくとも3か月を目安とする。

④ 学校の教職員は，少なくとも3か月を目安に，その期間が経過するまでは，被害・加害児童生徒の様子を含め状況を注視し，期間が経過した段階で，いじめの解消について判断を行う。

⑤ いじめの被害の重大性等から，いじめが「解消している」状態について長期の期間が必要であると判断される場合は，少なくとも3か月の目安にかかわらず，学校いじめ対策組織（あるいは学校の設置者）の判断により，より長期の期間を設定する。

⑥ いじめが「解消している」状態の判断に際しては，いじめに係る行為が止んでいるかどうかを判断する時点において，被害児童生徒がいじめの行為により心身の苦痛を感じていないかどうかについて，被害児童生徒本人及びその保護者に対し，心身の苦痛を感じていないかどうかを面談等によって確認する。
⑦ 各教職員は，いじめが解消に至っていない段階では，被害児童生徒を徹底的に守り通し，その安全・安心を確保する責任を有していることを自覚し，また，学校いじめ対策組織は，いじめが解消に至るまで被害児童生徒の支援を継続するため，支援内容，情報共有，教職員の役割分担を含む対処プランを策定し，それを確実に実行する。
⑧ いじめが「解消している」状態に至った場合でも，いじめが再発する可能性が十分にあり得ることを踏まえ，学校の教職員は，当該いじめの被害児童生徒及び加害児童生徒については，日常的に注意深く観察する。
⑨ 各教職員は，学校の定めた方針等に沿って，いじめに係る情報を適切に記録しておく。

6 いじめの重大事態への対処

(1) いじめの重大事態への対処の規定

　法第28条は，いじめの重大事態（以下，重大事態）への対処について示しています。なお，ここでは第1項のみ示します。同条文の他項の内容は，表7-5 を参照してください。

> 　学校の設置者又はその設置する学校は，次に掲げる場合には，その事態（以下「重大事態」という。）に対処し，及び当該重大事態と同種の事態の発生の防止に資するため，速やかに，当該学校の設置者又はその設置する学校の下に組織を設け，質問票の使用その他の適切な方法により当該重大事態に係る事実関係を明確にするための調査を行うものとする。
> 一　いじめにより当該学校に在籍する児童等の生命，心身又は財産に重大な被害が生じた疑いがあると認めるとき。
> 二　いじめにより当該学校に在籍する児童等が相当の期間学校を欠席することを余儀なくされている疑いがあると認めるとき。

　第1項は，いじめの重大事態に該当する場合を定めています。それは，「児童生徒の生命，心身又は財産に重大な被害が生じた疑いがあると認めるとき」（生命・心身・財産重大事態）と，いじめにより，「児童生徒が相当の期間学校を欠席することを余儀なくされている疑いがあると認めるとき」（不登校重大事態）としています。

　さらに，法に対する文部科学委員会の附帯決議で定められた「いじめを受けた児童等やその保護者からの申し立てがあったときには，適切かつ真摯に対応すること」という事項に基づき，児童生徒やその保護者からいじめられて重大事態に至ったという申し立てがあった場合には，重大事態が発生したものとして学校または学校の設置者は，対処の手続きを始めることになります。

　なお，不登校重大事態において，「相当の期間学校を欠席することを余儀なくされている」の「相当の期間」は，年間30日を目安にします。ただし，この目安にかかわらず，一定期間，連続して欠席していて，再び登校することが難しいと思われる場合や，再び登

校することに対する心理的負担が大きいと思われる場合などには，調査に着手する場合があります。

　重大事態調査の主体は，学校の設置者が学校を主体とするか学校の設置者を主体とするかについて判断し，あわせて調査組織についても判断します。調査組織は，事実関係を明確にするための調査を実施します。いじめを受けた児童生徒またはその保護者は，調査結果の報告を受けた後に，希望する場合には，調査結果に対する所見をまとめた文書を地方公共団体の長等に提出することができます。

　また，第28条の第1項のいじめの重大事態に該当する，あるいは疑われるなどの事案が発生した場合には，国立の学校は文部科学大臣，公立の学校は当該地方公共団体の長，私立の学校は当該学校を所轄する都道府県知事，株立の学校は認定を受けた地方公共団体の長（以下，地方公共団体の長等）に，それぞれ第29，30，31，32条の第1項に基づき，重大事態が発生した旨を報告しなければなりません。さらに，同第2項に基づき，前項で重大事態の報告を受けた者が，必要があると認めるときは，重大事態の調査結果について調査を行うことができます。端的には，地方公共団体の長等が，重大事態の再調査を行うことができるという規定です。

　以上のように，いじめの重大事態への対処については，調査や報告に関する手続きが規定されています。規定に則った正確な対応が求められます。

（2）重大事態への対処のポイント

　文部科学省では2024年8月に，「いじめの重大事態の調査に関するガイドライン」の改訂版（以下，調査ガイドライン改訂版）を発出しました。改訂の理由には，「重大事態の発生件数は増加傾向」にあることや，「法や基本方針，ガイドライン等に沿った対応ができていなかったために，児童生徒に深刻な被害を与える事態が発生している状況」や，「法の施行から10年が経過し，調査の実施に係る様々な課題も明らかになっていること」をあげています。重大事態は，児童生徒に深刻な被害を与えます。そのことに特段に留意し，対処については，定められた規定に沿った正確な対応をしなければなりません。

① 重大事態への対処を開始する3つのケース

　1つめは，法第28条第1項第1号に基づき，「学校または学校の設置者」が「生命・心身・財産重大事態」の疑いがあると認めるときです。2つめは，同1号に基づき，「学校または学校の設置者」が「不登校重大事態」の疑いがあると認めるときです。

　3つめは，児童生徒やその保護者から「学校または学校の設置者」に，いじめられて重大事態に至ったという申し立てがあったときです。これについては，（1）で示した「附帯決議」とともに，「調査ガイドライン改訂版」では，「児童生徒や保護者から，「いじめにより重大な被害が生じた」という申立てがあったとき（人間関係が原因で心身の異常や変化を訴える申立て等の「いじめ」という言葉を使わない場合を含む。）は，その時点で学校が「いじめの結果ではない」あるいは「重大事態とはいえない」と考えたとしても，重大事態が発生

6　いじめの重大事態への対処　　115

したものとして報告・調査等に当たる」と定めていることに基づきます。

② 重大事態として扱われた事例

「調査ガイドライン改訂版」では，教育委員会などで重大事態として扱った事例を示しています。表8-9のとおりです。表の事例を下回る程度の被害であっても，総合的に判断し重大事態と捉える場合があることに留意する必要があります。

表8-9 重大事態と扱った事例

「生命」重大事態：児童生徒が自殺を企図した場合
・軽傷で済んだものの，自殺を企図した。

「心身」重大事態：心身に重大な被害を負った場合
・リストカットなどの自傷行為を行った。
・暴行を受け，骨折した。
・投げ飛ばされ脳震盪となった。
・殴られて歯が折れた。
・カッターで刺されそうになったが，咄嗟にバッグを盾にしたため刺されなかった。
・心的外傷後ストレス障害と診断された。
・嘔吐や腹痛などの心因性の身体反応が続く。
・多くの生徒の前でズボンと下着を脱がされ裸にされた。
・わいせつな画像や顔写真を加工した画像をインターネット上で拡散された。

「財産」重大事態：金品等に重大な被害を被った場合
・複数の生徒から金銭を強要され，総額1万円を渡した。
・スマートフォンを水に浸けられ壊された。

「不登校」重大事態：いじめにより転学等を余儀なくされた場合
・欠席が続き（重大事態の目安である30日には達していない）当該校へは復帰ができないと判断し，転学（退学等も含む）した。

「被害児童生徒・保護者からの申立て」重大事態
・被害児童生徒や保護者から，「いじめにより重大な被害が生じた」という申立てがあったときは，その時点で学校が「いじめの結果ではない」あるいは「重大事態とはいえない」と考えたとしても，重大事態が発生したものとして報告・調査等に当たる。
・人間関係が原因で心身の異常や変化を訴える申立て等の「いじめ」という言葉を使わない場合を含む。

（3）重大事態への対処の展開（調査主体が学校の場合）

文部科学省は，学校の重大事態への対処について，法に基づく対応が不十分という状況を踏まえ，2023年7月に「「いじめ重大事態調査の基本的な対応チェックリスト」の配布について（事務連絡）」を発出しました。そのチェックリストの内容を整理すると，表8-10のとおりです。公立学校の場合を基準に，私立学校の場合については（　　）で記しています。

また，資料8-1と資料8-2は，重大事態の発生報告と調査開始報告において提出する報告書で記述する項目をあげたものです。文部科学省は，2023年に「いじめ重大事態に関する国への報告について（依頼）」を発出し，文部科学省に対して次の3つについて報告（提出）をすることを示しました。1つめは，「重大事態の発生報告」（様式1）です。2つ

116　第8章　いじめへの対応

めは，「重大事態調査の開始報告」（様式2）です。3つめは，「重大事態調査報告書等」です。重大事態調査が終了し，調査組織から重大事態調査報告書を地方公共団体の長等へ提出した後，文部科学省に対し，当該重大事態調査報告書を提出します。なお，図8-4は，法，国の基本方針，調査ガイドライン改訂版，通知の規定を基に，重大事態への対処の展開を全体的にまとめたものです。

なお，「調査ガイドライン改訂版」の「別添3」の「いじめの重大事態の調査に関するガイドライン　チェックリスト」では，「いじめ重大事態に対する平時からの備え」，「重大事態発生時の対応」，「対象児童生徒・保護者等に対する調査実施前の事前説明」，「重大事態調査の進め方」，「調査結果の説明・公表」ごとに，チェックリスト形式でチェックポイントを具体的に示しています。いじめ重大事態に対する平時からの備えや重大事態調査の実施等の確認に役立ちます。

重大事態への対処の基本的な展開や全体像については，表8-10や図8-4で把握し，各場面で実施する具体的な内容やポイントについては，「いじめの重大事態の調査に関するガイドライン　チェックリスト」で確認するとよいでしょう。

表8-10　いじめ重大事態調査の基本的な対応チェックリスト（文部科学省，（2023）を参照に作成）

① いじめ重大事態の発生から調査開始
1　2号事案の場合は，欠席の継続により重大事態に至ることを早期の段階で予測できる場合も多いことから，重大事態に至るよりも相当前の段階から教育委員会への報告相談を行い，情報を共有するとともに準備作業に取り組む
2　学校から教育委員会を通じて地方公共団体の長へ報告（学校から当該学校を所轄する都道府県知事への報告） 　・2号重大事態は，7日以内に行うことが望ましい 　・教育委員会（都道府県私学主管課）を通じて「様式1」の文部科学省への提出
3　教育委員会事務局から教育委員への報告　※公立のみ 　・教育委員への報告を迅速に行うとともに，対処方針を決定する際は，教育委員会会議を招集する
4　教育委員会（学校法人）が調査主体，どのような調査組織とするか判断 　・公平性中立性が確保された調査組織とすること 　・学校主体の調査の場合は，教育委員会（学校法人）は調査実施及び情報提供等について必要な指導及び支援を行う
5　被害児童生徒及び保護者に対する調査方針の説明等 　・重大事態調査の目的，組織構成や人選など調査主体，調査時期・期間，調査事項，調査方法，調査結果の提供等について調査を開始する前に被害児童生徒・保護者に丁寧に説明を行う
6　加害児童生徒・保護者への調査方針の説明等
7　学校から教育委員会（当該学校を所轄する都道府県私学主管課）を通じて文部科学省への重大事態調査開始報告 　・「様式2」の文部科学省への提出
② 重大事態調査の実施
1　当該重大事態に係る事実関係を明確にするための調査の実施 　・学校主体の調査の場合は，教育委員会（学校法人）は必要な指導及び支援を行う
③ 重大事態調査結果の説明・報告
1　被害児童生徒及び保護者に対する調査結果の説明を実施

- 個人情報保護法等に留意しつつ説明を行う必要があるが，いたずらに個人情報保護を盾に情報提供や説明を怠ることはあってはならない
- 学校主体の調査の場合は，教育委員会（学校法人）は情報の提供の内容・方法・時期などについて必要な指導及び支援を行う。

2 地方公共団体の長（都道府県知事）への報告にあたり，被害児童生徒・保護者は調査結果に係る所見をまとめた文書を添えることができる旨予め説明すること
3 被害児童生徒等に説明した方針に沿って加害児童生徒・保護者に対する情報提供，説明
4 地方公共団体の長へ調査結果の報告・説明及び教育委員会会議において議題として取り扱うこと（都道府県知事への調査結果の報告及び説明）
- 総合教育会議において議題として取り扱うことも検討すること

5 地方公共団体の長（都道府県知事）は，調査結果の報告を踏まえ，再調査の実施の要否を判断
- 適宜、本チェックリストの①〜④に沿って対応
- 地方公共団体の長は，再調査を実施した場合は，その結果を議会に報告すること

6 教育委員会（当該学校を所轄する都道府県私学主管課）を通じて文部科学省に重大事態調査結果報告書の提出
- 「重大事態調査報告書」の提出

④ 重大事態調査結果の公表検討

1 調査結果の公表の要否を判断
- 特段の支障がなければ公表することが望ましい
2 調査結果を公表する場合，公表の仕方及び公表内容を被害児童生徒・保護者と確認
3 報道機関等の外部に公表する場合，他の児童生徒又は保護者等に対して，可能な限り，事前に調査結果を報告

資料8-1　いじめ重大事態の発生に関する報告書の記述項目（様式1）

いじめ重大事態の発生に関する報告について
【第　報について（令和　年　月　日）】 □国立　　□公立　　□私立　　□株立 都道府県教育委員会等名
(1) 地方公共団体の長等に報告した日 (2) 児童生徒に関する情報（現在）　学校名・学年・性別・年齢 (3) 学校の概要　住所・電話・校長名・児童生徒数・学級数・職員数 (4) いじめ重大事態の概要・経緯など　□1号事案 □2号 □1号かつ2号 (5) 当該児童生徒・保護者に関すること（学校生活，家庭環境，健康状況など） (6) 学校や学校の設置者等における重大事態の対応について （学校や学校の設置者等の取組に加えて，総合教育会議の活用等，首長部局等の関係部局その他関係機関との連携予定，連携状況などがあれば合わせて記載すること。） (7) 本件に関する都道府県教育委員会等の連絡先　課名・名前・連絡先

資料8-2　いじめ重大事態調査の開始に関する報告書の記述項目（様式2）

いじめ重大事態調査の開始に関する報告について
【第　報について（令和　年　月　日）】 □国立　　□公立　　□私立　　□株立 都道府県教育委員会等名
(1) 様式1を文部科学省に提出した日 (2) 重大事態調査の開始日（重大事態調査委員会の初回開催日）

(3) 重大事態調査の調査主体　□学校　□学校の設置者
(4) いじめ重大事態調査について
　① 調査委員の構成状況（調査委員の肩書きや人数など）
　② 調査終了目途
　③ 被害児童生徒保護者や関係児童生徒保護者への調査に関する説明状況
　　（被害児童生徒保護者が調査に関してどのように受け止めているのかなどあれば合わせて記載）
　④ その他
(5) 本件に関する都道府県教育委員会等の連絡先　課名・名前・連絡先

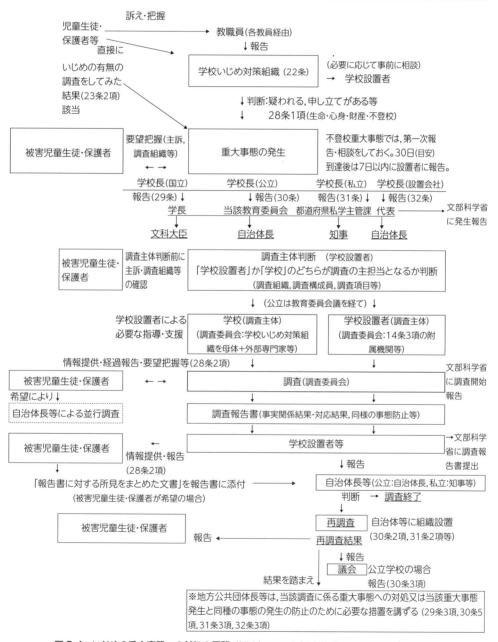

図8-4　いじめの重大事態への対処の展開（括弧内はいじめ防止対策推進法の関連する条文を指す）

【引用・参考文献】

文部科学省　2013　いじめ防止対策推進法の公布について（通知）
　　https://www.mext.go.jp/a_menu/shotou/seitoshidou/1337219.htm
文部科学省　2013　いじめ防止対策推進法の公布について（通知）　別添3　いじめ防止対策推進法（平成25年法律第71号）
　　https://www.mext.go.jp/a_menu/shotou/seitoshidou/1337278.htm
文部科学省　2013　いじめ防止対策推進法の公布について（通知）　別添4　いじめ防止対策推進法案に対する附帯決議（衆議院文部科学委員会）
　　https://www.mext.go.jp/a_menu/shotou/seitoshidou/1337280.htm
文部科学省　2014　子供の自殺が起きたときの背景調査の指針（改訂版）
　　https://www.mext.go.jp/component/b_menu/shingi/toushin/__icsFiles/afieldfile/2014/09/10/1351863_02.pdf
文部科学省　2017　いじめの防止等のための基本的な方針　文部科学大臣決定
　　https://www.mext.go.jp/a_menu/shotou/seitoshidou/__icsFiles/afieldfile/2018/01/04/1400142_001.pdf
文部科学省　2017　いじめの重大事態の調査に関するガイドライン
　　https://www.mext.go.jp/component/a_menu/education/detail/__icsFiles/afieldfile/2019/06/26/1400030_009.pdf
坂田　仰（編）　2018　補訂版 いじめ防止対策推進法 全条文と解説　学事出版
文部科学省　2018　小学校学習指導要領（平成29年告示）解説 総則編　東洋館出版社
文部科学省　2018　中学校学習指導要領（平成29年告示）解説 総則編　東山書房
文部科学省　2019　高等学校学習指導要領（平成30年告示）解説 総則編　東洋館出版社
吉田浩之　2021　いじめ問題，暴力行為と生徒指導　生徒指導・進路指導の理論と方法　会沢信彦・渡部昌平編　北樹出版　52-61
文部科学省　2022　いじめ　生徒指導提要　120-140
文部科学省　2023　いじめ問題への的確な対応に向けた警察との連携等の徹底について（通知）
　　https://www.mext.go.jp/content/20230207-mxt_jidou02-00001302904-001.pdf
文部科学省　2023　いじめ重大事態に関する国への報告について（依頼）
　　https://www.mext.go.jp/content/20230313-mxt_jifou02-000028183_001-1.pdf
文部科学省　2023　「いじめ重大事態調査の基本的な対応チェックリスト」の配布について
　　https://www.mext.go.jp/content/20230815-mxt_jidou02-000030836_01.pdf
文部科学省　2024　いじめの重大事態の調査に関するガイドラインの改訂について（通知）　別添2　いじめの重大事態の調査に関するガイドライン改訂版（本文）
　　https://www.mext.go.jp/content/20240830-mext_jidou01-000037829_3.pdf
文部科学省　2024　いじめの重大事態の調査に関するガイドラインの改訂について（通知）　別添3　いじめの重大事態の調査に関するガイドライン　チェックリスト
　　https://view.officeapps.live.com/op/view.aspx?src=https%3A%2F%2Fwww.mext.go.jp%2Fcontent%2F20240830-mext_jidou01-000037829_4.docx&wdOrigin=BROWSELINK

Chapter 9 暴力行為，少年非行，不適切な言動，体罰・懲戒

　暴力行為は社会において許されない行為であり，犯罪行為として取り扱われる対象になります。暴力行為を含め，問題行動への対応には，事例に応じた法的な理解が必要です。また，少年非行に対しては，関連する法的な規定とともに，関係機関が持つ権限を理解した効果的な連携が求められます。一方で，生徒指導の事案に対処する過程において，教員による不適切な対応や言動が問題になるケースもみられます。
　本章では，暴力行為の現状と課題，少年非行に関連する規定と関係機関との連携について要点を示しながら解説します。また，教員による不適切な言動や体罰・懲戒に関連する法律や最新動向について解説します。

 1　暴力行為の調査対象と発生状況

（1）暴力行為の調査対象

　文部科学省は，1982年度から生徒の「校内暴力」の状況についての調査を開始し，1997年度以降は，児童生徒の「暴力行為」に名称を変更し調査を実施しています。校内暴力と暴力行為の調査対象の変遷は，表9-1のとおりです。

表9-1　暴力行為（校内暴力を含む）の調査対象

対象期間	1982年度から1996年度	1997年度から2005年度	2006年度から2012年度	2013年度以降
対象校種	公立中・高等学校	公立小・中・高等学校	国公私立小・中・高等学校	国公私立小・中・高等学校（高等学校に通信制度課程を含める）
調査の定義	「校内暴力」校内暴力とは，学校生活に起因して起こった暴力行為をいい，対教師暴力，生徒間暴力，学校の施設・設備等の器物損壊の3形態がある。	「暴力行為」暴力行為とは，「自校の児童生徒が，故意に有形力（目に見える物理的な力）を加える行為」をいい，被暴力の対象によって，「対教師暴力」（教師に限らず，用務員等の学校職員も含む。），「生徒間暴力」（何らかの人間関係がある児童生徒同士に限る。），「対人暴力」（対教師暴力，生徒間暴力の対象者を除く。），学校の施設・設備等の「器物損壊」の4形態に分ける。ただし，家族・同居人に対する暴力行為は，調査対象外とする。		

　なお，当該調査においては，暴力行為によるけがの有無や，けがによる病院の診断書の有無，被害者による警察への被害届の有無などにかかわらず，表9-2に示す暴力行為の4

形態の「対教師暴力」,「生徒間暴力」,「対人暴力」,「器物損壊」の例に掲げているような行為と同等か,またはこれらを上回るようなものをすべて対象とするとしています。

表 9-2　暴力行為の４形態の例

① 「対教師暴力」の例	② 「生徒間暴力」の例
・指導されたことに激高して教師の足を蹴った。	・同じ学校の生徒同士がけんかとなり,双方が相手を殴った。
・教師の胸ぐらをつかんだ。	・高等学校在籍の生徒２名が,中学校時の後輩で,中学校在籍の生徒の身体を壁に押し付けた。
・教師の腕をカッターナイフで切りつけた。	・部活動中に,上級生が下級生に対し,指導と称して清掃道具で叩いた。
・養護教諭目がけて椅子を投げ付けた。	・遊びやふざけを装って,特定の生徒の首を絞めた
・定期的に来校する教育相談員を殴った。	・双方が顔見知りで別々の学校に在籍する生徒同士が口論となり,けがには至らなかったが,身体を突き飛ばすなどした。
・その他,教職員に暴行を加えた。	・その他,何らかの人間関係がある児童生徒に対して暴行を加えた。
③ 「対人暴力」の例	④ 「器物損壊」の例
・学校行事に来賓として招かれた地域住民に足蹴りをした。	・教室の窓ガラスを故意に割った。
・偶然通りかかった他校の見知らぬ生徒と口論になり,殴ったり,蹴ったりした。	・トイレのドアを故意に壊した。
・登下校中に,通行人にけがを負わせた。	・補修を要する落書きをした。
・その他,他者（対教師及び生徒間暴力の対象を除く。）に対して暴行を加えた。	・学校で飼育している動物を故意に傷つけた。
	・学校備品（カーテン,掃除道具等）を故意に壊した。
	・他人の私物を故意に壊した。
	・その他,学校の施設・設備等を故意に壊した。

（2）暴力行為の発生状況

調査対象が,国公私立小・中・高等学校となった2006年度以降で2019年度までの暴力行為の発生件数をみると,小学校において著しい増加をしています。また,新型コロナウイルス感染症の流行が始まり,その影響を強く受けた2020年度から2022年度をみると,2020年度は,全校種で暴力行為は減少しましたが,2021年度からは再び増加傾向となり,2022年度は全体として過去最多となっています。その2020年度から2022年度を４つの形態別にみると,全校種ともに発生件数が最も多いのは「生徒間暴力」です。最新データは,文部科学省の「児童生徒の問題行動・不登校等生徒指導上の諸課題に関する調査」(https://www.mext.go.jp/a_menu/shotou/seitoshidou/1302902.htm)を参照ください。

2 少年非行

　少年非行に対しては，関連する法的理解とともに，市町村，児童相談所，児童福祉施設，警察，少年補導センター，家庭裁判所，少年鑑別所，少年院，保護観察所など，様々な関係機関が持つ権限を理解しながら，効果的な連携を活用した取組が求められます。

　以下では，提要改訂版の「6.1 少年法・児童福祉法等」，「6.3 少年非行への対応の基本」，「6.5 喫煙・飲酒・薬物乱用」を基に，少年非行に関連する規定，児童生徒への聴き取り，そして具体的な課題である喫煙・飲酒・薬物乱用についてまとめ直していきます。

（1）「少年法」，「少年警察活動規則」，「児童福祉法」

　「少年法」，「少年警察活動規則」，「児童福祉法」は，少年非行に関して基本となる規定です。その概要は，次の①から③のとおりです。

①「少年法」

　「少年法」は，「少年の健全な育成を期し，非行少年に対して性格の矯正と環境の調整に関する保護処分を行うとともに，少年の刑事事件について特別の措置を講ずることを目的とする」（同第1条）と規定し，少年の犯罪に対しては，主眼は処罰ではなく少年の健全な育成を目的としています。同第2条では少年の対象を20歳未満としています。2021年5月に「少年法等の一部を改正する法律」が施行され，18歳及び19歳の者については，「特定少年」と称されることになりましたが，引き続き「少年」（少年法第2条1項）に該当し，少年法が適用されます。

　少年法第3条では，非行のある少年を3つに分け，それぞれについて異なる取扱いを定めています。1つめは，「犯罪少年」で，14歳以上で犯罪を行った少年です。2つめは，「触法少年」で，14歳未満で刑罰法令に触れる行為をした少年です。3つめは，「ぐ犯少年」で，保護者の正当な監督に服しないなどの事由が認められ，今後犯罪少年や触法少年になるおそれのある18歳未満の少年です。なお，少年の事件は全件が家庭裁判所に送られ，そこで処分を決定します。その処分には，検察官送致（逆送），保護処分などがあります。「逆送」とは，事件の送致を受けた裁判官が，保護処分ではなく刑事罰を科すのが相当と判断して，事件を検察に送り返すことをいいます。逆送が決定された後は，原則として検察官により刑事裁判所に起訴され，懲役刑，罰金刑などの刑罰が科されます。保護処分には，少年院に収容する少年院送致と社会内で保護観察官や保護司の指導を受ける保護観察があります。保護処分は，あくまで矯正教育の手段であって刑罰とは異なります。また，「14歳に満たない者の行為は，罰しない。」（刑法41条）と定められているため，「触法少年」に対しては保護処分のみとなります。14歳未満の若年者については，物事の善悪を判断する能力が十分備わっておらず，刑罰を科す前提を欠く（法的には「責任能力がない」）と考えられているためです。

2　少年非行　　123

② 少年警察活動規則

少年法の「非行少年」とは別に，「不良行為少年」があります。不良行為には，飲酒，喫煙，深夜はいかいなどがあり，これらは社会的道徳からは外れているが犯罪とはされていない行為です。不良行為に対する規定は，「少年警察活動規則」に定められています。その規則の趣旨は，「少年の非行の防止及び保護を通じて少年の健全な育成を図るための警察活動（以下，少年警察活動）に関し必要な事項を定めるもの」というものです（同規則第1条）。同規則第2条では，「不良行為少年」について，「非行少年には該当しないが，飲酒，喫煙，深夜はいかいその他自己又は他人の徳性を害する行為をしている少年」と規定し，少年法で定義する非行少年と不良行為少年を区別しています。

学校では，飲酒，喫煙，深夜はいかいなどの不良行為は，生徒指導上の問題行動とみる事案であり，不良行為を行った少年は，警察や少年補導センターなどが補導の対象としています。しかし，少年法上の非行ではないため，家庭裁判所では扱わない事案になります。また，いじめや暴力行為も，生徒指導上の問題行動とみる事案ですが，これらは，非行に当たる場合があります。教職員は，生徒指導上の問題行動の対象によって，非行か不良行為かどうかを判断し，根拠とする法令や連携する関係機関についても判断できる知識を習得しておく必要があります。表7-1や表8-5は，その参考資料になります。

③「児童福祉法」

「児童福祉法」（以下，児福法）の第1条第1項では，児童を健全に育成する義務について「すべて国民は，児童が心身ともに健やかに生まれ，且つ，育成されるよう努めなければならない」と規定し，同第2項では児童の権利について「すべて児童は，ひとしくその生活を保障され，愛護されなければならない」と規定しています。第2条では，児童育成の責任について「国及び地方公共団体は，児童の保護者とともに，児童を心身ともに健やかに育成する責任を負う」と児童の福祉を図る責任を持つ者を示しています。このように，行政や保護者に，「児童を心身ともに健やかに育成する」責務を課しています。なお，同法では児童は18歳未満の者としています。実際に，「触法行為またはぐ犯行為に対応するのは，児福法により，まずは市町村または児童相談所」ですが，児福法では非行という言葉は使われず，問題行動の背景や子供が抱える困難な状況に着目し支援するという視点に立っています。

また，「児福法に規定される児童自立支援施設は，支援の対象を「不良行為をなし，又はなすおそれのある児童及び家庭環境その他の環境上の理由により生活指導等を要する児童」としています。ここでは，「不良行為」と「生活指導等」という問題行動を示唆する表現」が使われています。

（2）非行への対応と児童生徒からの聴き取り（司法面接の技術の活用）

学校における非行への対応では，正確な事実の把握が必須です。事実の特定では，「いつ，どこで，誰が，何を，なぜ，どのように，行ったのか」といった事項の確認に加え

て，それらについて児童生徒自らやその保護者が認めているのかについても確認が必要です。そして，正確な事実の特定に向けた児童生徒との面接では，客観的事実の把握を目的に，児童生徒自らの言葉で話してもらうことが重要です。

　こうした考え方を踏まえ，提要改訂版の「6.3.2 児童生徒からの聴き取り」では，「司法面接」の技術の活用を取り上げています。司法面接とは，「法的な判断のために使用することのできる精度の高い情報を，被面接者の心理的負担に配慮しつつ得るための面接法」(仲，2016)とされています。これは，「犯罪等の被害者や目撃者に聴取を行う際，被面接者の供述特性を踏まえつつ，被面接者の負担が少ない状態で，正確な供述の証拠化」を目指し，「多人数で何回も聴取するのではなく，聴取担当者を一人に限定し，極力少ない回数（可能な限り一回）で周到な準備の下に聴取」を行うものです。その実施上の留意点をまとめると，表9-3のとおりです。

表9-3　「司法面接」の技術を活用した聴取における留意点

（1）聴取場面の設定

①児童生徒同士を同席させる聴取方法の影響
・事案発生時に全員が同じ場にいたとしても，見聞きしたことや，記憶した内容は異なる可能性や，自分が記憶していない内容を他の児童生徒が話しているのを聞くことで，自分の記憶であるかのように記憶を書き換えてしまう可能性がある。
・聴き取りの対象が複数である場合，同席する他者の意向を気にして，正確な事実を話しにくいことがある。

②聴取を受けた児童生徒への配慮
・聴取を受けた児童生徒は，自分が話した内容が他者や保護者に伝わるのではないかと心配することがあるため，心配する気持ちを理解し，児童生徒本人にとって望ましい形となるように教職員同士が話し合うことを伝えるとともに，児童生徒の希望に沿うよう最大限の努力をする。
・「他の人には絶対に話さない」といった，守ることのできないことや，結果的に嘘になり得ることを約束することは避ける。聴き取った内容によっては守秘できないことがあることを児童生徒に理解してもらう。

（2）オープン質問の活用

①オープン質問（自由再生質問）の必要性
・聴取の際は，相手に対して提示する情報を減らし，教職員が誘導することなく，児童生徒本人の自発的な語りを導き，正確な記憶を引き出す聴取方法（オープン質問や自由再生質問という）を活用する。

②オープン質問（自由再生質問）の実際
最初の質問例
・まずは，大括りの質問（「何があったのか，憶えていることを最初から最後まで全部話してください」など）を行い，場合によっては，返答に対して促す質問（「それから」など）をしながら，誘導質問（「○○もいたよね」など）は避ける。
次の質問例
・大括り質問に対して話し終えた後には，「他に憶えていることを教えてください」や，詳しく聴く場合には，話した言葉を利用した質問（「さっき○○と言っていたけど，そのことをもっと教えてください」など）を行い，さらに詳しく聴く場合には，出来事の流れを時間で分割した質問（「○○から○○までの間にあったことを詳しく教えてください」など）を行います。

2　少年非行　　125

質問上の留意点
- 「誰が」「どこで」「いつ」「どうやって」といった質問を直接的に行う場合もあるが，質問に対し回答が短くなりやすいため，聴取相手が自発的に語りにくくなる。
- クローズド質問（「はい」か「いいえ」で回答を求める質問，選択肢を提示する質問など）は，聴取者が持つ情報を含むことや，聴取者が求める情報を確認する質問になりがちであり，誘導の可能性が高くなる。
- クローズド質問を使わざるを得ない場合には，その質問に児童生徒が答えた後に，「そのことについてもっと詳しく話してください」と自由再生質問を追加して行う。
- 誘導質問（「○○だったよね」など聴取者側の考えを反映した質問）は，正確な事実の聴取を妨げるだけでなく，勝手な決めつけによって，児童生徒の反発心を招きやすくなるため，避けるようにする。

（3）仮説の検証
- 聴取は，「仮説の確認」ではなく，「仮説の検証」でなければならない。仮説が事実であると思い込むと，誘導質問を招きやすくなり，その結果，正確な事実を聴き出すことができなくなる可能性がある。事実の確認は，あくまで何があったのかという客観的事実を児童生徒の協力を得ながら行う。
- 対立仮説(仮説とは別の可能性)を想定し，仮説と対立仮説の双方を確認する質問を行う。そのため，聴取する前には，質問内容を準備して臨む。
- 児童生徒が嘘をついているかもしれない，と疑われる場合も，嘘と決めつけず，対立仮説を確認する質問（「さっき○○と言っていたけど，そのことをもっと教えて欲しい」など）の自由再生質問で詳細を聴き出し，辛抱強く見極めていく。
- 聴取事項が虐待や犯罪等に関わるおそれがある場合は，最低限の質問（「誰が，どうしたか」など）にとどめ，詳細は警察や児童相談所等の関係機関による聴取に委ねる。過度の質問により，記憶に混乱が生じたり，思い出したくない記憶を無理に呼び起こされてしまい，関係機関による聴取が不可能になったりする危険性がある。

（4）聴取と記録
- 本人や関係者の言い分をしっかりと聴き取る際には，その内容を，正確に時系列を追って記録しておく。
- 非行事実の有無や指導の内容に関しては，後日紛糾する可能性があるという視点を持ち，記録に基づく的確な指導を行う。

（3）喫煙・飲酒・薬物乱用
① 喫煙・飲酒に関する規定と留意点

　20歳未満の喫煙，飲酒については，「二十歳未満ノ者ノ喫煙ノ禁止ニ関スル法律」及び「二十歳未満ノ者ノ飲酒ノ禁止ニ関スル法律」によって禁止されていますが，20歳未満の者の保護が目的であるため本人への罰則はありません。また，少年警察活動規則第2条では，「非行少年には該当しないが，飲酒，喫煙，深夜はいかいその他自己又は他人の徳性を害する行為をしている少年」と規定され，社会的道徳からは外れてはいるが犯罪とはされていない行為です。しかし，警察の補導対象になり，学校においても生徒指導上の問題行動の対象になります。なお，20歳未満の喫煙，飲酒について処罰の対象となるのは，親権者や監督する立場にある者が，親権を伴う未成年者の喫煙・飲酒を放置する場合や，販売者が20歳未満の者に煙草や酒類を販売したりした場合です。

　喫煙や飲酒の経験のある中学生や高校生で薬物乱用の経験のある生徒の割合は，喫煙や飲酒の経験のない生徒で薬物乱用の経験のある生徒の割合よりも高く，特に，喫煙経

験のある生徒で顕著に高くなっていると言われています。また，児童生徒による喫煙や飲酒は，規制薬物（覚醒剤，大麻，麻薬，向精神薬，あへん，けしがら）乱用へのステップとなるゲートウェイ（入り口）となりやすいことから，ゲートウェイドラッグと呼ばれています。生徒指導において，児童生徒による喫煙や飲酒を防止することは，非行を防ぐことにつながります。

② 薬物乱用に関する規定と留意点

薬物の不正な使用については，年齢にかかわらず「覚醒剤取締法」，「麻薬及び向精神薬取締法」などの法律で禁止されています。薬物乱用とは，薬物を社会的許容から逸脱した目的や方法で自己使用することであり，一度だけでも乱用です。薬物乱用を繰り返すと薬物依存に陥ります。薬物依存とは，薬物乱用の繰り返しの結果，その薬物の使用に対する自己コントロールを失った状態を指します。薬物依存は，心身が発達途上にある児童生徒にとっては，健康を害することは勿論のこと，家族や友人を巻き込み，対人関係上の問題が発生し，結果として社会生活上の問題に発展します。さらには，自身の犯罪行為の拡大など深刻な心理社会的影響を及ぼします。そして薬物乱用の拡大は社会秩序の崩壊へとつながり得ます。薬物乱用は，社会全体の問題につながる非行と認識して対応する必要があります。

薬物乱用経験を持つ中学生の特徴として，「薬物使用と生活に関する中学生調査（2018）」では，「起床時間が一定していない」「朝食を食べない」「学校生活が楽しくない」「楽しく遊べる友人，相談事のできる友人がいない」「個食が多い」「大人不在で過ごす時間が長い」「悩み事を親に相談しない」「遊び目的でのインターネット利用時間が長い」「喫煙率，飲酒率が高い」「薬物乱用の誘いを断る自信がない」といった共通項があるとしています。また，薬物乱用経験を持つ高校生の特徴についても，「薬物使用と生活に関する高校生調査（2018）」では，同様の項目が指摘されています。学校では，上記の特徴に注意を向けながら，日ごろから異変に気付くよう努めることが求められます。

③ 喫煙・飲酒・薬物乱用に関する未然防止教育

未成年者の喫煙，飲酒は法律によって禁止され，薬物乱用はいかなる年齢においても禁止されています。また，心身ともに健康な国民の育成を目指す上でも，未成年の喫煙，飲酒，薬物乱用は見逃すことのできない問題です。喫煙，飲酒，薬物乱用を経験し，依存状態に陥るとそこから抜け出すのは極めて難しいため，まずは防止教育の充実・強化が求められます。

そのような学校における防止教育は，学習指導要領に基づき，小学校の体育科，中学校及び高等学校の保健体育科において取り組まれます。また，特別活動，道徳科，総合的な学習（探究）の時間を含む学校の教育活動全体を通じて行われることになります。

具体的な防止教育としては，これらの行為が法律に抵触するという観点からの教育が必要です。また，健康の保持増進の観点から，喫煙，飲酒，薬物乱用と健康とのかかわりについて認識できて，自らの判断で適切な健康管理ができるようにしていく教育も必要で

す。さらに，喫煙，飲酒，薬物乱用に関係する個人的要因と社会的要因に目を向け，その対処能力を育成する視点も大切です。個人的要因としては，興味や関心が低い，規範意識や自尊感情が低い，対処能力が乏しいなどです。社会要因としては，周りの人たちの飲酒や喫煙などの行動，周りからの誘い，入手しやすさ，不適切な情報などです。それらへの対処能力としては，自尊感情，目標設定，意思決定，ストレス対処，コミュニケーションなどを柱とするライフスキル能力の育成が重要視されています。

　なお，喫煙，飲酒，薬物への依存は，人に依存できないことによって引き起こされると言われるように，児童生徒が学校や家庭で孤立し，相談できる存在がいない場合には，その依存のリスクは高まります。教職員を含む身近な大人が，児童生徒が困ったときに相談できる存在になり得ていることも，未然防止ではポイントになります。

3　教員による不適切な言動

（1）教員による不適切な言動の事例

　次に取り上げるのは，教員による暴言や不適切な言動などにより，児童生徒が被害を受けた3つの事例です。いずれも近年，報道されたものです。

①　小学校教員の事例

> 　1年生担任の教諭が「赤ちゃん」，「脳みそ使えよ」などと複数の児童に暴言を発していた。校長は取材に対し暴言の事実を認め，「子供たちの尊厳を傷つけ，恐怖心を与える言葉。児童や保護者の苦しみを考えると大変申し訳ない」と謝罪した。
> 　市教委によると，暴言は，学校に行きたがらない児童がいるのを不審に思った保護者がボイスレコーダーで教室内のやりとりを録音したことで発覚した。トイレに行きたいと申し出た児童に「漏れる？ じゃあ漏らすー？ …幼稚園生」などと強い口調で責める声も記録されていた。市教委は「畏縮させるような言葉は不適切。全小中学校で発達段階に即した丁寧な指導対応をするよう呼びかけたい」と話した。

②　校長の事例

> 　市教委によると，出張中の担任に代わり授業を行っていた校長が，4年生の児童に対し，宿題ができていないことをごまかそうとしたとして，「あほか」，「ろくな大人にならない」などと叱責し，保護者から市教委に連絡があり発覚した。児童は急性ストレス反応と診断され学校を休んでいるとした。市教委は「スクールカウンセラーによる心のケアなどを行い，1日も早く児童が登校できるよう対応したい」としている。

③　中学校教員の事例

> 　教諭が授業中，黒板に「（生徒の名前）が調子にのっているからみんなでいじめよう」と，生徒のいじめを助長するような文言を書いた。県教委は，教諭を減給6か月の懲戒処分にした。この言動が一因で生徒が不登校状態になったとした。
> 　県教委によると，教諭は3年生の生徒に対し，国語の授業中に整髪料の付け過ぎだと口頭で注意した後，黒板の「1日の行動目標」の欄に同記述を書いた。その後に生徒の欠席が増え，1〜2月はすべて

学校を休み，卒業式も出席しなかった。教諭は「生徒とは信頼関係があり，冗談のつもりだった。軽率な行動だった」と話しているとした。

①の事例では，児童であれ，大人であれ，誰に対しても，不適切な発言は，許されないということを示唆しています。また，保護者が子供にボイスレコーダーを持たせ教室でのやりとりを録音したことで発覚しています。昨今は，誰でも，いつでもボイスレコーダーで発言を録音することは可能です。誰に聞かれても，表に出ても問題ないという基準で児童生徒に関わることが求められます。

②の事例では，校長としては叱責をしたとしているようですが，「あほか」，「ろくな大人にならない」という暴言を発し，その結果，当該児童は急性ストレス反応と診断され学校を休まざるを得ない状態になっています。不適切な言動や当該児童の状況から，これが叱責ではないことは明らかです。叱責と称する逸脱指導は許されません。

③の事例では，当該生徒は不登校状態になり，教員は懲戒処分を受けています。教員からみて「生徒とは信頼関係がある」と感じていたとしても，生徒に対する不適切な言動は「冗談のつもり」で済むものではないことを認識する必要があります。

（2）不適切な指導と考えられ得る例

提要改訂版の「3.6.2 懲戒と体罰，不適切な指導」では，「不適切な指導と考えられ得る例」として，以下をあげています。

・大声で怒鳴る，ものを叩く・投げる等の威圧的，感情的な言動で指導する。
・児童生徒の言い分を聞かず，事実確認が不十分なまま思い込みで指導する。
・組織的な対応を全く考慮せず，独断で指導する。
・殊更に児童生徒の面前で叱責するなど，児童生徒の尊厳やプライバシーを損なうような指導を行う。
・児童生徒が著しく不安感や圧迫感を感じる場所で指導する。
・他の児童生徒に連帯責任を負わせることで，本人に必要以上の負担感や罪悪感を与える指導を行う。
・指導後に教室に一人にする，一人で帰らせる，保護者に連絡しないなど，適切なフォローを行わない。

なお，文部科学省の「指導が不適切な教員に対する人事管理システムのガイドライン」（2022年8月31日一部改定）では「指導が不適切である」教諭等の定義を「知識，技術，指導方法その他教員として求められる資質能力に課題があるため，日常的に児童等への指導を行わせることが適当ではない教諭等のうち，研修によって指導の改善が見込まれる者であって，直ちに分限処分等の対象とはならない者をいう」と規定しています。

また，「指導が不適切である」ことの具体例は，「教育職員免許法及び教育公務員特例法の一部を改正する法律について（通知）」で次のように示しています。

・教科に関する専門的知識，技術等が不足しているため，学習指導を適切に行うことができない場合（教える内容に誤りが多かったり，児童生徒の質問に正確に答え得ることができない等）
・指導方法が不適切であるため，学習指導を適切に行うことができない場合（ほとんど授業内容を板書するだけで，児童生徒の質問を受け付けない等）
・児童生徒の心を理解する能力や意欲に欠け，学級経営や生徒指導を適切に行うことができない場合（児童生徒の意見を全く聞かず，対話もしないなど，児童生徒とのコミュニケーションをとろうとしない等）

3　教員による不適切な言動　　129

（3）不適切な言動と懲戒処分

　上記（1）の3つの事例では，教員による暴言等の不適切な言動によって，それを受けた児童生徒がみな学校を欠席する状態になっています。文部科学省の「不登校児童生徒への支援の在り方について（通知）」では，教職員の不適切な言動や指導が不登校の原因となっている場合について，次の内容を示しています。教職員の不適切な言動や指導が不登校の原因となっている場合は，懲戒処分も含めた厳正な対応が必要であることを示しています。

> 「不登校児童生徒への支援の在り方について（通知）」（抜粋）
> 　2　学校等の取組の充実
> 　　（2）不登校が生じないような学校づくり
> 　　　2．いじめ，暴力行為等問題行動を許さない学校づくり
> いじめや暴力行為を許さない学校づくり，問題行動への毅然とした対応が大切であること。また教職員による体罰や暴言等，不適切な言動や指導は許されず，<u>教職員の不適切な言動や指導が不登校の原因となっている場合は，懲戒処分も含めた厳正な対応が必要であること</u>。（下線は筆者による）

　また，東京都教育委員会の「教職員の主な非行に対する標準的な処分量定」には，教職員による「「体罰等」をはじめとする非行の種類」と「停職，減給，戒告」などの処分の量定が規定されています。「暴言，威嚇」については，次の内容を示しており，懲戒処分の対象となります。

> ・暴言又は威嚇を行った場合で，児童・生徒の苦痛の程度が重いとき（欠席・不登校等）
> ・常習的に暴言又は威嚇を繰り返した場合
> ・暴言又は威嚇の内容が悪質である場合
> ・暴言又は威嚇の隠ぺい行為を行った場合

4　体罰と懲戒

（1）教員による体罰の事例

　次に取り上げるのは，教員による体罰に関する2つの事例です。いずれも近年，報道されたものです。

①　高等学校の事例

> 　高校のサッカー部で，監督の教諭が生活態度の悪い部員への「指導」として丸刈りを命じていた。学校側も把握していたが，県に匿名で相談があるまで事実上，黙認していた。学校は「監督は懲罰でなく激励のつもりだったが，改めて体罰と判断した」とした。
> 　学校によると，監督は宿題を忘れたり言葉遣いが悪かったりして，学校や寮などでの生活態度に問題があると判断した部員に対し，丸刈りを命令した。部員が自らバリカンを使って髪の毛を切るなどしていた。「指導」は数年前に始まったとみられ，昨年度は9人が丸刈りになった。教頭は「部員が納得しているのであれば問題ないという認識だったが，髪の毛も身体の一部なので体罰と捉えた」と話した。

② 小学校の事例

> 教諭が児童を叩き，暴行罪で簡易裁判所から罰金5万円の略式命令を受けた。町教委によると，教諭は担任として受け持っていた児童に教室で指導する際，1回，頬に平手打ちを加えた。児童にけがはなかったが，保護者が県警に被害届を出した。町教委の調べに対して教諭は「児童に話を聞こうとしたが，応じなかったために手を出してしまった」と話した。

①の事例では，「部員が納得しているのであれば問題ないという認識だった」としています。学校として体罰に関連する法や通知などを正確に理解していなかった状況がうかがえます。

②の事例では，「1回，頬に平手打ちを加えた」という行為によって，教諭は罰金5万円の略式命令を受け，「前科」がつきました。その現実に目を向ける必要があります。学校における体罰は，目撃証言などが得やすく，被害届提出により刑罰を受ける可能性が十分にあります。

（2）体罰に関する規定

学校教育法第11条では，「校長及び教員は，教育上必要があると認めるときは，文部科学大臣の定めるところにより，児童，生徒及び学生に懲戒を加えることができる。ただし，体罰を加えることはできない」と示し，校長及び教員による体罰を禁止しています。また，文部科学省では，「体罰の禁止及び児童生徒理解に基づく指導の徹底について（通知）」を発出し，「2　懲戒と体罰の区別について」において，次のように示しています。

> (1) 教員等が児童生徒に対して行った懲戒行為が体罰に当たるかどうかは，当該児童生徒の年齢，健康，心身の発達状況，当該行為が行われた場所的及び時間的環境，懲戒の態様等の諸条件を総合的に考え，個々の事案ごとに判断する必要がある。この際，単に，懲戒行為をした教員等や，懲戒行為を受けた児童生徒・保護者の主観のみにより判断するのではなく，諸条件を客観的に考慮して判断すべきである。
> (2) (1) により，その懲戒の内容が身体的性質のもの，すなわち，身体に対する侵害を内容とするもの（殴る，蹴る等），児童生徒に肉体的苦痛を与えるようなもの（正座・直立等特定の姿勢を長時間にわたって保持させる等）に当たると判断された場合は，体罰に該当する。

なお，上記通知の別紙「学校教育法第11条に規定する児童生徒の懲戒・体罰等に関する参考事例」には，体罰と懲戒の具体的な事例について，表9-4のように示しています。

4　体罰と懲戒　　131

表 9-4　体罰と懲戒についての参考事例

体罰（通常，体罰と判断されると考えられる行為）
　　○　身体に対する侵害を内容とするもの
　　　　・体育の授業中，危険な行為をした児童の背中を足で踏みつける。
　　　　・帰りの会で足をぶらぶらさせて座り，前の席の児童に足を当てた児童を，突き飛ばして転倒させる。
　　　　・授業態度について指導したが反抗的な言動をした複数の生徒らの頬を平手打ちする。
　　　　・立ち歩きの多い生徒を叱ったが聞かず，席につかないため，頬をつねって席につかせる。
　　　　・生徒指導に応じず，下校しようとしている生徒の腕を引いたところ，生徒が腕を振り払ったため，
　　　　　当該生徒の頭を平手で叩（たた）く。
　　　　・給食の時間，ふざけていた生徒に対し，口頭で注意したが聞かなかったため，持っていたボー
　　　　　ルペンを投げつけ，生徒に当てる。
　　　　・部活動顧問の指示に従わず，ユニフォームの片づけが不十分であったため，当該生徒の頬を殴打する。
　　○　被罰者に肉体的苦痛を与えるようなもの
　　　　・放課後に児童を教室に残留させ，児童がトイレに行きたいと訴えたが，一切，室外に出ること
　　　　　を許さない。
　　　　・別室指導のため，給食の時間を含めて生徒を長く別室に留め置き，一切室外に出ることを許さない。
　　　　・宿題を忘れた児童に対して，教室の後方で正座で授業を受けるよう言い，児童が苦痛を訴えたが，
　　　　　そのままの姿勢を保持させた。

認められる懲戒（通常，懲戒権の範囲内と判断されると考えられる行為）（ただし肉体的苦痛を伴わないものに限る。）
　　※　学校教育法施行規則に定める退学・停学・訓告以外で認められると考えられるものの例
　　　　・放課後等に教室に残留させる。
　　　　・授業中，教室内に起立させる。
　　　　・学習課題や清掃活動を課す。
　　　　・学校当番を多く割り当てる。
　　　　・立ち歩きの多い児童生徒を叱って席につかせる。
　　　　・練習に遅刻した生徒を試合に出さずに見学させる。

正当な行為（通常，正当防衛，正当行為と判断されると考えられる行為）
　　○　児童生徒から教員等に対する暴力行為に対して，教員等が防衛のためにやむを得ずした有形力の行使
　　　　・児童が教員の指導に反抗して教員の足を蹴ったため，児童の背後に回り，体をきつく押さえる。
　　○　他の児童生徒に被害を及ぼすような暴力行為に対して，これを制止したり，目前の危険を回避す
　　　　るためにやむを得ずした有形力の行使
　　　　・休み時間に廊下で，他の児童を押さえつけて殴るという行為に及んだ児童がいたため，この児
　　　　　童の両肩をつかんで引き離す。
　　　　・全校集会中に，大声を出して集会を妨げる行為があった生徒を冷静にさせ，別の場所で指導す
　　　　　るため，別の場所に移るよう指導したが，なおも大声を出し続けて抵抗したため，生徒の腕を
　　　　　手で引っ張って移動させる。
　　　　・他の生徒をからかっていた生徒を指導しようとしたところ，当該生徒が教員に暴言を吐きつば
　　　　　を吐いて逃げ出そうとしたため，生徒が落ち着くまでの数分間，肩を両手でつかんで壁へ押し
　　　　　つけ，制止させる。
　　　　・試合中に相手チームの選手とトラブルになり，殴りかかろうとする生徒を，押さえつけて制止させる。

　体罰は，学校教育法第 11 条により禁止される違法行為であるのみならず，児童生徒の心身に深刻な影響を与え，教員及び学校への信頼を失墜させる行為です。そして，場合によっては，行政責任・刑事責任・民事責任を求められることも想定されます。文部科学省では，「体罰根絶に向けた取組の徹底について（通知）」を発出し，「事案に応じた厳正な処分等」について，次のように示しています。

> 教育委員会は，体罰を行ったと判断された教員等については，客観的な事実関係に基づき，厳正な処分等を行うこと。特に，以下の場合は，より厳重な処分を行う必要があること。
> 1　教員等が児童生徒に傷害を負わせるような体罰を行った場合
> 2　教員等が児童生徒への体罰を常習的に行っていた場合
> 3　体罰を起こした教員等が体罰を行った事実を隠蔽した場合等

（3）懲戒に関する規定

学校教育法第11条で規定するように，校長及び教員には児童生徒に懲戒を加えることは認められています。また，学校教育法施行規則第26条第1項では，校長及び教員が児童生徒に懲戒を加えるに当たっては，「児童等の心身の発達に応ずる等教育上必要な配慮をしなければならない」と懲戒における留意点を規定しています。

なお，「懲戒を加える」には2種類があります。それは，「法的効果を伴う懲戒」と「法的効果を伴わない懲戒（事実行為としての懲戒）」になります。

1つめの「法的効果を伴う懲戒」には，たとえば，学校教育法施行規則第26条第2項に示すように，校長が行う「退学，停学及び訓告」があります。在学関係にある児童生徒にその身分を喪失させ，学校における教育を受ける権利を剥奪するもの（退学処分）や，教育を受ける権利を一定期間停止する（停学処分）ものです。しかし，公立の義務教育諸学校では，退学処分，停学処分のいずれも禁止されています（学校教育法施行規則第26条第3，4項）。

2つめの「法的効果を伴わない懲戒（事実行為としての懲戒）」には，たとえば，注意，叱責，居残り，別室指導，起立，宿題，清掃，当番の割り当て，文書指導などがあります。表9-4で示す具体例が参考になります。

（4）児童生徒の出席停止

性行不良であって他の児童生徒の教育に妨げがあると認める児童生徒については，出席停止の制度が設けられています（学校教育法第35，49条）。この制度は，懲戒という観点からではなく，学校秩序を維持し，他の児童生徒の義務教育を受ける権利を保障するという観点から設けられています。

なお，出席停止の要件は，児童生徒が次の4つの行為類型に該当する行為の1つまたは2つ以上を「繰り返し」行うことです。出席停止を命じるのは，市町村教育委員会であり，命じる相手は当該児童生徒の保護者です。

> ○ 他の児童（生徒）に傷害，心身の苦痛又は財産上の損失を与える行為
> ○ 職員に傷害又は心身の苦痛を与える行為
> ○ 施設又は設備を損壊する行為
> ○ 授業その他の教育活動の実施を妨げる行為

学校は，要件に該当すると判断した場合に，出席停止を命じる権限と責任を有する市町村教育委員会に報告し，当該教育委員会が出席停止を命じる場合には，あらかじめ当該児

童生徒の保護者の意見を聴取するとともに，理由及び期間を記載した文書を当該児童生徒の保護者に交付しなければなりません（同第2項）。出席停止の命令の手続に関し必要な事項は当該教育委員会規則で定めることになっています（同第3項）。当該教育委員会は，出席停止の期間における学習に対する支援その他の教育上必要な措置を講じる必要があります（同第4項）。それを受けて学校も，当該児童生徒に対する指導体制を整備し，学習の支援など教育上必要な措置を講じることになります。

【引用・参考文献】

国立教育政策研究所生徒指導研究センター　2009　生徒指導資料第1集（改訂版）生徒指導上の諸問題の推移とこれからの生徒指導——データに見る生徒指導の課題と展望——　ぎょうせい

文部科学省暴力行為のない学校づくり研究会　2011　暴力行為のない学校づくりについて（報告書）
https://www.mext.go.jp/b_menu/shingi/chousa/shotou/079/houkou/1310369.htm

文部科学省　2013　体罰の禁止及び児童生徒理解に基づく指導の徹底について（通知）
https://www.mext.go.jp/a_menu/shotou/seitoshidou/1331907.htm

文部科学省　2013　学校教育法第11条に規定する児童生徒の懲戒・体罰等に関する参考事例
https://www.mext.go.jp/a_menu/shotou/seitoshidou/1331908.htm

文部科学省　2013　体罰根絶に向けた取組の徹底について（通知）
https://www.mext.go.jp/a_menu/shotou/seitoshidou/1338620.htm

文部科学省　2013　出席停止制度の運用の在り方について（通知）
https://www.mext.go.jp/a_menu/shotou/seitoshidou/04121502/013.htm

仲真紀子（編著）　2016　子どもへの司法面接——考え方・進め方とトレーニング——　有斐閣

沖縄タイムス　2017　女性教諭が小1児童に暴言「脳みそ使えよ」石垣市内の小学校
http://www.okinawatimes.co.jp/articles/-/132021（2017年8月24日）

毎日新聞　2018　生活態度悪いと丸刈り命じる　帝京第五高サッカー部
https://mainichi.jp/articles/20181024/k00/00m/040/083000c

国立精神・神経医療研究センター　2019　飲酒・喫煙・薬物乱用についての全国中学生意識・実態調査2018
https://www.ncnp.go.jp/nimh/yakubutsu/report/pdf/J_NJHS_2018.pdf

国立精神・神経医療研究センター　2019　薬物使用と生活に関する全国高校生調査2018
https://www.ncnp.go.jp/nimh/yakubutsu/report/pdf/highschool2018.pdf

財団法人日本学校保健会　2019　喫煙，飲酒，薬物乱用防止に関する指導参考資料-令和元年度改訂-小学校編
https://www.gakkohoken.jp/book/ebook/ebook_R010130/index_h5.html#1

文部科学省　2019　児童生徒の問題行動・不登校等生徒指導上の諸課題に関する調査——用語の解説——
https://www.mext.go.jp/b_menu/toukei/chousa01/shidou/yougo/1267642.htm

文部科学省　2019　不登校児童生徒への支援の在り方について（通知）
https://www.mext.go.jp/a_menu/shotou/seitoshidou/1422155.htm

福島民友ニュース　2019　中学教諭が黒板に「みんなでいじめよう」卒業まで生徒不登校
（2019年5月18日）

文部科学省　2020　令和元年度　児童生徒の問題行動・不登校等生徒指導上の諸課題に関する調査結果について
https://www.mext.go.jp/content/20211008-mext_jidou01-100002753_01.pdf

共同通信社　2020　校長が児童に「あほか」　愛媛・四国中央の市立小
　　https://this.kiji.is/687180139776623713（2020 年 10 月 9 日）

文部科学省　2020　令和元年度 児童生徒の問題行動・不登校等生徒指導上の諸課題に関する調査結果について
　　https://www.mext.go.jp/content/20211008-mext_jidou01-100002753_01.pdf

財団法人日本学校保健会　2020　喫煙，飲酒，薬物乱用防止に関する指導参考資料 - 令和 2 年度改訂 - 中学校編
　　https://www.gakkohoken.jp/book/ebook/ebook_R020080/index_h5.html#1

吉田浩之　2021　いじめ問題，暴力行為と生徒指導　生徒指導・進路指導の理論と方法　会沢信彦・渡部昌平（編著）　北樹出版　52-61

法務省　2021　少年法が変わります！　https://www.moj.go.jp/keiji1/keiji14_00015.html

文部科学省　2021　令和 2 年度 児童生徒の問題行動・不登校等生徒指導上の諸課題に関する調査結果について
　　https://www.mext.go.jp/content/20211007-mxt_jidou01-100002753_1.pdf

財団法人日本学校保健会　2021　喫煙，飲酒，薬物乱用防止に関する指導参考資料 - 令和 3 年度改訂 - 高等学校編
　　https://www.gakkohoken.jp/book/ebook/ebook_R030140/index_h5.html#1

厚生労働省　2022　児童福祉法等の一部を改正する法律（令和 4 年法律第 66 号）の概要
　　https://www.mhlw.go.jp/content/000991032.pdf

文部科学省　2022　教育公務員特例法及び教育職員免許法の一部を改正する法律等の施行について（通知）
　　https://www.mext.go.jp/content/20220622-mxt_kyoikujinzai02-000023512_13.pdf

文部科学省　2022　指導が不適切な教員に対する人事管理システムのガイドライン
　　https://www.mext.go.jp/a_menu/shotou/jinji/20220902-mxt_kouhou02-1.pdf

文部科学省　2022　令和 3 年度 児童生徒の問題行動・不登校等生徒指導上の諸課題に関する調査結果について
　　https://www.mext.go.jp/content/20221021-mxt_jidou02-100002753_1.pdf

文部科学省　2022　チーム学校による生徒指導体制　生徒指導提要　68-118

文部科学省　2022　暴力行為　生徒指導提要　141-152

文部科学省　2022　少年行為　生徒指導提要　153-170

押切久遠　2023　新しい提要，新しい生徒指導　第 5 章暴力行為　第 6 章少年非行　月刊生徒指導　第 53 巻第 9 号　学事出版　36-39

公益財団法人日本学校保健会　2023　薬物乱用防止教室マニュアル（令和 5 年度改訂）
　　https://www.gakkohoken.jp/book/ebook/ebook_R050040/index_h5.html#1

文部科学省　2023　いじめ問題への的確な対応に向けた警察との連携等の徹底について（通知）
　　https://www.mext.go.jp/content/20230207-mxt_jidou02-00001302904-001.pdf

東京都教育委員会　2023　教職員の主な非行に対する標準的な処分量定
　　https://www.kyoiku.metro.tokyo.lg.jp/staff/personnel/duties/culpability_assessment.html

文部科学省　2023　令和 4 年度 児童生徒の問題行動・不登校等生徒指導上の諸課題に関する調査結果について
　　https://www.mext.go.jp/content/20231004-mxt_jidou01-100002753_1.pdf

Chapter 10 児童虐待，自殺（自死）

近年，児童相談所における児童虐待の相談件数は増加しています。子供の生命が奪われる事案も後を絶ちません。学校及び学校の教職員は，関連する法律や文部科学省の発出する手引きなどの最新の動向について理解を深め，適切に児童虐待に対応できることが求められます。また，2006年に「自殺対策基本法」が成立して以降，日本全体の自殺者数が減少しているなかで，若い世代の自殺は増加傾向を示し，2016年には自殺対策基本法が改正されました。学校，家庭，関係機関，地域の方々がそれぞれの立場で協力し，子供の生命を守ることに真剣に関わっていくことが求められます。

本章では，児童虐待に関連する法律や提要改訂版や文部科学省の手引などを基に，児童虐待への適切な対応について解説します。また，学校は自殺（自死）の予防・対応・調査について，校内研修を実施し平常時から備えておくことが求められています。その備えに資するように，文部科学省の手引や資料を取り上げながら，その要点について解説します。なお，文部科学省では，「自殺」という表記を使用し，提要改訂版でも同様ですが，近年，関連する第三者委員会調査の報告書では，「自死」という表記もみられます。そこで本章のタイトルでは，「自殺（自死）」としています。

 1　児童虐待の事例

以下は，2019年1月に起きた児童虐待の事例で，文部科学省の「学校・教育委員会等向け虐待対応の手引き（令和2年6月改訂版）」（以下，虐待対応の手引き（改訂版））でも取り上げられています。

> 父親（41）から長女（10）の意識や呼吸がないと110番があり，駆け付けた救急隊員が浴室で倒れているのを見つけた。長女は現場で死亡していた。父親は長女に暴行を加えた後，すぐに通報せず数時間放置していた疑いのあることがわかった。
> 市は，当時長女が通っていた小学校が実施したいじめに関するアンケートの回答の写しを公表した。自由記述欄に「お父さんにぼう力を受けています。夜中に起こされたり，起きているときにけられたりたたかれたりされています」と記入し，大きな字で「先生，どうにかできませんか」とSOSを発信していた。アンケートには「ひみつをまもりますので，しょうじきにこたえてください」と記載され匿名での回答も認めたが，長女は氏名を記入していた。しかし，父親は学校を訪問し，「（アンケートの）実物を見せろ」と要求。その後，市教育委員会の担当課長らが独断でコピーを渡していたことが明らかになった。

虐待対応の手引き（改訂版）では，本事例について，「教育委員会が児童の書いたアンケートの写しを父親に渡したことや，写しを父親に渡す際に児童相談所等の関係機関への相談をしなかった」など，関係機関との連携が不足していたことなどについて，課題があったと示しています。この事案からは，児童虐待が疑われる情報を得た場合や，保護者

から事案に関する要求があった場合などを含め，関連する法律の理解とそれに基づく対応の必要性がうかがえます。

2 児童虐待の防止等に関する法律

（1）学校に求められる役割

「児童福祉法」（以下，児福法）は，すべての児童の健全な育成を保障しようとする理念の下に1947年に成立しました。児福法には児童虐待への対応も含まれていましたが，その後，児童虐待の発見から対応について児福法のみでは対応が難しい状況になり，2000年に「児童虐待の防止等に関する法律」（以下，児童虐待防止法）が成立しました。その中で，学校及び学校の教職員が児童虐待への対応に向けて，特に留意し理解を深めておく必要のある条文を取り上げると，表10-1のとおりです。

学校に求められる，義務や努力義務にはどのようなものがあるでしょうか。まず義務としては，虐待を受けたと思われる子供について，市町村（虐待対応担当課）や福祉事務所や児童相談所等へ通告することです（第6条）。努力義務については4つあり，1つめは，虐待の早期発見に努めることです（第5条第1項）。2つめは，虐待の予防・防止や虐待を受けた子供の保護・自立支援に関する，関係機関への協力を行うことです（第5条第2項）。3つめは，虐待防止のための子供及び保護者への教育や啓発に努めることです（第5条第5項）。4つめは，児童相談所長や市町村長などから虐待に係る子供または保護者その他の関係者に関する資料または情報の提供を求められた場合，必要な範囲で提供することができることです（第13条第4項）。

なお，虐待の有無を調査・確認し，その解決に向けた対応方針の検討を行い，保護者に指導・相談・支援するのは，権限と専門性を有する児童相談所や市町村（虐待対応担当課）です。したがって，学校・教職員は，関係機関の役割や専門性を念頭に置きつつ役割を果たすことになります。

表10-1 児童虐待防止法の主な条文

法律の目的	第1条	この法律は，児童虐待が児童の人権を著しく侵害し，その心身の成長及び人格の形成に重大な影響を与えるとともに，我が国における将来の世代の育成にも懸念を及ぼすことにかんがみ，児童に対する虐待の禁止，児童虐待の予防及び早期発見その他の児童虐待の防止に関する国及び地方公共団体の責務，児童虐待を受けた児童の保護及び自立の支援のための措置等を定めることにより，児童虐待の防止等に関する施策を促進し，もって児童の権利利益の擁護に資することを目的とする。
児童虐待の定義	第2条	この法律において，「児童虐待」とは，保護者（親権を行う者，未成年後見人その他の者で，児童を現に監護するものをいう。以下同じ。）がその監護する児童（18歳に満たない者をいう。以下同じ。）について行う次に掲げる行為をいう。
	(1)	児童の身体に外傷が生じ，又は生じるおそれのある暴行を加えること。

	(2)	児童にわいせつな行為をすること又は児童をしてわいせつな行為をさせること。
	(3)	児童の心身の正常な発達を妨げるような著しい減食又は長時間の放置，保護者以外の同居人による前二号又は次号に掲げる行為と同様の行為の放置その他の保護者としての監護を著しく怠ること。
	(4)	児童に対する著しい暴言又は著しく拒絶的な対応，児童が同居する家庭における配偶者に対する暴力（配偶者（婚姻の届出をしていないが，事実上婚姻関係と同様の事情にある者を含む。）の身体に対する不法な攻撃であって生命又は身体に危害を及ぼすもの及びこれに準ずる心身に有害な影響を及ぼす言動をいう。）その他の児童に著しい心理的外傷を与える言動を行うこと。
児童に対する虐待の禁止	第3条	何人も，児童に対し，虐待をしてはならない。
児童虐待の早期発見等	第5条	学校，児童福祉施設，病院，都道府県警察，女性相談支援センター，教育委員会，配偶者暴力相談支援センターその他児童の福祉に業務上関係のある団体及び学校の教職員，児童福祉施設の職員，医師，歯科医師，保健師，助産師，看護師，弁護士，警察官，女性相談支援員その他児童の福祉に職務上関係のある者は，児童虐待を発見しやすい立場にあることを自覚し，児童虐待の早期発見に努めなければならない。
	2	前項に規定する者は，児童虐待の予防その他の児童虐待の防止並びに児童虐待を受けた児童の保護及び自立の支援に関する国及び地方公共団体の施策に協力するよう努めなければならない。
	3	第1項に規定する者は，正当な理由がなく，その職務に関して知り得た児童虐待を受けたと思われる児童に関する秘密を漏らしてはならない。
	4	前項の規定その他の守秘義務に関する法律の規定は，第2項の規定による国及び地方公共団体の施策に協力するように努める義務の遵守を妨げるものと解釈してはならない。
	5	学校及び児童福祉施設は，児童及び保護者に対して，児童虐待の防止のための教育又は啓発に努めなければならない。
児童虐待に係る通告	第6条	児童虐待を受けたと思われる児童を発見した者は，速やかに，これを市町村，都道府県の設置する福祉事務所若しくは児童相談所又は児童委員を介して市町村，都道府県の設置する福祉事務所若しくは児童相談所に通告しなければならない。
	2	前項の規定による通告は，児童福祉法第25条第1項の規定による通告とみなして，同法の規定を適用する。
	3	刑法（明治40年法律第45号）の秘密漏示罪の規定その他の守秘義務に関する法律の規定は，第1項の規定による通告をする義務の遵守を妨げるものと解釈してはならない。
	第7条	市町村，都道府県の設置する福祉事務所又は児童相談所が前条第1項の規定による通告を受けた場合においては，当該通告を受けた市町村，都道府県の設置する福祉事務所又は児童相談所の所長，所員その他の職員及び当該通告を仲介した児童委員は，その職務上知り得た事項であって当該通告をした者を特定させるものを漏らしてはならない。
資料又は情報の提供	第13条の4	地方公共団体の機関及び病院，診療所，児童福祉施設，学校その他児童の医療，福祉又は教育に関係する機関（地方公共団体の機関を除く。）並びに医師，歯科医師，保健師，助産師，看護師，児童福祉施設の職員，学校の教職員その他児童の医療，福祉又は教育に関連する職務に従事する者は，市町村長，都道府県の設置する福祉事務所の長又

は児童相談所長から児童虐待に係る児童又はその保護者の心身の状況，これらの者の置かれている環境その他児童虐待の防止等に係る当該児童，その保護者その他の関係者に関する資料又は情報の提供を求められたときは，当該資料又は情報について，当該市町村長，都道府県の設置する福祉事務所の長又は児童相談所長が児童虐待の防止等に関する事務又は業務の遂行に必要な限度で利用し，かつ，利用することに相当の理由があるときは，これを提供することができる。ただし，当該資料又は情報を提供することによって，当該資料又は情報に係る児童，その保護者その他の関係者又は第三者の権利利益を不当に侵害するおそれがあると認められるときは，この限りでない。

| 児童の人格の尊重等 | 第14条 | 児童の親権を行う者は，児童のしつけに際して，児童の人格を尊重するとともに，その年齢及び発達の程度に配慮しなければならず，かつ，体罰その他の児童の心身の健全な発達に有害な影響を及ぼす言動をしてはならない。 |
| | 2 | 児童の親権を行う者は，児童虐待に係る暴行罪，傷害罪その他の犯罪について，当該児童の親権を行う者であることを理由として，その責めを免れることはない。 |

(表内は算用数字を用いる)

（2）児童虐待防止法の目的と児童虐待の定義（第1条，第2条）

　第1条では，法律の目的が児童（18歳に満たない者）の権利利益の擁護に資することとしています。また，児童虐待の影響については，児童の人権を著しく侵害し，心身の成長及び人格の形成に重大な影響を与えるとともに，我が国における将来の世代の育成にも懸念を及ぼすとしています。

　第2条では，児童虐待の定義を規定し，保護者による4種類の行為を示しています。1つめは，「身体的虐待」です。たとえば，殴る，蹴る，投げ落とす，激しく揺さぶる，やけどを負わせる，溺れさせる，首を絞める，縄などにより一室に拘束するなどです。2つめは，「性的虐待」です。子供に性的行為をする，性的行為を見せる，性器を触るまたは触らせる，ポルノグラフィの被写体にするなどです。3つめは，「ネグレクト」です。家に閉じ込める，食事を与えない，ひどく不潔にする，自動車の中に放置する，重い病気になっても病院に連れて行かない，保護者以外の同居人の虐待行為の放置などです。4つめは，「心理的虐待」です。言葉による脅し，無視，きょうだい間での差別的扱い，子供の目の前で家族に対して暴力をふるうなどです。なお，全国の児童相談所の相談対応件数については，1990年度から調査を開始し，2016年度以降は4種類の虐待の中で心理的虐待の割合が50%を超える状況が続いています。

（3）児童虐待の早期発見等（第5条）

　第5条では，学校や学校の教職員などの努力義務を示しています。1つめは，学校及び教職員は児童虐待を発見しやすい立場にあることを自覚し，早期発見に努めることです。学校には，虐待を可能な限り早く発見して，関係機関と連携して対応することが求められています。

　2つめは，国及び地方公共団体の施策に協力するよう努めることです。なお，学校・教職員には守秘義務がありますが，国及び地方公共団体の施策に協力するように努める義

務の遵守を妨げるものではないとされています。関係機関への情報提供については,「学校,保育所,認定こども園及び認可外保育施設等から市町村又は児童相談所への定期的な情報提供に関する指針」に基づき,概ね月に1回を標準として,対象の児童生徒の出欠状況や欠席理由などを,学校から市町村または児童相談所へ定期的に情報提供を行うことになっています。一方で,当該児童生徒に,「新たな児童虐待の兆候や状況の変化などを把握したときは,定期的な情報提供の期日を待つことなく」,「市町村または児童相談所へ情報提供または通告すること」や,休業日を除き引き続き7日以上欠席した場合には,「定期的な情報提供の期日を待つことなく,速やかに市町村または児童相談所に情報提供すること」が求められています。

3つめは,児童生徒及び保護者に対して,児童虐待の防止のための教育または啓発に努めることです。たとえば,児童生徒に対してはスクールカウンセラーやスクールソーシャルワーカーを含めた相談先の紹介,また,保護者に対しては親権者の体罰の禁止規定の周知などの取組が想定されます。

（4）通告及び通告後（第6条,第8条）

第6条では,通告はすべての国民に課せられた義務であり,虐待に関する通告や情報提供は,守秘義務に違反しないとしています。「虐待かもしれない」段階で通告すべきであるとされています。

虐待対応の手引き（改訂版）では,学校が通告を判断するポイントを4つ示しています。1つめは,「確証がなくても通告すること」です。これは上述したとおりです。2つめは,「虐待の有無を判断するのは児童相談所等の専門機関であること」です。実際に学校が通告する前には,当該児童生徒や関係者に対して,何からの聴取を試みる可能性があります。その際,保護者の虐待行為を犯罪として起訴する場合には,初期に子供自身がどのように語っていたかということが重要となり得ます。聴き取り方によっては,法的に問題になる可能性があります。虐待の有無を判断するのは専門機関であることを踏まえ,教員が児童虐待の内容の詳細を聴取することは,原則として避けるべきです。3つめは,「保護者との関係よりも子供の安全を優先すること」です。これは本章のはじめに取り上げた「児童虐待の事例」が教訓となります。4つめは,「通告は守秘義務違反に当たらないこと」です。これは上記（3）の「児童虐待の早期発見等」で取り上げたとおりです。

なお,通告を児童相談所にするか市町村にするかについて法律上の規定はなく,通告者の判断になります。虐待対応の手引き（改訂版）では,通告の判断に迷った場合や緊急でない場合は市町村に連絡し,重篤と思われる場合は児童相談所に通告することとしています。

また,第8条では,関係機関が通告を受けた場合の措置について定めています。そして提要改訂版の「7.1.4 福祉による児童虐待への介入と支援」では,通告後の関係機関の役割について取り上げています。具体的には,相談や通告を受けた児童相談所や市町村（虐

待対応担当課）では，緊急会議を開き，緊急度の判断，安全確認の方法，初期調査項目，当面の対応方針などを決め，速やかに子供の安全を目視により確認し，子供や家族の状況などについての調査を進めます。市町村は，自身で支援することで対応できると判断すれば，在宅での支援を継続して行いますが，子供を直接保護したり，施設等に措置したりする権限がないため，子供の安全を確保する上で，専門的な支援が必要だと判断した場合には，児童相談所に送致します。児童相談所は，直接に通告を受ける場合もあり，児童相談所は48時間以内に子供の安全確認を行わなければなりません。

安全確認の結果，児童相談所は子供を保護する必要があるか否かを検討し，子供の安全確保の観点から子供を保護することを選択した場合は，児童相談所の一時保護所などで一時的に保護し，その後は必要に応じて施設や里親に措置します。保護の期間は原則として2か月以内ですが，延長される場合もあります。なお，一時保護は，児童相談所の職権により保護者の意思に反して行うことができますが，施設や里親への措置については，親権者の同意が前提になります。しかし，親権者が反対している場合でも家庭裁判所の承認を得て，施設などに措置することができます。

（5）通告者に関する情報（第7条）

第7条では，通告者に関する情報について保護者を含めて対外的に明かすことはないことを示しています。通告を受理した機関は，通告した者を特定させるものを漏らしてはならないとしていることから，たとえば，学校や教職員が通告者であることは，基本的に保護者には知られないことになっています。

しかし，学校は保護者から虐待を認知するに至った経緯や通告元に関する情報を求められることがあります。虐待対応の手引き（改訂版）には，保護者への対応について示しています。「保護者からの問い合わせや要求に対して」と「守秘義務と個人情報の取扱いについて」で示すポイントをまとめると，表10-2と表10-3のとおりです。

表 10-2 「保護者からの問い合わせや要求に対して」のポイント

○ 通告したことについて，保護者が名誉棄損だと主張してくる場合には，児童虐待防止法の趣旨に基づく通告がたとえ誤報であったとしても，基本的に刑事上，民事上の責任を問われることはないことを踏まえて，毅然とした対応をする。

○ 保護者から学校に虐待を認知するに至った経緯や通告元を教えるよう求められた場合には，それらの情報について保護者に伝えず，児童相談所や市町村福祉部局と連携して対応する。

○ 保護者が学校に押しかけて（一時保護に関して）「学校が言いつけた」「先生を信じていたのに裏切られた」などと言ってきた場合には，一時保護は学校の判断ではなく専門機関の権限や責任で行われたことを明確に伝える。

○ 「親権」を理由に保護者が威圧的，拒絶的な態度をとる場合には，親権者であっても虐待に係る暴行罪，傷害罪その他の犯罪は，免責されるものではないため，学校はひるまず子供の命を守り抜く姿勢で毅然とした対応をする。

○ 保護者からの威圧的な要求や暴力の行使等が予想される場合には，学校は複数の教職員で対応し，即座に学校設置者に連絡した上で組織的に対応する。また，学校・学校設置者は速やかに市町村（虐待

対応担当課）・児童相談所・警察等の関係機関や弁護士等の専門家と情報を共有し，連携して対応する。
○ 保護者からの威圧的な要求や暴力の行使等が予想される場合の警察への通報では，事案の概要（威圧的な要求等が予想される理由・経緯等），当該保護者に関連する通告の内容及び児童相談所等における対応状況等を明確に伝える。
○ 学校に対して保護者が不満を持った結果，学齢児童生徒である子供を学校に通学・通園させないということが発生した場合には，これは就学義務違反に当たる可能性が高いことから，小学校・中学校等の校長は学校教育法施行令第20条に基づき，市町村の教育委員会に適切に通知する。また，教育委員会は学校教育法施行令第21条に基づく出席の督促などを適正に行う。

表10-3 「守秘義務と個人情報の取扱い」のポイント

○ 学校の教職員には，職務上知り得た秘密について，在職中及び退職後も守秘義務がある。
○ 学校において作成または取得した虐待に関する個人の記録は，各学校に適用される個人情報の保護に関する法令に基づき適切に取り扱う。
○ 学校や教育委員会等設置者は，保護者から虐待に関連する情報開示の求めがあった場合は，保護者に伝えず，児童相談所等と連携して対応する。
○ 教職員，教育委員会等は，虐待を受けたと思われる幼児児童生徒についての通告や児童相談所や市町村との連絡内容等を，その保護者に対しても漏らしてはいけない。なお，保護者に通告の事実を伝達する必要がある場合には，対応について通告先と綿密に協議する。
○ 児童相談所や市町村（虐待対応担当課）に虐待に係る通告や相談等を行うことは，守秘義務違反に当たらない（児童虐待防止法第6条第3項）。
○ 市町村や児童相談所から幼児児童生徒や保護者に関する情報・資料を求められた場合は，守秘義務違反や個人情報保護条例等の違反には当たらず，提供できる（児童虐待防止法第13条の4）。
○ 要保護児童対策地域協議会において，学校や教育委員会が資料や情報の提供，説明等を行うことは，守秘義務違反に当たらない（児童福祉法第25条の3）。
○ 通告を受けた児童相談所や市町村の職員は，通告した者を特定させるものを漏らしてはならないため，学校や教職員が通告者であることは，基本的に保護者には知られない（児童虐待防止法第7条）。
○ 学校間の文書の提供について，本人や保護者の同意を得ずに第三者に提供していると保護者が主張する場合に対しては，虐待に関する個人情報は，虐待を防止し幼児児童生徒の生命，身体等を守るために必要とする情報であり，子供本人の利益となるものであることから，各学校に適用される個人情報の保護に関する法令に基づき，本人や保護者の同意を得ずに他の学校に提供できる。（「3．転校・進学時の学校間の情報の引継ぎより」）

（6）資料または情報の提供（第13条の4）

　第13条の4では，市町村や児童相談所の長から幼児児童生徒や保護者に関する情報・資料を求められた場合にはそれを提供することができるとしています。これは守秘義務違反や個人情報保護条例等の違反にはなりません。ちなみに，要保護児童対策地域協議会において学校や教育委員会が資料や情報の提供，説明などを行う場合にも，児福法第25条の3により守秘義務違反にはなりません。
　要保護児童対策地域協議会とは，児福法第25条の2に規定された，要保護児童の適切な保護を図るため，関係機関等により構成され，要保護児童及びその保護者に関する情報の交換や支援内容の協議を行う地方公共団体が設置・運営する組織です。また，要保護児童とは，児福法第6条の3に規定する「保護者のない児童又は保護者に監護させることが不適当であると認められる児童」であり，虐待を受けた子供に限らず，非行児童なども含

まれます。

（7）児童の人格の尊重等（第14条）

第14条では，親権者等による体罰禁止を示しています。2019年6月に児童虐待防止法等の改正法が成立し，親権者等による体罰禁止が法定化されました（2020年4月施行）。児童虐待に係る暴行罪，傷害罪その他の犯罪について，親権者であることを理由として，その責任を免れることはできないということを規定し，子供に行った暴力も犯罪として扱われます。

厚生労働省は2020年2月に，体罰の範囲やその禁止に関する考え方等について解説した「体罰等によらない子育てのために ～みんなで育児を支える社会に～」を取りまとめ，その中で，「たとえしつけのためだと親が思っても，身体に，何らかの苦痛を引き起こし，または不快感を意図的にもたらす行為（罰）である場合は，軽いものであっても体罰に該当する」とし，体罰の例を次のように示しています。

・言葉で3回注意したけど言うことを聞かないので，頬を叩いた
・大切なものにいたずらをしたので，長時間正座をさせた
・友達を殴ってケガをさせたので，同じように子どもを殴った
・他人のものを取ったので，お尻を叩いた
・宿題をしなかったので，夕ご飯を与えなかった
・掃除をしないので，雑巾を顔に押しつけた
　加えて，子どもをけなしたり，辱めたり，笑いものにするような言動は，子どもの心を傷つける行為で子どもの権利を侵害する。

3　自殺対策基本法と関連指針の経緯

日本の年間自殺者数が1998年に急増し，その後も自殺による死亡者数が高い水準で推移する状況に直面し，自殺対策を総合的に推進して自殺の防止や自殺者の親族などに対する支援の充実を図るなどを目的に，2006年に「自殺対策基本法」が成立しました。それ以降，日本全体の自殺者数が減少しているなかで，若い世代の自殺は増加傾向を示しています。このような状況の中で，自殺対策の一層の推進を図るため，2016年には自殺対策基本法が改正され，自殺対策が生きることの包括的な支援として実施されることなどが基本理念に明記されました。その中で，学校は心の健康の保持に係る教育または啓発などを行うよう努めるものとして，同法第17条第3項には次の規定があります。

学校は，当該学校に在籍する児童，生徒等の保護者，地域住民その他の関係者との連携を図りつつ，当該学校に在籍する児童，生徒等に対し，各人がかけがえのない個人として共に尊重し合いながら生きていくことについての意識の涵養等に資する教育又は啓発，困難な事態，強い心理的負担を受けた場合等における対処の仕方を身に付ける等のための教育又は啓発その他当該学校に在籍する児童，生徒等の心の健康の保持に係る教育又は啓発を行うよう努めるものとする。

さらに，同法に基づき政府が推進すべき自殺対策の指針として定め，概ね5年をめどに見直すとされる「自殺総合対策大綱」が2022年10月に閣議決定されました。その中で，誰も自殺に追い込まれることのない社会の実現を目指すために，自殺対策では，過労，生活困窮，育児や介護疲れ，いじめや孤立などの社会における「生きることの阻害要因」を減らし，自己肯定感，信頼できる人間関係，危機回避能力などの「生きることの促進要因」を増やすことを通じて，社会全体の自殺リスクを低下させていく必要性を指摘しています。上記の大綱の「児童生徒の自殺対策に資する教育の実施」では，児童生徒が命の大切さ・尊さを実感できる教育や社会において直面する可能性のある様々な困難・ストレスへの対処方法を身に付けるための教育（SOSの出し方に関する教育を含む）や心の健康の保持に係る教育を推進するとともに，児童生徒の生きることの促進要因を増やすことを通じて自殺対策に資する教育の実施に向けた環境づくりを進めることとしています。

4　自殺対策基本法の成立後の文部科学省による発出資料

　自殺対策基本法の成立後に，文部科学省が発出した指針や手引きなどの中で，次に取り上げる予防，対応，調査に関する4つについては目を通し，内容を理解しておく必要があります。

　1つめは，2009年に教職員に向けた児童生徒の自殺予防に関する基礎知識を中心にまとめた「教師が知っておきたい子どもの自殺予防」（以下，教師用の自殺予防資料）です。自殺に追いつめられる子供の心理，自殺直前のサイン，対応の原則・留意点などを具体的に示しています。基礎知識の理解を深め，子供が自殺に追いつめられる前に，大人は自殺の危険性に気づくように努める必要があります。

　2つめは，2014年に学校における児童生徒を直接対象とした自殺予防教育を具体的にまとめた「子供に伝えたい自殺予防（学校における自殺予防教育導入の手引）」（以下，自殺予防教育の手引）です。学校における自殺予防教育プログラムの展開例，実施に際しての留意点と具体的な進め方，また参考資料として，自殺予防教育プログラム授業スライドや授業実施前後のアンケートについても例示し，学校が安全かつ効果的に子供を直接対象とした自殺予防教育を導入できるような内容になっています。

　3つめは，2010年に子どもの自殺が起きた場合の事後対応について解説した「子どもの自殺が起きたときの緊急対応の手引き」（以下，緊急対応の手引き）です。危機対応の態勢，遺族へのかかわり，情報収集・発信，保護者への説明，心のケア，学校再開など，事案発生の情報を得た直後から具体的に求められる対応があり，時系列的に理解することができます。それらを参考に，各学校の実情に応じたマニュアルの作成を進めることできます。

　4つめは，2014年に子供の自殺が発生した後の調査の進め方をまとめた「子供の自殺

144　第10章　児童虐待，自殺（自死）

が起きたときの背景調査の指針（改訂版）」（以下，背景調査の指針）です。この改訂版は，いじめ防止対策推進法の施行以降，児童生徒の自殺がいじめにより生じた疑いがある場合に，重大事態における事実関係の調査に活用されています。

5　学校における自殺に関連する３段階（予防活動，危機対応，事後対応）の取組

「教師用の自殺予防資料」では，自殺に関連して３つの段階に応じた学校の取組を示しています。それは，「予防活動（自殺を未然に防ぐための日常の予防教育）」，「危機対応（自殺の危険に気づき対応）」，「事後対応（自殺が起きてしまった後の対応）」の３段階です。その３段階に応じた学校の取組例について，上記４で示した文部科学省の発出資料を中心に要点を整理すると，次の（１）と（２）のとおりです。

（１）予防活動と危機対応
① 自殺に追いつめられる子供の心理

「自殺はある日突然，何の前触れもなく起こるというよりも，長い時間かかって徐々に危険な心理状態に陥っていくのが一般的」とされています。「教師用の自殺予防資料」では，自殺にまで追いつめられる子供の心理にみられる共通点として，表10-4に示す（ア）から（オ）を挙げています。

表10-4　自殺に追いつめられる子供の心理

（ア）ひどい孤立感
「誰も自分のことを助けてくれるはずがない」「居場所がない」「皆に迷惑をかけるだけだ」としか思えない心理に陥っています。現実には多くの救いの手が差し伸べられているにもかかわらず，そのような考えにとらわれてしまうと，頑なに自分の殻に閉じこもってしまいます。
（イ）無価値感
「私なんかいない方がいい」「生きていても仕方がない」といった考えがぬぐいされなくなります。その典型的な例が，幼い頃から虐待を受けてきた子どもたちです。愛される存在としての自分を認められた経験がないため，生きている意味など何もないという感覚にとらわれてしまいます。
（ウ）強い怒り
自分の置かれているつらい状況をうまく受け入れることができず，やり場のない気持ちを他者への怒りとして表す場合も少なくありません。何らかのきっかけで，その怒りが自分自身に向けられたとき，自殺の危険は高まります。
（エ）苦しみが永遠に続くという思いこみ
自分が今抱えている苦しみはどんなに努力しても解決せず，永遠に続くという思いこみにとらわれて絶望的な感情に陥ります。
（オ）心理的視野狭窄
自殺以外の解決方法が全く思い浮かばなくなる心理状態です。

② 自殺の危険因子と自殺直前のサイン

子供が自殺に追いつめられる前に，自殺の危険因子に気づくようにしたいものです。以下の（ア）から（キ）のような特徴を数多く認める子供には，潜在的に自殺の危険が高いと考える必要があります。

> （ア）自殺未遂
> （イ）心の病（うつ病，統合失調症，パーソナリティ障害，薬物乱用，摂食障害 など）
> （ウ）安心感のもてない家庭環境
> （エ）独特の性格傾向（極端な完全主義，二者択一的思考，衝動性 など）
> （オ）喪失体験（離別，死別，失恋，病気，怪我，急激な学力低下，予想外の失敗 など）
> （カ）孤立感（とくに友だちとのあつれき，いじめ など）
> （キ）安全や健康を守れない傾向（最近，事故や怪我を繰り返す）

また，それらの特徴を数多く認める児童生徒に，「普段と違った顕著な行動の変化が現れた場合には，自殺直前のサインとして注意を払う必要」があるとされています。たとえば，「自殺のほのめかし」，「自殺計画の具体化」，「行動，性格，身なりの突然の変化」，「自傷行為」，「家出」，「怪我を繰り返す傾向」，「アルコールや薬物の乱用」，「最近の喪失体験」，「重要な人の最近の自殺」，「別れの用意（整理整頓，大切なものをあげる）」などです。

③ 対応の原則と対応の留意点

自殺の危険が高まった児童生徒への対応においては，表10-5の①から④の頭文字による「TALKの原則」が求められるとされています。また，自殺の危険がある児童生徒に対応するとき，（ア）から（エ）に留意する必要があります。

表10-5　自殺の危険が高まった児童生徒への対応の原則と対応の留意点

対応の原則
①　Tell：言葉に出して心配していることを伝える。
②　Ask：「死にたい」という気持ちについて，率直に尋ねる。
③　Listen：絶望的な気持ちを傾聴する。
④　Keep safe：安全を確保する。
対応の留意点
（ア）ひとりで抱え込まない
・自殺の危険の高い子どもをひとりで抱えこまない。
・チームによる対応は，多くの視点で子どもを見守ることで子どもに対する理解を深め，共通理解を得ることで教師自身の不安感の軽減にもつながる。
（イ）急に子どもとの関係を切らない
・自殺の危険の高い子どもに親身に関わっていると，しがみつくように依存してくることも少なくない。また，初めは昼夜分かたず関わっていたが，疲れてしまって急に子どもとの関係を切ってしまうといった態度は，子どもを不安にさせる。
・子どもとの間には継続的な信頼関係を築く。
（ウ）「秘密にしてほしい」という子どもへの対応
・子どもが「他の人には言わないで」などと訴えてくると，教師がひとりだけで見守っていくというような対応に陥りがちになる。

・自殺の危険はひとりで抱えるには重過ぎるため，子どものつらい気持ちを尊重しながら，保護者にどう伝えるかを含めて，他の教師とも相談する。

(エ) 手首自傷（リストカット）への対応
・自傷行為は，将来起こるかもしれない自殺の危険を示すサイン。あわてず，しかし真剣に対応して，関係機関につなげる。
・その際，子どもははじめは抵抗を示すかもしれないが，本人の苦しい気持ちを認めるような姿勢で関わる。

④ 子供を対象とした自殺予防教育プログラム

「自殺予防教育の手引」では，児童生徒を対象とする自殺予防教育の目標として「早期の問題認識（心の危機に気付く力）」と「援助希求的態度の促進（相談する力）」の2つを示し，それに焦点化して取り組む授業を核となる授業と位置づけ，自殺予防教育の中核をなすものとしています。「心の危機」についての正しい知識と理解を持ち，困ったときに相談できる「援助希求的態度」がとれるようになれば，自分の危機の克服や他者の危機への支援が可能になると考えられます。

なお，「自殺予防教育の手引」で提案する自殺予防に関する授業は，次の点に主眼を置き構成されています。

・自殺の深刻な実態を知る。
・心の危機のサインを理解する。
・心の危機に陥った自分自身や友人への関わり方を学ぶ。
・地域の援助機関を知る。
・長い人生において問題を抱えたり危機に陥ったりしたとき，問題を一人で背負い込まずに乗り越える力を培う。
・自分自身や友達の危機に気付き，対処したり関わったりし，信頼できる大人につなぐことの重要性を伝える。

また，次のACT（自殺予防教育のキーワード）の意味するところをしっかり伝えることは，自殺予防教育の核となるものとして紹介しています。

> Acknowledge : Listen to your friend, don't ignore threats（気付く：よく聴いて，危険性を過小評価しないで）
> Care : Let your friend know you care（かかわる：心配していることを伝えて）
> Tell: : Tell a trusted adult that you are worried about your friend（つなぐ：友達について心配していることを信頼できる大人に話して）

「自殺予防教育の手引」では，核となる授業に取り組むには，その前段階として，「生命を尊重する教育」，「心身の健康を育む教育」，「暖かい人間関係を築く教育」などを通じて下地をつくっておく「下地づくりの教育」が不可欠とされています。これらの教育活動の充実には，教員に子供の置かれた状況や心理状態を推し量ることができる感性を高めておくことや，子供が相談できるような信頼関係づくりが求められます。また，子供が相談し

やすい雰囲気づくりや，保健室や相談室を利用しやすい所にする居場所づくりなども重要です。

　学校における自殺予防教育は，「「早期の問題認識（心の健康）」と「援助希求的態度の育成」をねらい」とし，そのなかでも，「危機に直面した際の援助希求能力を高めることや友人の危機に遭遇した際に一人で抱えず，信頼できる大人につなぐこと」が重要です。これらの内容が意味を持つには，児童生徒が「自分自身を他者から援助を得る価値のある存在と認識し，周囲の人々へ一定以上の信頼感を持っていることが前提」です。「危機に陥った場合に周囲にサポートを求めることの重要性を伝えても，自他を信頼できない子供の孤立感をさらに深めること」になります。

（2）事 後 対 応

　「背景調査の指針」では，平常時にできる学校の備えとして，「自殺予防教育の手引」を参考に，子供の自殺予防に関する校内研修を実施することと，「緊急対応の手引き」及び「背景調査の指針」を参考とした，事後対応と基本調査を挙げています。自殺事案が起きた場合には，素早く状況を把握しながら，目の前の当面の対応をしつつ，並行して対応態勢を整えていくことが求められます。したがって，学校は，平常時より備えておく必要があります。

　事後対応の概要としては，事案発生後には「緊急対応の手引き」を基にした数日以内の緊急対応の実施と，並行して「背景調査の指針」を基に学校による基本調査の実施，その後，学校の設置者による詳細調査移行の判断と，詳細調査の実施となります。ここでは，「緊急対応の手引き」と「背景調査の指針」を基に事後対応の要点について取り上げます。

① 初期目標と当面の対応の要点

　「緊急対応の手引き」では，最初の数日間における初期目標の項目例として，「遺族の気持ちに寄り添うこと，心のケア，学校の日常活動の回復，自殺の連鎖（後追い）防止」をあげながら，実際の当面の対応で念頭におく基本的な項目例として，「状況の把握」，「現場対応」，「遺族への対応」，「記者会見」，「保護者会」，「学校再開」をあげ，そのポイントを示しています。

　「状況の把握」については，何が起こったのか「客観的で正確な事実を把握」し，「学校や教育委員会の「対応経過」を時系列でメモして」おき，「自殺かどうかは推測や報道内容で判断しないように注意」することとしています。「現場対応」については，「現場での応急処置や居合わせた子どもへの対応，外部からの問い合わせへの対応，警察との連携，報道への対応」などがまずは必要としています。「遺族への対応」については，「校長，担任，連絡窓口となる教職員（個別担当）の訪問」を早急に行うことや，「事実の公表について了解」を得ておくこととしています。「記者会見」については，複数の「取材（依頼）があった場合には開くつもりで準備を始め」，「保護者会」については，「すぐに開くつもりで準備」を開始することとしています。「学校再開」（発生後に初めて子供が登校する日）につい

ては，「自殺の影響が学校全体に及ぶと，自殺のリスクのある子供に連鎖（後追い）する可能性」があります。「休校は避け，学校の日常活動を段階的に早期に平常化させるのが基本」としつつ，「遺族と接触を続け，理解と協力を得」ながら，「亡くなった子どもの死を悼むこととの間にバランスを慎重」にとり，「学校再開」を行う必要があるとしています。

また，「緊急対応の手引き」では，事案発生の数日以内の対応項目の簡易チェックリストを「当面の対応」と「その後の対応」で示しています。その内容は，表10-6のとおりです。

表10-6 対応項目の簡易チェックリスト（事案発生の数日以内）

	危機対応の態勢	遺族へのかかわり	情報発信等	保護者への説明	心のケア	学校活動
当面の対応	□記録開始（事実確認と対応経過）□教育委員会職員到着□役割分担の確認 □チーム会議または職員会議開始	□最初のコンタクト（校長，担任，担当，教委，他等）□事実の公表について遺族の意向確認	□警察発表内容の確認□遺族の意向確認□公表できる内容を整理□報道対応窓口設置□記者会見実施の判断□問い合わせへの対応態勢□記者会見時説明等準備□関係者から聴き取り開始□遺族への別途説明	□PTA役員との協議開始□遺族の意向確認□保護者会実施の判断	□ケア会議開始□配慮が必要なケースのリストアップ□気になるケースへのアプローチ	□現場の遮蔽（校内で発生した場合）□学校再開日の方針
その後の対応	□スクールカウンセラーなど到着□目標設定□代替教師確保の計画	□きょうだいへのサポート開始□葬儀等の意向確認□葬儀等引率計画□葬儀等引率計画□葬儀等のお知らせ□葬儀後の訪問□遺品について相談	□教職員への聴き取り□インターネット等チェック	□保護者会のお知らせ□校長談話（保護者会）用意□心理教育資料（保護者会）用意□学校からのお知らせ文書	□教職員の相談開始□心理教育（教職員）□学校再開日の相談態勢□継続的相談態勢□しばらく毎日ケア会議	□子どもへの事実の伝え方の基本形□校長メッセージ用意□各クラスの伝え方の打ち合わせ□当該クラス、保健室等のサポート態勢□葬儀マナー指導内容□保健室に飲み物、飴、ティッシュ、毛布□各クラスにティッシュペーパー用意□登校見守り態勢

② 危機対応の態勢と情報収集・発信

初動時の学校の対応において，態勢づくりと情報収集は，すばやく実施する必要があります。「緊急対応の手引き」では，「危機対応の態勢」と「情報収集・発信」について基本項目と要点を示しています。その内容を整理すると，それぞれ表10-7と表10-8のとおりです。

5 学校における自殺に関連する3段階（予防活動，危機対応，事後対応）の取組

表 10-7 「危機対応の態勢」の基本項目と概要

適切なリーダーシップ

・校長は，遺族への対応は勿論，保護者会，記者会見などで自ら前面に立ち，陣頭指揮をとる。一方，全て校長が直接行うことはできないため，保護者への対応窓口，報道への対応窓口，遺族への連絡担当者などを置き，チームとして対応する。代理が必要となることもある。

・危機時に適切な判断をするには，それなりの知識と経験を必要とするため，学校危機の実務経験のある教育委員会職員やスクールカウンセラーなどの助言をよく聴いた上で判断する。

必要な人員の確保

・危機時には様々な対応を集中して行う必要があるため，的確な方針と実施のためのマンパワーが必要になる。最初の3日間は，教育委員会は常時複数の職員（実務経験のある職員を含む）を派遣し，助言とともに，学校では手が回らない部分をサポートする。想定外のことが次々に発生するのが危機であり，多少オーバーぐらいの態勢で臨む。

・臨時に教師の補充が必要な場合には，教育委員会が速やかに対応する。例えば，教頭や教務主任等が授業を担当しながら危機対応の中核を担うことは困難であり，授業を代わりに行う教師が必要になる。

危機時の役割分担

・危機時には校長など一部の管理職，当該担任，養護教諭等の負担が大きくなる。これら教職員の負担を軽減し，その役割に集中できるように，例えば，以下に示す役割分担の担当者を置く。現実には一人で何役かをこなすことになり，校長自ら行ったり，教育委員会職員が担う役割も出てくる。

・これらの役割分担は平時に決めて備えておく必要がある。単純に校内分掌をあてるといざという時に機能しないことがあるかもしれないため，適材適所を考慮する。また，あらかじめ代理も決めておく。

【危機時の校内役割分担の例】
・保護者担当：保護者会の開催やPTA役員との連携を担当する
・個別担当：遺族など個別の窓口になる
・報道担当：報道への窓口になる
・学校安全担当：校長や教頭の補佐，学校安全対策，警察との連携などを担当する
・庶務担当：事務を統括する（事務長など）
・情報担当：情報を集約する
・総務担当：学校再開を統括する（教務主任など）
・学年担当：各学年を統括する（学年主任など）
・ケア担当：ケアを統括する（養護教諭，教育相談担当者）

チーム編成と会議

・校長，教頭，上記担当者に，スクールカウンセラーや関係する教職員を加えた「校内危機管理チーム会議」（チーム会議）を編成し，随時開くようにする。直後は対応のほうが優先するため，すぐには集まれないかもしれないが，職員会議とチーム会議を合わせて1日3回を目安にする。教職員の食事や休憩にも留意しつつ，力が発揮できる環境を整える。

・チーム会議や職員会議は集まることが難しいため，学校全体の方針や報道対応，保護者会，遺族への対応などは，校長を中心とする幹部教職員などによる「本部」で協議し，決定する。

・ケアの詳細は，養護教諭，教育相談担当者，スクールカウンセラー，学年主任，関係する担任や部活動顧問などによる「ケア会議」を1日1回以上開き，統括する。

スクールカウンセラーなどの態勢

・自殺の事後対応にはスクールカウンセラー（臨時に配置されるカウンセラーを含む）やCRTなどによる現地でのサポートが不可欠である。最初の3日間は常時複数（実務経験のあるベテランを含む）のサポートが必要と考えられる。

・CRTはクライシス・レスポンス・チーム（crisis response team: 危機対応チーム）の略で，いくつかの県に設置されている。県精神保健福祉センターに司令部があり，教育委員会とは独立した多職種

の専門家チームである。活動期間は最大3日間に限定されているため，スクールカウンセラーなどによるアフターケアが必要となる。

表10-8 「危機対応の情報収集・発信」の基本項目と概要

情報収集と整理

・情報発信のためには，正確な情報の把握が必要である。「自殺かどうか」については学校が判断できるものではない。警察が公表している情報などにより事実確認をする。

・教職員が「ちょっと気になるな」と思うことが校長を中心とする幹部教職員等による本部に寄せられる必要がある。

・情報を収集しつつ整理し，全教職員が共通認識すべき内容は確実に共有する。

積極的な情報発信と注意すべきこと

・憶測に基づくうわさ話が広がらないように，正確で一貫した情報発信を心がける。節目節目では記者会見などを検討する（学校に取材があり報道されている場合）。学校に都合が悪いというだけで正確な情報を出すことをためらっていると信用を失う。

・プライバシーへの配慮が必要である。子どもの自殺は連鎖（後追い）の可能性があることから，これらに配慮しつつ，出せる情報は積極的に出していくという姿勢に立つ。

・情報発信する場合の留意点について，WHOによるメディア関係者のための手引きを参考にする。その要点は以下のとおりである。

・WHO（世界保健機関）による自殺報道への提言

① 自殺に関する正しい知識を一般の人々に報道する。/② 自殺をセンセーショナルに表現したり，正常な行為であるといった表現をしたり，あるいは問題解決のためには避けられない手段として伝えたりしない。/③ 自殺の記事を目立つ位置に掲載したり，過剰に報道を繰り返したりしない。/④ 自殺や自殺未遂の手段を詳細に伝えない。/⑤ 自殺の場所に関して詳細な情報を伝えない。/⑥ 見出しの言葉を慎重に選ぶ。/⑦ 写真やビデオ映像を用いる場合は特に慎重に行う。/⑧ 著名人の自殺報道には特別な注意を払う。/⑨ 自殺の後に遺された人に対して十分に配慮する。/⑩ 困ったときにどこに助けを求めればよいのかについて情報を提供する。/⑪ ジャーナリスト自身も自殺に関する取材活動を通じて精神的な影響やショックを受ける可能性があることを認識しておく。

・情報発信では，外部に出せるものは何なのかを明確にし，保護者，子ども，マスコミへの説明がちぐはぐにならないようにする。①発生事実の概要，②対応経過，③今後の予定などに整理しておく。また，文書で示せる内容，口頭でのみ伝える内容，質問があってから説明する内容などに分けておく。できれば，情報担当を置いて，一元化することが望ましい。

・自殺の事実を公表するにあたっては，あらかじめ遺族から了解をとるよう努める。多くの場合，遺族は自殺であることの公表を望まないため，遺族の意向を尊重しつつ進めていく。

・保護者や外部からの問い合わせに対応する窓口が必要な場合がある。

その他情報の取り扱い

・自殺の動機や背景はすぐにはわからない。情報がないからといって，早い段階で子ども同士のトラブルや教師の不適切な対応はなかったと決めつけない。

・「前の日に同級生とトラブルがあった」などの断片的な情報が公表されると，それのみが原因であるかのような誤解を招きかねないことから，慎重な対応が必要である。

・亡くなった子どもや家庭環境に関する情報についても配慮が必要である。たとえ事実であっても亡くなった子どものマイナス面を軽率に言うべきではない。

・インターネットや携帯メールを通じて，誤った情報が広まったり，人権の侵害が起こることがある。そのような情報についても，日頃からよく把握している教職員をとおして収集することが重要である。

5　学校における自殺に関連する3段階（予防活動，危機対応，事後対応）の取組

広報対応

・マスコミからの個別の問い合わせに対して，できれば校長とは別に教育委員会を含む職員の中から窓口（報道担当）を置くことが望ましい。
・取材が集中する最初の何日間かは記者会見を行う。事実の説明についてはあらかじめ遺族の意向を確認する。
・記者会見の準備を教育委員会がサポートし，同席または司会進行する。会見者は複数必要である。
・本校の子ども，保護者，地域の人に話すように，誠実に対応することが大切である。
・スクールカウンセラーなどが記者会見で心のケアについて説明することがある。ただし，実施の可否はスクールカウンセラーなどが判断する。

自殺の背景について

・遺族が「どうしてわが子は自殺したのか，何があったのか」を知りたいと思うのは自然なことである。
・学校にとっても背景を理解することは重要である。教職員からの聴き取りや，一部の子どもからの聴き取りなど，すぐにできることは始める。
・校長が「たとえ学校にとって不都合なことであっても，事実は事実として向き合っていこう」という姿勢を示すことが重要である。教育委員会についてもこれは同じである。
・遺族には必要に応じて別途説明を心がける。

✿ 6 ｜ 背 景 調 査

　自殺が起こってしまった後，学校は，上記5で取り上げた危機対応と並行し，「背景調査の指針」に基づく調査（背景調査）を実施することになります。背景調査は，「基本調査」と「詳細調査」から構成される調査です。子供の自殺または自殺が疑われる死亡事案が起きたときに，学校及び学校の設置者が主体的に行う必要があります。なお，「基本調査」については平常時より，学校及び教職員が実施できるように備えておくことが求められています。

（1）背景調査の目的と目標

　「背景調査の指針」には，「目的」，「目標」，「留意点」を示しています。「目的」は事案によって異なる可能性はありますが，一般的には「今後の自殺防止に活かすため」と「遺族及び関係する子供と保護者の事実に向き合いたいなどの希望に応えるため」としています。また，背景調査の「到達目標」も事案により異なりますが，一般的には次の①②③としています。したがって，調査報告書には①②③に関する調査結果を記載する必要があります。

① 何があったのか事実を明らかにする。
② 自殺に至る過程（①で明らかになった事実の影響）をできる限り明らかにする。
③ 上記①②を踏まえ今後の再発防止への課題を考え，学校での自殺予防の取組の在り方を見直す。

　また，「留意点」として，学校及び学校の設置者は，「目的」を踏まえて事実に向き合い，「たとえ自らに不都合なことがあったとしても，事実にしっかりと向き合おうとする

姿勢が何よりも重要」であり，「調査結果を重んじ，主体的に再発防止に取り組む」ことや，背景調査実施に当たり，「趣旨，目的・方法・得られた情報の取扱いなどについて，遺族・保護者・子供に丁寧に説明しておく必要がある」ことを示しています。

（2）基本調査の内容

　「基本調査」とは，「自殺または自殺が疑われる死亡事案を対象として，事案発生（認知）後，速やかに着手する」調査であり，「当該事案の公表・非公表にかかわらず，学校がその時点で持っている情報及び基本調査の期間中に得られた情報を迅速に整理するもの」です。なお，「学校の設置者の指導・支援のもと，基本調査の主体は学校を想定」します。「背景調査の指針」に示す「基本調査」の内容を整理すると，表10-9のとおりです。

表10-9　「背景調査の指針」の「基本調査」の内容

調査対象と調査の主体
・調査対象は，自殺又は自殺が疑われる死亡事案である。
・自殺又は自殺が疑われる死亡事案とは，学校が認知できた情報をもとに，学校の管理職が，自殺であると判断したもの及び自殺である可能性が否定できないと判断したものである。
・膨大・多様な情報が集まった場合など，情報の整理には時間と人員が必要であり，学校の設置者の人的支援が必要である。
・この段階から，学校及び学校の設置者だけでなく，子供の自殺予防等に精通した専門家の支援が有効である。
・基本調査は，あくまで事実関係を整理するため，学校がその時点で持っている情報及び基本調査の期間中に得られた情報を迅速に整理するものである。得られた情報を踏まえた，自殺に至る過程や心理の検証は，「詳細調査」において行う。
・死因が自殺であることが公表されているか否かに関わらず，学校がその時点で持っている情報及び基本調査の期間中に得られた情報を迅速に整理する「基本調査」は必ず実施する。
・死因は個人情報であり，子供や保護者に自殺の事実を伝えて行う調査の実施には，必ず，遺族の了解が必要である。
基本調査の実施（基本調査として事案が発生（認知）したその日から開始すべき対応）
遺族との関わり・関係機関との協力等
・事案発生（認知）直後から無理に状況確認をするのではなく，遺族の心情に配慮し，今後の接触を可能とするような関係性を構築する。
・検視等を行う警察との協力や，亡くなった子供と関わりのある関係機関（これまで対応していた行政機関，医療機関等）との情報共有を図る。
指導記録等の確認
・前提として，日常的に指導記録を蓄積しておく。
・指導記録以外にも，亡くなった子供の作文や作品，いわゆる「連絡帳」や「生活ノート」，教科書やメモ，プリント類などにも何らかの手掛かりがあることもあるため，即時集約して確認・保管する。
・亡くなった子供の机や上履きなどの所有物の状況を確認・集約する。
・学級日誌や部活動・委員会活動などに関するノートなどを確認・収集する。
全教職員からの聴き取り
・子供とともに生活していた教職員の視点が必要不可欠であり，もし子供への指導や安全配慮で欠けていた部分があるのだとすれば，速やかにそれを把握し，事実に向き合う。

- 原則として3日以内を目途に，できるだけすべての教職員から聴き取りを実施する（問題を共有する意味からも，すべての教職員からの聴き取りが重要）。
- 校長や教頭などが聴き取りすることが一般的だが，教職員が話しやすいかどうかも考慮し，必要ならば，教育委員会など学校外の者が聴き取る。
- 調査に先立って，教職員に調査の趣旨・対象を説明する（亡くなった子供が置かれていた状況や子供の人となりを把握するために必ず行う調査であり，全員が対象であること等）。
- 聴き取る内容は，亡くなった子供が所属する学級や部活動，委員会活動等での様子，友人や教職員との関係などの対人関係，亡くなった子供の健康面や性格面，学習面や進路面などで把握していること，家族関係や学校外での生活のことで把握していることなどがある。
- 学級担任や部活動顧問など，教職員自身が強いストレスを受けている可能性にも留意し，必要な場合は医療機関につなぐ。
- スクールカウンセラーやスクールソーシャルワーカー等はもとより，指導員等の外部人材が学校に派遣・配置されている場合には，聴き取りを実施する。

亡くなった子供と関係の深かった子供への聴き取り調査

- 状況に応じ，亡くなった子供と学級や部活動などにおいて関係の深かった子供への聴き取り調査も，適切に実施する。ただし，自殺の事実が伝えられていない場合には，子供への調査には制約を伴う。
- 亡くなった子供が，亡くなる前に周囲の子供に何らかのＳＯＳを発信していることもありえ，それを受け取っていた子供が，大人につなぐことができずにいたような場合もありうる（例えば，友人へのメールやアプリケーション等への書き込みで，何かを伝えようとしているときもある）。
- 聴き取りの前には，保護者に連絡して理解・協力を依頼するとともに，保護者と連携してケア体制を万全に整える。
- 聴き取りをしたことが周囲に知られないように，十分配慮する。
- 聴き取る際には，これらの子供は，自殺の危険が高まっている状態にあるという認識を常に持ち，心のケアをする。
- 心のケアの中で何か気になっていることがあれば自然と語れる雰囲気をつくるよう工夫する等の手段も考えられる。

情報の整理・報告

- 得られた情報の範囲内で，情報を時系列にまとめるなどして整理し，整理した情報を学校の設置者に報告する。
- いじめが背景に疑われる場合，いじめ防止対策推進法に基づく重大事態への対処として，重大事態の発生の報告をする。

基本調査における遺族との関わり

- 学校及び学校の設置者は，まとめられた基本調査の経過及び整理した情報等について適切に遺族に説明する。
- 学校生活におけるトラブル等が認知された場合，事実関係の整理に時間を要することもありうるが，必要に応じて適時適切な方法で，経過説明があることが望ましく，最初の説明は，調査着手からできるだけ1週間以内を目安に行う。
- この時点で得られている情報は断片的である可能性があり，「学校では悩みを抱えていなかった」のような断定的な説明はできないことに留意する。
- 事実関係をもとに自殺に至る過程や心理を検証するには，「詳細調査」に移行することが必要であることに留意する（よって，この時点においては安易に因果関係に言及すべきでない）。
- 今後の調査についての学校及び学校の設置者の考えを伝えて，遺族の意向を確認する（詳細調査移行の要望確認を含む）。

第10章 児童虐待，自殺（自死）

（3）詳細調査への移行の判断

　学校の設置者は，基本調査の報告を受け，詳細調査に移行するかどうかを判断します。「背景調査の指針」では，この際，「第三者的な立場の機関に意見を求めたり，外部専門家の意見を求めたりして，その意見を尊重する体制とすることが望ましい」としています。

　「背景調査の指針」では，全ての事案について詳細調査に移行することが望ましいとしていますが，少なくとも次の場合には，詳細調査に移行するとしています。1つめは，学校生活に関係する要素（いじめ，体罰，学業，友人など）が背景に疑われる場合です。2つめは，遺族の要望がある場合です。もし，遺族がこれ以上の調査を望まないとしても，詳細調査の必要性が高い場合には，改めて遺族に詳細調査の実施を提案することも考えられます。

　なお，「調査組織が平常時から設置されていないような場合には，組織立ち上げには相応の時間を要することが多く，アンケート調査や聴き取り調査の実施の時機を逸する可能性」があります。このため，基本調査の報告後，詳細調査の組織の設置までさらに1週間以上を要するなど時間がかかる場合には，詳細調査移行を判断する際に併せて，アンケート調査や聴き取り調査を，詳細調査に先行して，緊急的に実施するかどうかを判断する必要があります。なぜなら，「事案発生（認知）から日にちがたつほど，子供たちは「被暗示性」すなわち，うわさや報道などに影響され，誰から何を見聞きしたのか曖昧になる恐れ」があるためです。

　詳細調査に移行しないと判断した場合は，基本調査の内容や得られた調査情報などを保存し，自殺の実態調査を文部科学省へ提出するとともに，得られた情報の範囲内で検証や再発防止策を検討する必要があります。

（4）詳　細　調　査

　基本調査の結果や遺族の要望などを踏まえ，必要な場合に，弁護士や心理の専門家など外部専門家を加えた調査組織において行われる，より詳細な調査です。「事実関係の確認のみならず，自殺に至る過程を丁寧に探り，自殺に追い込まれた心理を解明し，それによって再発防止策を打ち立てる」ための調査を行います。「調査の主体は，学校または学校の設置者」が想定されています。たとえば，「公立学校における調査の主体は，特別の事情がない限り，学校ではなく，学校の設置者」としています。

　「自殺に至る過程や心理の検証には高い専門性が求められることから，中立的な立場の外部専門家が参画した調査組織で「詳細調査」を実施すべき」としています。「この調査組織の構成は，職能団体からの推薦によるなど，公平性・中立性を確保することが必要」です。

　詳細調査の実施内容としては，まずは，調査組織の設置，調査の計画作成になります。その後，調査実施（アンケート調査・聴き取り調査等），自殺に至る過程や心理の検証と再発防止・自殺予防への提言，報告書のとりまとめ，遺族等への説明，調査結果の報告と今後の

自殺予防・再発防止のための報告書の活用などがあります。当然のことながら,「自殺の事実を在校生に伝えての調査は,遺族の了解,子供・保護者の理解・協力,心のケア体制が整っていることが前提」になります。

【引用・参考文献】

厚生労働省　2006　自殺対策基本法　https://www.mhlw.go.jp/content/000527996.pdf
厚生労働省　2007　児童虐待の防止等に関する法律（平成十二年法律第八十二号）
　　https://www.mhlw.go.jp/bunya/kodomo/dv22/01.html
文部科学省　2009　「教師が知っておきたい子どもの自殺予防」のマニュアル及びリーフレットの作成について
　　https://www.mext.go.jp/b_menu/shingi/chousa/shotou/046/gaiyou/1259186.htm
文部科学省　2010　子どもの自殺が起きたときの緊急対応の手引き
　　https://www.mext.go.jp/a_menu/shotou/seitoshidou/__icsFiles/afieldfile/2018/08/13/1408018_001.pdf
文部科学省　2014　子供に伝えたい自殺予防──学校における自殺予防教育導入の手引──
　　https://www.mext.go.jp/component/b_menu/shingi/toushin/__icsFiles/afieldfile/2014/09/10/1351886_02.pdf
文部科学省　2014　子供の自殺が起きたときの背景調査の指針（改訂版）
　　https://www.mext.go.jp/component/b_menu/shingi/toushin/__icsFiles/afieldfile/2014/09/10/1351863_02.pdf
文部科学省　2016　自殺対策基本法の一部を改正する法律の施行について（通知）
　　https://www.mext.go.jp/a_menu/shotou/seitoshidou/1408029.htm
文部科学省　2019　学校,保育所,認定こども園及び認可外保育施設等から市町村又は児童相談所への定期的な情報提供について
　　https://www.mext.go.jp/a_menu/shotou/seitoshidou/1410619.htm
文部科学省　2019　児童生徒の問題行動・不登校等生徒指導上の諸課題に関する調査──用語の解説──
　　https://www.mext.go.jp/b_menu/toukei/chousa01/shidou/yougo/1267642.htm
文部科学省　2020　学校・教育委員会向け虐待対応の手引き
　　https://www.mext.go.jp/content/20200629-mxt_jidou02-100002838.pdf
厚生労働省　2020　体罰等によらない子育てのために　～みんなで育児を支える社会に～
　　https://www.mhlw.go.jp/content/000598146.pdf
文部科学省　2020　令和元年度　児童生徒の問題行動・不登校等生徒指導上の諸課題に関する調査結果について
　　https://www.mext.go.jp/content/20211008-mext_jidou01-100002753_01.pdf
文部科学省　2021　令和２年度　児童生徒の問題行動・不登校等生徒指導上の諸課題に関する調査結果について
　　https://www.mext.go.jp/content/20211007-mxt_jidou01-100002753_1.pdf
文部科学省　2022　児童虐待　生徒指導提要　171-188
文部科学省　2022　自殺　生徒指導提要　189-208
文部科学省　2022　令和３年度　児童生徒の問題行動・不登校等生徒指導上の諸課題に関する調査結果について
　　https://www.mext.go.jp/content/20221021-mxt_jidou02-100002753_1.pdf

厚生労働省　2022　自殺総合対策大綱——誰も自殺に追い込まれることのない社会の実現を目指して——
　　https://www.mhlw.go.jp/content/001000844.pdf

厚生労働省　2022　児童福祉法等の一部を改正する法律（令和4年法律第66号）の概要
　　https://www.mhlw.go.jp/content/000994205.pdf

文部科学省　2023　令和4年度 児童生徒の問題行動・不登校等生徒指導上の諸課題に関する調査結果について
　　https://www.mext.go.jp/content/20231004-mxt_jidou01-100002753_1.pdf

こども家庭庁　2024　子ども虐待対応の手引き（令和6年4月改正版）
　　https://www.cfa.go.jp/assets/contents/node/basic_page/field_ref_resources/c0a1daf8-6309-48b7-8ba7-3a697bb3e13a/0635895f/20240422_policies_jidougyakutai_hourei-tsuuchi_taiou_tebiki_22.pdf

Chapter 11 キャリア教育とは，進路指導とは

　これまでの学習指導要領では，進路指導が中心的に取り上げられていましたが，2017年，2018年，2019年に告示された学習指導要領では，児童生徒が学ぶことと将来とのつながりを見通しながら，社会的・職業的な自立に向けて必要な基盤となる資質・能力を身につけられるものとなるよう，キャリア教育の充実が小学校，中学校，高等学校のすべての総則に初めて明記されました。
　本章では，文部科学省の通知や資料を参考に，学校教育におけるキャリア教育と進路指導の推移や動向を取り上げながら，「キャリア教育とは何か」「進路指導とは何か」について解説します。また，小学校，中学校，高等学校で計画的に育成を目指すキャリア教育の基礎的・汎用的能力について解説します。

1　キャリア教育の推移

（1）「キャリア教育」の登場

　我が国において「キャリア教育」という文言が公的に登場し，その必要性が提唱されたのは，1999年12月，中央教育審議会答申の「初等中等教育と高等教育との接続の改善について」（以下，1999年中教審答申）です。同審議会は「キャリア教育を小学校段階から発達段階に応じて実施する必要がある」とし，さらに「キャリア教育の実施に当たっては家庭・地域と連携し，体験的な学習を重視するとともに，学校ごとに目的を設定し，教育課程に位置付けて計画的に行う必要がある」と提言しました。
　この答申を受け，キャリア教育に関する調査研究が進められ，2002年11月に，国立教育政策研究所・生徒指導研究センターが「児童生徒の職業観・勤労観を育む教育の推進について（調査研究報告書）」を報告しました。同報告書は，子供たちの進路・発達をめぐる環境の変化について数々のデータを基に分析し，「職業観・勤労観を持つことが不可欠な時代を迎えた」としました。また，学校段階における職業的（進路）発達課題について解説するとともに，「職業観・勤労観を育む学習プログラムの枠組み（例）」を示しました。
　さらに，学校における教育活動において，「生きること」や「働くこと」の取組が十分ではないという指摘を踏まえ，2002年に，文部科学省は「キャリア教育の推進に関する総合的調査研究協力者会議」を設置し，2004年1月に，その報告書「児童生徒一人一人の勤労観，職業観を育てるために」（以下，2004年報告書）を示しました。

（2）国のキャリア教育の推進に向けた動き

　国としては，文部科学大臣，厚生労働大臣，経済産業大臣，経済財政政策担当大臣の関係閣僚による「若者自立・挑戦戦略会議」が，2003年6月に「若者自立・挑戦プラン」を策定しました。そこでは，目指すべき社会として，「若者が自らの可能性を高め，挑戦し，活躍できる夢のある社会」と「生涯にわたり，自立的な能力向上・発揮ができ，やり直しがきく社会」をあげ，政府，地方自治体，教育界，産業界が一体となった取組が必要であるとし，キャリア教育の推進はその重要な柱として位置付けられました。

　その後2006年には，内閣官房長官，農林水産大臣，少子化・男女共同参画担当大臣も加え，「若者の自立・挑戦のためのアクションプラン（改訂）」を策定し，キャリア教育のさらなる充実を図ることとしました。また，2018年に「第3期教育振興基本計画」を閣議決定し，2018年度から2022年度に取り組むべき教育政策の目標の一つとして「社会的・職業的自立に向けた能力・態度の育成」を明記し，「各学校段階における産業界とも連携したキャリア教育・職業教育の推進」を示しました。さらに2023年の「第4期教育振興基本計画」でも，教育政策の目標の「確かな学力の育成，幅広い知識と教養・専門的能力・職業実践力の育成」の基本施策の一つに「キャリア教育・職業教育の充実」を示しました。

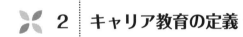

2　キャリア教育の定義

（1）文部科学省関連で初めて示されたキャリア教育の定義

　「1999年中教審答申」では，文部科学省関連の審議会で，初めて文言としてキャリア教育の定義について，次のように示しています。

> 望ましい職業観・勤労観及び職業に関する知識や技能を身に付けさせるとともに，自己の個性を理解し，主体的に進路を選択する能力・態度を育てる教育。

（2）キャリア教育元年時の定義

　「2004年報告書」では，2004年をキャリア教育元年と位置付けながら，キャリア教育の定義について，次のように示しています。なお，端的には，「児童生徒一人一人の勤労観・職業観を育てる教育」としています。

> 児童生徒一人一人のキャリア発達を支援し，それぞれにふさわしいキャリアを形成していくために必要な意欲・態度や能力を育てる教育。

（3）キャリア教育の定義（中央教育審議会，2011）

　2011年の中央教育審議会による「今後の学校におけるキャリア教育・職業教育の在り方について（答申）」（以下，2011年中教審答申）では，上記（2）のキャリア教育の定義で

は、「勤労観・職業観の育成」に焦点が絞られてしまい、社会的・職業的自立のために必要な能力の育成が軽視されていたという課題を踏まえ、キャリア教育の定義について次のように示しています。なお、これは現行でも定義として用いられています。

> 一人一人の社会的・職業的自立に向け、必要な基盤となる能力や態度を育てることを通して、キャリア発達を促す教育。

ここでは、「社会的・職業的自立に向けたキャリア発達」、「必要な基盤となる能力や態度の育成」を強調しています。また、「2011 年中教審答申」では、「キャリア発達」の定義について、次のように示しています。

> 社会の中で自分の役割を果たしながら、自分らしい生き方を実現していく過程。

また、「子どもの心と体は、発達の階段を一歩一歩上っていきながら成長していきます。そうした発達過程にある子どもたち一人一人が、それぞれの段階に応じて、適切に自己と働くこととの関係付けを行い、自立的に自己の人生を方向付けていく過程、言い換えると自己の知的、身体的、情緒的、社会的な特徴を一人一人の生き方として統合していく過程が「キャリア発達」」としています。

上記のキャリア教育の定義に「キャリア発達」と「必要な基盤となる能力」（後述の本章の4で取り上げる4つの能力）で示す内容を加えて、キャリア教育について要点を整理すると、図 11-1 のとおりです。

キャリア教育とは

> 一人一人の社会的・職業的自立に向け、
> **必要な基盤となる能力**や態度を育てることを通して、**キャリア発達**を促す教育

4つの能力
「人間関係形成・社会形成能力」
「自己理解・自己管理能力」
「課題対応能力」
「キャリアプランニング能力」

○ 社会の中で自分の役割を果たしながら、自分らしい生き方を実現していく過程
・ 自己の諸特徴を一人一人の生き方として統合していく過程
・ 発達過程の各段階に応じて、自己と働くこととの関係付けを行い、自立的に自己の人生を方向付けていく過程

図 11-1 キャリア教育の定義の要点整理

図 11-1 に示す文言を活用し、学校におけるキャリア教育についてまとめると、次のとおりです。

> 児童生徒一人一人の社会的・職業的自立に向けて、4つの能力（人間関係形成・社会形成能力、自己理解・自己管理能力、課題対応能力、キャリアプランニング能力）を育成することなどを通して、児童生徒が自己と働くこととの関係付けを行うとともに、社会の中での自分の役割を果たしながら、自立的に自己の人生を方向付け、自分らしい生き方を実現していく過程を促す教育。

3　キャリアとは

　ところで，キャリア教育の「キャリア」とはどのような意味なのでしょうか。「キャリア」(career) という言葉は，それぞれの時代や立場，場面などによって多様に用いられています。「「キャリア」の語源は，中世ラテン語の「車道」を起源とし，英語で，競馬場や競技場のコースやトラック（行路，足跡）を意味するものでした。そこから，人がたどる行路やその足跡，経歴，遍歴なども意味するようになりました。しかし，20世紀後半の産業構造の新たな変革期を迎え，「キャリア」は，特定の職業や組織の中での働き方にとどまらず，広く「働くこととのかかわりを通した個人の体験のつながりとしての生き様」を指すようになった」とされています（文部科学省，2022，2023）。

　「2011年中教審答申」には，「キャリア」について次のように示しています。

> 　人は，他者や社会とのかかわりの中で，職業人，家庭人，地域社会の一員等，様々な役割を担いながら生きている。これらの役割は，生涯という時間的な流れの中で変化しつつ積み重なり，つながっていくものである。また，このような役割の中には，所属する集団や組織から与えられたものや日常生活の中で特に意識せず習慣的に行っているものもあるが，人はこれらを含めた様々な役割の関係や価値を自ら判断し，取捨選択や創造を積み重ねながら取り組んでいる。
> 　人は，このような自分の役割を果たして活動すること，つまり「働くこと」を通して，人や社会にかかわることになり，そのかかわり方の違いが「自分らしい生き方」となっていくものである。このように，人が，生涯の中で様々な役割を果たす過程で，自らの役割の価値や自分と役割との関係を見いだしていく連なりや積み重ねが，「キャリア」の意味するところである。

　以上を踏まえると，学校教育では，「キャリア」について次のように捉えることになります。

> 　人が，生涯の中で様々な役割を果たす過程で，自らの役割の価値や自分と役割との関係を見いだしていく連なりや積み重ね。

4　キャリア教育で育成すべき力
―基礎的・汎用的能力―

（1）4つの基礎的・汎用的能力

　「2011年中教審答申」では，社会的・職業的自立のために必要な基盤となる基礎的・汎用的能力の具体的な内容について，「仕事に就くこと」に焦点を当て，「実際の行動として表れるという観点」から整理して4つの能力に分類しました。それは，「人間関係形成・社会形成能力」，「自己理解・自己管理能力」，「課題対応能力」，「キャリアプランニング能力」です。これら4つの能力について，児童生徒用のキャリア・パスポート例示資料（「『キャリア・パスポート』例示資料等について（事務連絡）」（文部科学省，2019））では，小学校，中学校，高等学校ごとに，表11-1のとおり示しています。

表 11-1　社会的・職業的自立のために必要な基盤となる４つの基礎的・汎用的能力

	人間関係形成・社会形成能力	自己理解・自己管理能力	課題対応能力	キャリアプランニング能力
小学校	**低学年** 　自分の気持ちを，友だちにわかりやすく伝えること **高学年** 　友達や家の人の話を聞くとき，その人の考えや気持ちを分かろうとすること 　自分の考えや気持ちを，相手にわかりやすく伝えようと気を付けること	**低学年** 　クラスや友だちのために，進んで行どうしたり，協力したりすること **高学年** 　委員会，係，当番活動などで，自分から仕事を見つけたり，役割分担したりしながら，力を合わせて行動すること 　好きでないことや苦手なことでも，自分から進んで取り組むこと	**低学年** 　しらべたいことや知りたいことがあるとき，自分から進んで先生にしつもんしたり，本でしらべたりすること **高学年** 　調べたいことや知りたいことがあるとき，自分から進んで資料や情報を集めたり，誰かに質問したりすること 　何かをするとき，計画を立てて進めたり，途中でやり方に工夫したり，見直したりすること	**低学年** 　しょうらいのゆめや目ひょうに向かってがんばったり，べんきょうや生活のし方をくふうしたりすること **高学年** 　自分の夢や目標に向かって，生活や勉強の仕方を工夫すること

	人間関係形成・社会形成能力	自己理解・自己管理能力	課題対応能力	キャリアプランニング能力
中学校	多様な他者の考えや立場を理解し，相手の意見を聴いて自分の考えを正確に伝えることができるとともに，自分の置かれている状況を受け止め，役割を果たしつつ他者と協力・協働して社会に参画し，今後の社会を積極的に形成することができる力	自分が「できること」「意義を感じること」「したいこと」について，社会と相互関係を保ちつつ，今後の自分自身の可能性を含めた肯定的な理解に基づき主体的に行動すると同時に，自らの感情を律し，かつ，今後の成長のために進んで学ぼうとする力	仕事をする上での様々な課題を発見・分析し，適切な計画を立ててその課題を処理し，解決することができる能力	「働くこと」を担う意義を理解し，自らが果たすべき様々な立場や役割との関連を踏まえて「働くこと」を位置付け，多様な生き方に関する様々な情報を適切に取捨選択・活用しながら，自ら主体的に判断してキャリアを形成していく力
	例示： 他者の個性を理解する力，他者に働きかける力，コミュニケーション・スキル，チームワーク，リーダーシップなど	例示： 自己の役割の理解，前向きに考える力，自己の動機付け，忍耐力，ストレスマネジメント，主体的行動など	例示： 情報の理解・選択・処理等，本質の理解，原因の追究，課題発見，計画立案，実行力，評価・改善など	例示： 学ぶこと・働くことの意義や役割の理解，多様性の理解，将来設計，選択，行動と改善など

	人間関係形成・社会形成能力	自己理解・自己管理能力	課題対応能力	キャリアプランニング能力
高等学校	多様な他者の考えや立場を理解し，相手の意見を聴いて自分の考えを正確に伝えることができるとともに，自分の置かれている状況を受け止め，役割を果たしつつ他者と協力・協働して社会に参画し，今後の社会を積極的に形成することができる力	自分が「できること」「意義を感じること」「したいこと」について，社会と相互係を保ちつつ，今後の自分自身の可能性を含めた肯定的な理解に基づき主体的に行動すると同時に，自らの感情を律し，かつ，今後の成長のために進んで学ぼうとする力	仕事をする上での様々な課題を発見・分析し，適切な計画を立ててその課題を処理し，解決することができる能力	「働くこと」を担う意義を理解し，自らが果たすべき様々な立場や役割との関連を踏まえて「働くこと」を位置付け，多様な生き方に関する様々な情報を適切に取捨選択・活用しながら，自ら主体的に判断してキャリアを形成していく力

高等学校

例示：	例示：	例示：	例示：
友達や家の人の意見を聞くとき，相手の立場を考慮して，その人の考えや気持ちを受け止めようとする 自分の考えや気持ちを整理し，相手が理解しやすいよう工夫して，伝えようとする 人と何かをするとき，自分がどのような役割や仕事を果たすべきか考え，分担しながら，力を合わせて行動しようとする	自分を振り返り，長所や短所を把握して，良いところを伸ばし，悪いところを克服しようとする 自分がすべきことがある時に，喜怒哀楽の感情に流されず行動を適切に律し，それに取り組もうとする 不得意なことでも，自ら進んで，取り組もうとする	調べたいことがある時，自ら進んで資料や情報を収集し，信ぴょう性が高く，かつ，必要な情報を取捨選択しながら活用できる 何か問題が起こったとき，次に同じような問題が起こらないようにするために，原因を調べ，課題を発見し，解決のための工夫ができる 何かをするとき，見通しをもって計画し，評価・改善を加えながら行動ができる	学ぶことや働くことの意義について考えたり，様々な働き方や生き方があることを理解したり，今学校で学んでいることと自分の将来とのつながりを考えたりしている 自らの将来について具体的な目標をたて，社会の現実を視野におさめながら，その実現のための方法について考えている 将来の目標の実現に向けて具体的な行動を起こしたり，それを振り返って改善したりする

（2）キャリア教育の基礎的・汎用的能力に関する
   自己点検アンケート（高校生）

　資料 11-1 の「キャリア教育の基礎的・汎用的能力に関する自己点検アンケート」は，表 11-1 で示す高校生の４つの能力に対応するよう作成したものです。質問①②③は「人間関係形成・社会形成能力」，質問④⑤⑥は「自己理解・自己管理能力」，質問⑦⑧⑨は「課題対応能力」，質問⑩⑪⑫は「キャリアプランニング能力」に関するものです。なお，小学校高学年児童用のアンケートは第 14 章の資料 14-2，中学生用は資料 14-3 を参照ください。児童生徒は行動内容が記されている質問項目を読むことで４つの能力について具体的にイメージができるようになります。

　アンケートに回答した後は，各質問項目で選択した４，３，２，１の数字に注目します。たとえば，①②③は「人間関係形成・社会形成能力」に関する質問ですが，そこで選択した数字の合計（①②③の合計）を計算し，資料 11-2 の「①②③の合計値」の欄に記入します。その合計が９であれば，その欄の右に示す指標より，「10 〜 9　まずまずの状況です（まずまず行っている）」に該当するとわかります。他の能力についても同様です。

資料 11-1 キャリア教育の基礎的・汎用的能力に関する自己点検アンケート（高校生）

　現在の自分の気持ちや行動に，一番近い数字に○をつけてください。なお，数字には，次のような意味があります。　４：いつもしている，３：時々している，２：あまりしていない，１：ほとんどしていない

　　　　　　　　　　　　　　　　　　　　　　　　　　　　　　　　　　　　　　　○で囲む

① 友達や家の人の意見を聞くとき，相手の立場を考慮して，その人の考えや気持ちを受け止め　4 − 3 − 2 − 1
　ようとしている。

② 自分の考えや気持ちを整理し，相手が理解しやすいよう工夫して，伝えようとしている。　　4 − 3 − 2 − 1

③ 人と何かをするとき，自分がどのような役割や仕事を果たすべきか考え，分担しながら，力　4 − 3 − 2 − 1
　を合わせて行動しようとしている。

4　キャリア教育で育成すべき力　　163

④ 自分を振り返り，長所や短所を把握して，良いところを伸ばし，悪いところを克服しようと　4－3－2－1
している。
⑤ 自分がすべきことがある時に，喜怒哀楽の感情に流されず行動を適切に律し，それに取り組　4－3－2－1
もうとしている。
⑥ 不得意なことでも，自ら進んで，取り組もうとしている。　4－3－2－1
⑦ 調べたいことがある時，自ら進んで資料や情報を収集し，信ぴょう性が高く，かつ，必要な　4－3－2－1
情報を取捨選択しながら活用できている。
⑧ 何か問題が起こったとき，次に同じような問題が起こらないようにするために，原因を調べ，　4－3－2－1
課題を発見し，解決のための工夫ができている。
⑨ 何かをするとき，見通しをもって計画し，評価・改善を加えながら行動ができている。　4－3－2－1
⑩ 学ぶことや働くことの意義について考えたり，様々な働き方や生き方があることを理解した　4－3－2－1
り，今学校で学んでいることと自分の将来とのつながりを考えたりしている。
⑪ 自らの将来について具体的な目標をたて，社会の現実を視野におさめながら，その実現のた　4－3－2－1
めの方法について考えている。
⑫ 将来の目標の実現に向けて具体的な行動を起こしたり，それを振り返って改善したりしてい　4－3－2－1
る。

資料 11-2　キャリア教育の基礎的・汎用的能力に関する自己点検評価結果

①②③の合計値	人間関係形成・社会形成能力の状況	④⑤⑥の合計値	自己理解・自己管理能力の状況
	12～11　とてもよい状況です（とても行っている） 10～9　まずまずの状況です（まずまず行っている） 8～7　少し努力が必要な状況です（どちらともいえない） 6～5　努力が必要な状況です（あまり行っていない） 4～3　とても努力が必要な状況です（ほとんど行っていない）		12～11　とてもよい状況です（とても行っている） 10～9　まずまずの状況です（まずまず行っている） 8～7　少し努力が必要な状況です（どちらともいえない） 6～5　努力が必要な状況です（あまり行っていない） 4～3　とても努力が必要な状況です（ほとんど行っていない）
⑦⑧⑨の合計値	課題対応能力の状況	⑩⑪⑫の合計値	キャリアプランニング能力の状況
	12～11　とてもよい状況です（とても行っている） 10～9　まずまずの状況です（まずまず行っている） 8～7　少し努力が必要な状況です（どちらともいえない） 6～5　努力が必要な状況です（あまり行っていない） 4～3　とても努力が必要な状況です（ほとんど行っていない）		12～11　とてもよい状況です（とても行っている） 10～9　まずまずの状況です（まずまず行っている） 8～7　少し努力が必要な状況です（どちらともいえない） 6～5　努力が必要な状況です（あまり行っていない） 4～3　とても努力が必要な状況です（ほとんど行っていない）

5　キャリア教育推進の法的根拠

2006年12月に改正された教育基本法では，第2条（教育の目標）の第2号において「個

人の価値を尊重して，その能力を伸ばし，創造性を培い，自主及び自律の精神を養うとともに，職業及び生活との関連を重視し，勤労を重んずる態度を養うこと」を規定し，教育目標の一部としてキャリア教育を位置づけました。また，同法第5条（義務教育）の第2項では「義務教育として行われる普通教育は，各個人の有する能力を伸ばしつつ社会において自立的に生きる基礎を培い，また，国家及び社会の形成者として必要とされる基本的な資質を養うことを目的として行われるものとする」と定めました。

教育基本法改正の翌年，2007年に学校教育法が改正されました。その第21条（義務教育の目標）において，第1号「学校内外における社会的活動を促進し，自主，自律及び協同の精神，規範意識，公正な判断力並びに公共の精神に基づき主体的に社会の形成に参画し，その発展に寄与する態度を養うこと」，第4号「家族と家庭の役割，生活に必要な衣，食，住，情報，産業その他の事項について基礎的な理解と技能を養うこと」を規定しました。そして，あらたに第10号「職業についての基礎的な知識と技能，勤労を重んずる態度及び個性に応じて将来の進路を選択する能力を養うこと」を定め，小学校からの体系的なキャリア教育実践に対する明示的な法的根拠を示しました。

❊ 6 │ 進路指導とは

「キャリア教育」と類似した概念として，「進路指導」があります。2017（平成29）年告示の学習指導要領では，「キャリア教育の充実」を総則に初めて明記しましたが，これまでの学習指導要領では「進路指導」の文言が中心にありました。ここでは，これまでの進路指導について概観します。

（1）進路指導の定義

① 進路指導と職業指導

進路指導は，昭和30年代前半まで「職業指導」と呼ばれていました。「職業指導の手びき——管理・運営編——」（文部省，1955）には，進路指導への呼称変更の直前の職業指導の定義について，次のように示しています。

> 学校における職業指導は，個人資料，職業・学校情報，啓発的経験および相談を通じて，生徒みずからが将来の進路の選択，計画をし，就職または進学して，さらにその後の生活によりよく適応し，進歩する能力を伸長するように，教師が教育の一環として，組織的，継続的に援助する過程である。

また，「進路指導の手引——中学校学級担任編——」（文部省，1961）には，職業指導から進路指導への呼称変更後の定義について，次のように示しています。

> 進路指導とは，生徒の個人資料，進路情報，啓発的経験および相談を通じて，生徒みずから，将来の進路の選択，計画をし，就職または進学して，さらにその後の生活によりよく適応し，進歩する能力を伸長するように，教師が組織的，継続的に援助する過程である。

このように，職業指導と進路指導の定義がほぼ同じ内容を示していることから，「進路指導」は「職業指導」の語義を引き継ぐ概念とされていたことがうかがえます。なお，上記の「さらにその後の生活によりよく適応し，進歩する能力を伸長する」の解釈について，「進路指導の手引――中学校学級担任編（改訂版）――」（文部省，1983）では，「将来の生活における職業的自己実現に必要な能力や態度を育成する」という広い理念を意味するものとあらたな解釈を加えています。

② 進路指導と「生き方」の視点

一方，1983年の「進路指導の手引――高等学校ホームルーム担任編――」（文部省）では，進路指導が「職業的自己実現」とともに「社会的自己実現」を包含するとの見方について，次のように示しています。

> 進路指導は，生徒の一人ひとりが，自分の将来の生き方への関心を深め，自分の能力・適性等の発見と開発に努め，進路の世界への知見を広くかつ深いものとし，やがて自分の将来への展望を持ち，進路の選択・計画をし，卒業後の生活によりよく適応し，社会的・職業的自己実現を達成していくことに必要な，生徒の自己指導能力の伸長を目指す，教師の計画的，組織的，継続的な指導・援助の過程。

ここでは，進路指導が，社会的・職業的に自己実現を達成していくことに必要な生徒の自己指導能力の伸長を目指す，というねらいを明記しています。また，進路指導は，進路選択のみならず，どのような人間になり，どのように生きていくことがよりよいのかといった展望に立って指導・援助するということから，「生き方」の教育活動を含むものであり，その視点を明記していることにも注目する必要があります。

（2）教育課程における進路指導の位置付け

進路指導の教育課程における位置付けについて，昭和と平成に整理して概観します。

① 昭　　和

1947（昭和22）年に学校教育法が制定され，同年に文部省は「学習指導要領一般編」（試案），「学習指導要領職業指導編」（試案）を示し，1949（昭和24）年には，「中学校・高等学校職業指導の手引」において職業指導の指針を示しました。さらに同年には，職業・家庭科の中に職業指導を位置付け，体系的な内容を定めました。また，1951（昭和26）年の学習指導要領改訂では，ホームルームにおいて，生徒指導とともに職業選択の指導を行うことを示しました。

1958（昭和33）年の中学校学習指導要領，1961年（昭和36）年の高等学校学習指導要領改訂では，職業・家庭科を廃止し技術・家庭科を設けるとともに，職業・家庭科の中で扱われていた職業指導を進路指導に改め，特別教育活動に位置付けました。進路指導は，学校教育活動全体で，教育課程の全領域を通じて行い，それらを補充，深化，総合する場と

して学級活動を位置付け，中学校では学級活動を進路指導の基本的な場としました。高等学校でも，ホームルームの目標及び内容に進路指導について明記し，ホームルームを中心に進路指導を扱うよう位置付けました。また，1961（昭和36）年には，進路指導の定義を「中学校・高等学校進路指導の手引き——中学校学級担任編——」で示しました。

1969（昭和44）年の中学校学習指導要領改訂及び1970（昭和45）年の高等学校学習指導要領改訂では，総則に進路指導を位置づけ，また，進路指導は「特別活動」における学級活動・ホームルーム活動を中核的な場面としつつ，学校の教育活動全体を通じて進路指導を計画的に行うものとしました。なお，このような「教育活動全体を通じた進路指導」の実践と，中核的な場面としての「学級活動・ホームルーム活動」の位置付けは，2008年の中学校学習指導要領改訂及び2009年の高等学校学習指導要領改訂においても堅持しました。

② 平 成

平成に入り，1989（平成元）年の中高の学習指導要領改訂では，「生徒が自らの生き方を考え主体的に進路を選択することができるよう学校教育活動全体を通じ，計画的，組織的に進路指導を行うこと」，「人間としての生き方についての自覚を深め，自己を生かす能力を養う」ことなど，生き方（高等学校では在り方生き方）の指導としての進路指導を強調しました。2008（平成20）年に改訂された中学校学習指導要領の総則には「生徒が自らの生き方を考え主体的に進路を選択することができるよう，学校の教育活動全体を通じ，計画的，組織的な進路指導を行うこと」及び「生徒が学校や学級での生活によりよく適応するとともに，現在及び将来の生き方を考え行動する態度や能力を育成することができるよう，学校の教育活動全体を通じ，ガイダンスの機能の充実を図ること」を指導計画の作成等に当たって配慮すべき事項としてそれぞれ定めました。

また，中核的な実践の場面となる特別活動の「学級活動」では，「（3）学業と進路」が進路指導と深く関連した内容であり，「ア　学ぶことと働くことの意義の理解」，「イ　自主的な学習態度の形成と学校図書館の利用」，「ウ　進路適性の吟味と進路情報の活用」，「エ　望ましい勤労観・職業観の形成」，「オ　主体的な進路の選択と将来設計」を示しました。同じく「（2）適応と成長及び健康安全」の「イ　自己及び他者の個性の理解と尊重」，「ウ　社会の一員としての自覚と責任」，「エ　男女相互の理解と協力」，「オ　望ましい人間関係の確立」は，進路指導とも深く関連した内容であり，生徒の自主的，実践的な態度を育成するよう十分に配慮しつつ，系統的な指導計画を作成することを求めました。

なお，2009（平成21）年の高等学校学習指導要領改訂では，総則において「学校の教育活動全体を通じ，計画的，組織的な進路指導を行い，キャリア教育を推進すること」と「キャリア教育」の推進を明示しましたが，2008（平成20）年の中学校学習指導要領改訂では「学校の教育活動全体を通じ，計画的，組織的な進路指導を行うこと」と定め，中学校学習指導要領では「キャリア教育」という文言を明示的には使用しませんでした。そして，2017（平成29）年，2018（平成30）年の学習指導要領改訂では，小学校，中学校，高等

学校において，キャリア教育の充実を図るよう総則に明記しました。

7 キャリア教育と進路指導との関係

「2004年報告書」では，「進路指導は，生徒が自らの生き方を考え，将来に対する目的意識を持ち，自らの意志と責任で進路を選択決定する能力・態度を身に付けることができるよう，指導・援助することである」としながら，キャリア教育との関連については，「定義・概念としては，キャリア教育との間に大きな差異は見られず，進路指導の取り組みは，キャリア教育の中核をなすということができる」と示し，キャリア教育と進路指導との間には概念的に大きな差異はないと指摘しています。また，「2011年中教審答申」においても，高等学校における進路指導を事例としながら，「進路指導のねらいは，キャリア教育の目指すところとほぼ同じ」との見解を示しています。

「中学校キャリア教育の手引き（改訂版）」（文部科学省，2011）では，「キャリア教育は，就学前段階から初等中等教育・高等教育を貫き，また学校から社会への移行に困難を抱える若者（若年無業者など）を支援する様々な機関においても実践される」一方，「進路指導は，理念・概念やねらいにおいてキャリア教育と同じものであるが，中学校・高等学校に限定される教育活動」であり，このようなキャリア教育と進路指導との関係を整理すると，図11-2のようになるとしています。

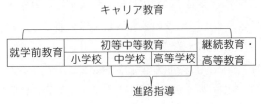

図11-2　キャリア教育と進路指導との関係

【引用・参考文献】

文部省　1955　職業指導の手びき——管理・運営編——
文部省　1961　進路指導の手引——中学校学級担任編——　日本職業指導協会
文部省　1983　進路指導の手引——中学校学級担任編（改訂版）——　日本進路指導協会
文部省　1983　進路指導の手引——高等学校ホームルーム担任編——　日本進路指導協会
中央教育審議会　1999　初等中等教育と高等教育との接続の改善について（答申）
　　　https://www.nier.go.jp/shido/centerhp/20kyariasiryou/20kyariasiryou.hp/2-01.pdf
国立教育政策研究所生徒指導研究センター　2002　児童生徒の職業観・勤労観を育む教育の推進について
　　（調査研究報告書）　　https://www.nier.go.jp/shido/centerhp/sinro/1hobun.pdf
若者自立・挑戦戦略会議　2003　若者自立・挑戦プラン
　　　https://www.mext.go.jp/component/a_menu/education/detail/__icsFiles/afieldfile/2015/04/03/1234098_001.pdf
文部科学省　2004　キャリア教育の推進に関する総合的調査研究協力者会議報告書——児童生徒一人一人の勤労観，職業観を育てるために——
　　　https://www.mext.go.jp/b_menu/shingi/chousa/shotou/023/toushin/04012801/002.htm

若者自立・挑戦戦略会議　2006　若者の自立・挑戦のためのアクションプラン改訂
　　https://www.nier.go.jp/shido/centerhp/20kyariasiryou/20kyariasiryou.hp/4-0303.pdf
文部科学省　2008　中学校学習指導要領　東山書房
文部科学省　2009　高等学校学習指導要領　東山書房
文部科学省　2011　キャリア教育と進路指導　中学校キャリア教育の手引き　33-38
　　https://www.mext.go.jp/component/a_menu/education/detail/__icsFiles/afieldfile/2011/06/16/
　　1306818_06.pdf
中央教育審議会　2011　今後の学校におけるキャリア教育・職業教育の在り方について（答申）
　　https://www.nier.go.jp/shido/centerhp/30career_shiryoushu/2-4-2.pdf
中央教育審議会　2016　幼稚園、小学校、中学校、高等学校及び特別支援学校の学習指導要領等の改善及び必要
　　な方策等について（答申）　　https://www.mext.go.jp/b_menu/shingi/chukyo/chukyo0/toushin/__icsFiles/
　　afieldfile/2017/01/10/1380902_0.pdf
文部科学省　2018　第3期教育振興基本計画
　　https://www.mext.go.jp/content/1406127_002.pdf
国立教育政策研究所生徒指導・進路指導研究センター　2019　「キャリア教育」資料集−文部科学省・国
　　立教育政策研究所−研究・報告書・手引編　平成30年度版
　　https://www.nier.go.jp/shido/centerhp/30career_shiryoushu/all_ver.pdf
文部科学省　2022　小学校キャリア教育の手引き
　　https://www.mext.go.jp/a_menu/shotou/career/detail/mext_01951.html
文部科学省　2023　中学校・高等学校キャリア教育の手引き
　　https://www.mext.go.jp/a_menu/shotou/career/detail/mext_00010.html
中央教育審議会　2023　次期教育振興基本計画について（答申）
　　https://www.mext.go.jp/content/20230308-mxt_soseisk02-000028073_1.pdf

Chapter 12 キャリア教育の充実
——学習指導要領総則——

> 学習指導要領の総則の「キャリア教育の充実」の内容は，学校教育におけるキャリア教育の基準となります。小学校，中学校，高等学校の各校種の段階で求められる内容を整理し，計画的にキャリア教育の充実に取り組む必要があります。
>
> 本章では，「キャリア教育の充実」の理解を深めるために，学習指導要領解説と文部科学省資料を中心に関連する内容の要点を示しながら解説します。また，学習指導要領総則に記されたキャリア教育に関連する内容を基に，学校教育におけるキャリア教育の進め方や留意事項について解説します。

 1　学習指導要領総則の「キャリア教育の充実」の内容

　小学校，中学校，高等学校の各学習指導要領総則の「児童の発達の支援」及び「生徒の発達の支援」で示す「キャリア教育の充実」の内容は，表12-1のとおりです。小学校から高等学校まで，特別活動を要としつつ，「学ぶことと自己の将来とのつながりを見通しながら，社会的・職業的自立に向けて必要な基盤となる資質・能力を身に付けていくことができるよう」，キャリア教育の充実を図ることを示しています。

　中学校と高等学校については，内容はほぼ同じです。小学校では，中学校と高等学校の内容にみられる「生徒が自らの生き方（高等学校は在り方生き方）を考え主体的に進路を選択

表12-1　学習指導要領総則における「キャリア教育の充実」

小学校	中学校	高等学校
児童が，学ぶことと自己の将来とのつながりを見通しながら，社会的・職業的自立に向けて必要な基盤となる資質・能力を身に付けていくことができるよう，特別活動を要としつつ各教科等の特質に応じて，キャリア教育の充実を図ること。	生徒が，学ぶことと自己の将来とのつながりを見通しながら，社会的・職業的自立に向けて必要な基盤となる資質・能力を身に付けていくことができるよう，特別活動を要としつつ各教科等の特質に応じて，キャリア教育の充実を図ること。その中で，生徒が自らの生き方を考え主体的に進路を選択することができるよう，学校の教育活動全体を通じ，組織的かつ計画的な進路指導を行うこと。	生徒が，学ぶことと自己の将来とのつながりを見通しながら，社会的・職業的自立に向けて必要な基盤となる資質・能力を身に付けていくことができるよう，特別活動を要としつつ各教科・科目等の特質に応じて，キャリア教育の充実を図ること。その中で，生徒が自己の在り方生き方を考え主体的に進路を選択することができるよう，学校の教育活動全体を通じ，組織的かつ計画的な進路指導を行うこと。
総則・第1章第4の1の (3)	総則・第1章第4の1の (3)	総則・第1章総則第5款の1の (3)

することができるよう，学校の教育活動全体を通じ，組織的かつ計画的な進路指導を行うこと」という文言がありません。この部分は，進路指導に関する内容であり，第11章で取り上げた中学校キャリア教育の手引き（改訂版）が示すように，学校における進路指導は，基本的に中学校・高等学校に限定される教育活動であることが反映しています。

2　学習指導要領解説・総則編の「キャリア教育の充実」の内容

　学習指導要領解説・総則編では，小学校の第3章第4節（3），中学校の第3章第4節（3），高等学校の第6章第1節3に，「キャリア教育の充実」の項目を設けています。また，小学校は10段落，中学校は11段落，高等学校は12段落で内容を示しています。

　ここでは，以下に各段落の内容を中学校の内容を基準にしてまとめ，中学校と内容が異なる箇所には下線を引き，（　）の中に小学校と高等学校の内容を記しています。なお，高等学校の第8，9段落の内容は，高等学校独自の内容のため，そのまま示しています。

（1）第1,2段落（小学校第1,2段落，高校第1,2段落）の内容

> 　本項は，生徒（小：児童）に学校で学ぶことと社会との接続を意識させ，一人一人の社会的・職業的自立に向けて必要な基盤となる資質・能力を育み，キャリア発達を促すキャリア教育の充実を図ることを示している。
> 　学校教育においては，キャリア教育の理念が浸透してきている一方で，これまで学校の教育活動全体で行うとされてきた意図が十分に理解されず，指導場面が曖昧にされてしまい，また，狭義の意味での「進路指導」と混同され（小：狭義の「進路指導」との混同により，特に特別活動において進路に関連する内容が存在しない小学校においては，体系的に行われてこなかったという課題もある。また，将来の夢を描くことばかりに力点が置かれ），「働くこと」の現実や必要な資質・能力の育成につなげていく指導が軽視されていたりするのではないか，といった指摘もある。

（2）第3,4段落（小学校第3,4段落，高校第2,3段落）の内容

> 　こうした指摘等を踏まえて，キャリア教育を効果的に展開していくためには，特別活動の学級活動を要としながら，総合的な学習の時間や学校行事，道徳科や（高：総合的な探究の時間や学校行事，公民科に新設された科目「公共」をはじめとする）各教科における学習，個別指導としての教育相談等の機会を生かしつつ，学校の教育活動全体を通じて必要な資質・能力の育成を図っていく取組が重要になる。
> 　また，自己のキャリア形成の方向性（小：将来の生活や社会）と関連付けながら見通しをもったり，振り返ったりする機会を設けるなど主体的・対話的で深い学びの実現に向けた授業改善を進めることがキャリア教育の視点からも求められる。

（3）第5,6,7段落（小学校第5,6,7段落，高校第4,5,6段落）の内容

> 　さらに，本改訂（高：更に，今回の改訂）では特別活動（小：キャリア教育の要となる特別活動）の学級活動（高：ホームルーム活動）の内容に（3）一人一人のキャリア形成と自己実現を設けている。そ

の実施に際しては次の２点に留意することが重要である。

　一つ目は，総則（高：第１章総則）において，特別活動が学校教育全体で行うキャリア教育の要としての役割を担うことを位置付けた趣旨を踏まえることである。キャリア教育の要としての役割を担うこととは，キャリア教育が学校教育全体を通して行うものであるという前提のもと，これからの学びや人間としての生き方（小：自己の生き方，高：人間としての在り方生き方）を見通し，これまでの活動を振り返るなど，教育活動全体の取組を自己の将来や社会づくりにつなげていくための役割を果たすことである。この点に留意して学級活動（高：ホームルーム活動）の指導にあたることが重要である。

　二つ目は，学級活動（高：ホームルーム活動）の（3）の内容は，キャリア教育の視点からの小・中・高等学校のつながりが明確になるよう整理した（小：整理することにより設けたものである）ということである。ここで扱う内容については，将来に向けた自己実現に関わるものであり，一人一人の主体的な意思決定を大切にする活動である。小学校から高等学校（小：中学校，高等学校）へのつながりを考慮しながら，中学校段階（小：小学校段階，高：高等学校段階）として適切なものを内容として設定している。キャリア教育は，教育活動全体の中で基礎的・汎用的能力を育むものであることから職場体験活動（小：夢を持つことや職業調べ）などの固定的な活動だけに終わらないようにすることが大切である。

（4）第8段落（高校第7段落）の内容と高校のみの内容（高校第8, 9段落の内容）

　特に，中学校の段階（高：高等学校段階）の生徒は，心身両面にわたる発達（高：知的能力や身体的能力の発達）が著しく，自己の生き方についての関心が高まる時期にある（高：また，人間としての在り方生き方を模索し，価値観を形成するという特色をもつ）。このような発達の段階にある生徒が，自分自身を見つめ，自分と社会の関わりを考え，将来，様々な生き方や進路の選択可能性があることを理解するとともに，自らの意思と責任で自己の生き方や進路を選択できるよう適切な（高：自己理解を深めるとともに，自己と社会との関わりについて深く考え，将来の在り方生き方，進路を選択決定して，将来の生活において望ましい自己実現ができるよう）指導・援助を行う進路指導が必要である。ここでいう生き方や進路の選択は，中学校卒業後（高：進路の選択決定や将来設計は，高等学校卒業後）の就職や進学について意思決定することがゴールではない。中学校卒業後（高：高等学校卒業後の社会的移行においても），様々なことを学んだり，職業経験を積んだりしながら，自分自身の生き方や生活をよりよくするため（高：在り方生き方や進むべき方向性とその具体的な選択肢について探索・試行し），常に将来設計を描き直したり，目標を段階的に修正して（高：将来設計や目標を修正して），自己実現に向けて努力していくことができるようにすることが大切である。

高校のみの内容（高校第8, 9段落の内容）

　このような高等学校におけるキャリア教育や進路指導は，高等学校教育の目標である「社会において果たさなければならない使命の自覚に基づき，個性に応じて将来の進路を決定させ」ることや，「個性の確立に努める」ことを目指して行われるものであり（学校教育法第51条），全校の教職員の共通理解と協力的指導体制によって，学校の教育活動全体を通じて計画的，組織的，継続的に行われなければならない。

　高等学校の教育課程は，卒業までに履修すべき単位数に比べて必履修教科・科目の最低合計単位数は半分以下であり，学校設定教科・科目，総合的な探究の時間等の活用により，各学校において，生徒，学科の特色，学校及び地域の実態等に応じて，より弾力的な教育課程の編成が可能になっている。したがって，生徒が自己の特性等と将来の進路との関わりにおいて適切な各教科・科目を選択できるように指導する必要がある。

（5）第9段落（小学校第8段落，高校第10段落）の内容

> 学校の教育活動全体を通じて行うキャリア教育や<u>進路指導</u>（小：記載なし）を効果的に進めていくためには，校長のリーダーシップの<u>もと</u>（高：下），<u>進路指導主事やキャリア教育担当教師を中心とした</u>（小：記載なし）校内の組織体制を整備し，学年や学校全体の教師が共通の認識に立って指導計画の作成に当たるなど，それぞれの役割・立場において協力して指導に当たることが<u>重要である</u>。（高：重要である。家庭や地域社会，公共職業安定所をはじめとする関係機関との連携についても十分配慮していく必要がある。）

（6）第10段落（小学校第9段落，高校第11段落）の内容

> また，キャリア教育は，生徒に将来の生活や社会，職業などとの関連を<u>意識させ，キャリア発達を促すもの</u>（小：意識させる学習）であることから，その実施に当たっては，<u>職場体験活動</u>（小：職場見学，高：就業体験活動）や社会人講話などの機会の確保が不可欠である。「社会に開かれた教育課程」の理念のもと，幅広い地域住民等（キャリア教育や学校との連携をコーディネートする専門人材，高齢者，若者，PTA・青少年団体，企業・NPO等）と目標やビジョンを共有し，連携・協働して生徒を育てていくことが求められる。

（7）第11段落（小学校第10段落，高校第12段落）の内容

> <u>さらに</u>（高：更に），キャリア教育を進めるに当たり，家庭・保護者の役割やその影響の大きさを考慮し，家庭・保護者との共通理解を図りながら進めることが重要である。その際，各学校は，保護者が<u>生徒</u>（小：児童）の進路や職業に関する情報を必ずしも十分に得られていない状況等を踏まえて，産業構造や進路を巡る環境の変化等の現実に即した情報を提供して共通理解を図った上で，将来，<u>生徒</u>（小：児童）が社会の中での自分の役割を果たしながら，自分らしい生き方を実現していくための働きかけを行うことが必要である。

---

3 「キャリア教育の充実」の要点整理

　上記の2では，学習指導要領解説・総則編の「キャリア教育の充実」の内容を段落ごとに示しました。テーマごとに分けて要点を整理すると，（1）から（3）になります。

（1）これまでのキャリア教育の課題

　これまでのキャリア教育の課題を2つ示しています。1つは，「学校の教育活動全体で行うとされてきた意図が十分に理解されず，指導場面が曖昧にされて」いた点です。もう1つは，出口指導に関連するような「狭義の意味での「進路指導」と混同され，「働くこと」の現実や必要な資質・能力の育成につなげていく指導が軽視されて」いた点です。

（2）キャリア教育を効果的に展開していくために重要となる取組と改訂点

　キャリア教育を効果的に展開していくために重要となる取組と改訂点について2つ示しています。1つは，特別活動の学級活動・ホームルーム活動を要としながら，各教科等，「個別指導としての教育相談などの機会を生かしつつ，学校の教育活動全体を通じて必要

な資質・能力の育成を図っていく取組」の重要性です。もう1つは,「キャリア教育の要となる特別活動の学級活動・ホームルーム活動の内容に「一人一人のキャリア形成と自己実現」を設け」た点です。

（3）「一人一人のキャリア形成と自己実現」の実施に際しての留意点

「一人一人のキャリア形成と自己実現」の実施に際しての留意点を2つ示しています。1つは,これからの学びや在り方生き方などを見通し,「これまでの活動を振り返るなど,教育活動全体の取組を自己の将来や社会づくりにつなげていくための役割を果たす」ようにする点です。もう1つは,キャリア教育の視点からの小・中・高等学校のつながりを考慮しながら,一人一人の主体的な意思決定を大切にする活動を通じて,教育活動全体の中で基礎的・汎用的能力（表11-1参照）を育むようにする点です。

4　学習指導要領総則上のキャリア教育に関連する記載内容

学習指導要領総則に記載されたキャリア教育に関連する内容について,小学校,中学校ごとに示します。表12-2, 12-3のとおりです。なお,キャリア教育の充実の要とされる特別活動における内容については,第13章で取り上げます。

表12-2　小学校学習指導要領総則のキャリア教育に関連する内容

前文 　児童が学ぶことの意義を実感できる環境を整え,一人一人の資質・能力を伸ばせるようにしていくことは,教職員をはじめとする学校関係者はもとより,家庭や地域の人々も含め,様々な立場から児童や学校に関わる全ての大人に期待される役割である。幼児期の教育の基礎の上に,中学校以降の教育や生涯にわたる学習とのつながりを見通しながら,児童の学習の在り方を展望していくために広く活用されるものとなることを期待して,ここに小学校学習指導要領を定める。
第1章総則・第3 教育課程の実施と学習評価 1 主体的・対話的で深い学びの実現に向けた授業改善 (4) 児童が学習の見通しを立てたり学習したことを振り返ったりする活動を,計画的に取り入れるように工夫すること。
第1章総則・第4 児童の発達の支援（表12-1の再掲） 1児童の発達を支える指導の充実 (3) 児童が,学ぶことと自己の将来とのつながりを見通しながら,社会的・職業的自立に向けて必要な基盤となる資質・能力を身に付けていくことができるよう,特別活動を要としつつ各教科等の特質に応じて,キャリア教育の充実を図ること。
第1章総則・第5 学校運営上の留意事項 2家庭や地域社会との連携及び協働と学校間の連携 ア 学校がその目的を達成するため,学校や地域の実態等に応じ,教育活動の実施に必要な人的又は物的な体制を家庭や地域の人々の協力を得ながら整えるなど,家庭や地域社会との連携及び協働を深めること。また,高齢者や異年齢の子供など,地域における世代を越えた交流の機会を設けること。

イ 他の小学校や，幼稚園，認定こども園，保育所，中学校，高等学校，特別支援学校などとの間の連携
や交流を図るとともに，障害のある幼児児童生徒との交流及び共同学習の機会を設け，共に尊重し合い
ながら協働して生活していく態度を育むようにすること。

第1章総則・第6道徳教育に関する配慮事項
3 学校や学級内の人間関係や環境を整えるとともに，集団宿泊活動やボランティア活動，自然体験活動，
地域の行事への参加などの豊かな体験を充実すること。

表12-3 中学校学習指導要領総則のキャリア教育に関連する内容

前文
　生徒が学ぶことの意義を実感できる環境を整え，一人一人の資質・能力を伸ばせるようにしていくこ
とは，教職員をはじめとする学校関係者はもとより，家庭や地域の人々も含め，様々な立場から生徒や
学校に関わる全ての大人に期待される役割である。幼児期の教育及び小学校教育の基礎の上に，高等学
校以降の教育や生涯にわたる学習とのつながりを見通しながら，生徒の学習の在り方を展望していくた
めに広く活用されるものとなることを期待して，ここに中学校学習指導要領を定める。

第1章総則・第3教育課程の実施と学習評価
1 主体的・対話的で深い学びの実現に向けた授業改善
(4) 生徒が学習の見通しを立てたり学習したことを振り返ったりする活動を，計画的に取り入れるよう
に工夫すること。

第1章総則・第4生徒の発達の支援（表12-1の再掲）
1 生徒の発達を支える指導の充実
(3) 生徒が，学ぶことと自己の将来とのつながりを見通しながら，社会的・職業的自立に向けて必要な
基盤となる資質・能力を身に付けていくことができるよう，特別活動を要としつつ各教科等の特質に応
じて，キャリア教育の充実を図ること。その中で，生徒が自らの生き方を考え主体的に進路を選択する
ことができるよう，学校の教育活動全体を通じ，組織的かつ計画的な進路指導を行うこと。

第1章総則・第5学校運営上の留意事項
2 家庭や地域社会との連携及び協働と学校間の連携
ア 学校がその目的を達成するため，学校や地域の実態等に応じ，教育活動の実施に必要な人的又は物的
な体制を家庭や地域の人々の協力を得ながら整えるなど，家庭や地域社会との連携及び協働を深めるこ
と。また，高齢者や異年齢の子供など，地域における世代を越えた交流の機会を設けること。
イ 他の中学校や，幼稚園，認定こども園，保育所，小学校，高等学校，特別支援学校などとの間の連携
や交流を図るとともに，障害のある幼児児童生徒との交流及び共同学習の機会を設け，共に尊重し合い
ながら協働して生活していく態度を育むようにすること。

第1章総則・第6道徳教育に関する配慮事項
3 学校や学級内の人間関係や環境を整えるとともに，職場体験活動やボランティア活動，自然体験活動，
地域の行事への参加などの豊かな体験を充実すること。

【引用・参考文献】

文部科学省　2018　小学校学習指導要領（平成29年告示）　東洋館出版社
文部科学省　2018　中学校学習指導要領（平成29年告示）　東山書房
文部科学省　2018　小学校学習指導要領（平成29年告示）解説　総則編　東洋館出版社
文部科学省　2018　中学校学習指導要領（平成29年告示）解説　総則編　東山書房
文部科学省　2019　高等学校学習指導要領（平成30年告示）　東山書房
文部科学省　2019　高等学校学習指導要領（平成30年告示）解説　総則編　東洋館出版社

Chapter 13 学級活動・ホームルーム活動とキャリア教育

　学習指導要領総則では，特別活動を「キャリア教育の要」と位置付けています。また，学習指導要領解説・総則編では，特別活動の中でも，学級活動・ホームルーム活動を，キャリア教育を効果的に展開していく要と明示し，活動内容に「一人一人のキャリア形成と自己実現」を新設しました。
　本章では，「一人一人のキャリア形成と自己実現」について，学習指導要領とその解説に示された内容の要点を整理しながら解説します。また，キャリア教育の授業実践の内容や進め方の確認に役立つチェックリストを紹介します。

1　特別活動の目標

　「キャリア教育の要」と位置づけられた特別活動の小学校，中学校，高等学校の目標は，学習指導要領に沿ってまとめると表13-1のとおりです。校種により異なる箇所には

表13-1　特別活動の目標

	小学校	中学校	高等学校
	集団や社会の形成者としての見方・考え方を働かせ，様々な集団活動に自主的，実践的に取り組み，互いのよさや可能性を発揮しながら集団や自己の生活上の課題を解決することを通して，次のとおり資質・能力を育成することを目指す。		
知識・技能	(1) 多様な他者と協働する様々な集団活動の意義や活動を行う上で必要となることについて理解し，行動の仕方を身に付けるようにする。	小学校と同じ	小学校と同じ
思考力・判断力・表現力等	(2) 集団や自己の生活，人間関係の課題を見いだし，解決するために話し合い，合意形成を図ったり，意思決定したりすることができるようにする。	小学校と同じ	小学校と同じ
学びに向かう力・人間性等	(3) 自主的，実践的な集団活動を通して身に付けたことを生かして，<u>集団や社会における生活及び人間関係をよりよく形成するとともに，自己の生き方</u>についての考えを深め，自己実現を図ろうとする態度を養う。	(3) 自主的，実践的な集団活動を通して身に付けたことを生かして，<u>集団や社会における生活及び人間関係をよりよく形成するとともに，人間としての生き方</u>についての考えを深め，自己実現を図ろうとする態度を養う。	(3) 自主的，実践的な集団活動を通して身に付けたことを生かして，<u>主体的に集団や社会に参画し</u>，生活及び人間関係をよりよく形成するとともに，<u>人間としての在り方生き方</u>についての<u>自覚</u>を深め，自己実現を図ろうとする態度を養う。

下線を引いてあります。この目標は，学級活動・ホームルーム活動，児童会活動・生徒会活動及び学校行事，そしてクラブ活動（小学校のみ）の目標を総括する目標になります。

目標は，3つの育成を目指す資質・能力ごとに示しています。表の（1）は「知識・技能」の目標です。同様に（2）は「思考力・判断力・表現力等」，（3）は「学びに向かう力・人間性等」です。各校種を比べると，「学びに向かう力・人間性等」に関する内容に違いがみられます。たとえば，小学校では「自己の生き方」と示していますが，中学校では「人間としての生き方」，高等学校では「人間としての在り方生き方」と発達段階に応じた内容になっています。

❀ 2 ｜ 学級活動・ホームルーム活動の目標及び内容

キャリア教育を効果的に展開していく要とされている学級活動・ホームルーム活動の「目標」「内容」「内容の取り扱い」について，学習指導要領では，次の（1）（2）（3）のように示しています。

（1）学級活動・ホームルーム活動の目標

学級活動・ホームルーム活動の目標は，次のとおりです。高等学校は「学級活動」は「ホームルーム」と記載されますが，それ以外は，小学校から高等学校まで同じ内容を示しています。なお，引用文にある「第1の目標」とは，表13-1にまとめた「特別活動の目標」を指します。

> 学級（高：ホームルーム）や学校での生活をよりよくするための課題を見いだし，解決するために話し合い，合意形成し，役割を分担して協力して実践したり，学級（高：ホームルーム）での話合いを生かして自己の課題の解決及び将来の生き方を描くために意思決定して実践したりすることに，自主的，実践的に取り組むことを通して，第1の目標に掲げる資質・能力を育成することを目指す。

（2）学級活動・ホームルーム活動の内容

学級活動・ホームルーム活動の内容は，表13-2のとおりです。このうち，キャリア教育に関連する（3）「一人一人のキャリア形成と自己実現」とその項目のアからウ（高等学校はアからエ）には，特に留意する必要があります。

（3）学級活動・ホームルーム活動の内容の取扱い

表13-2の内容（3）の「一人一人のキャリア形成と自己実現」の内容の取扱いは，次のとおりです。なお，ここで記している「児童生徒が活動を記録し蓄積する教材等を活用」は，具体的には「キャリア・パスポートの活用」を指しています。これについては，第14章で取り上げます。

表 13-2　学級活動・ホームルーム活動の内容

特別活動の目標に掲げる資質・能力を育成するため，全ての学年において，次の各活動を通して，それぞれの活動の意義及び活動を行う上で必要となることについて理解し，主体的に考えて実践できるよう指導する。

小学校	中学校	高等学校
(1) 学級や学校における生活づくりへの参画 ア　学級や学校における生活上の諸問題の解決 イ　学級内の組織づくりや役割の自覚 ウ　学校における多様な集団の生活の向上	(1) 学級や学校における生活づくりへの参画 ア　学級や学校における生活上の諸問題の解決 イ　学級内の組織づくりや役割の自覚 ウ　学校における多様な集団の生活の向上	(1) ホームルームや学校における生活づくりへの参画 ア　ホームルームや学校における生活上の諸問題の解決 イ　ホームルーム内の組織づくりや役割の自覚 ウ　学校における多様な集団の生活の向上
(2) 日常の生活や学習への適応と自己の成長及び健康安全 ア　基本的な生活習慣の形成 イ　よりよい人間関係の形成 ウ　心身ともに健康で安全な生活態度の形成 エ　食育の観点を踏まえた学校給食と望ましい食習慣の形成	(2) 日常の生活や学習への適応と自己の成長及び健康安全 ア　自他の個性の理解と尊重，よりよい人間関係の形成 イ　男女相互の理解と協力 ウ　思春期の不安や悩みの解決，性的な発達への対応 エ　心身ともに健康で安全な生活態度や習慣の形成 オ　食育の観点を踏まえた学校給食と望ましい食習慣の形成	(2) 日常の生活や学習への適応と自己の成長及び健康安全 ア　自他の個性の理解と尊重，よりよい人間関係の形成 イ　男女相互の理解と協力 ウ　国際理解と国際交流の推進 エ　青年期の悩みや課題とその解決 オ　生命の尊重と心身ともに健康で安全な生活態度や規律ある習慣の確立
(3) 一人一人のキャリア形成と自己実現 ア　現在や将来に希望や目標をもって生きる意欲や態度の形成 イ　社会参画意識の醸成や働くことの意義の理解 ウ　主体的な学習態度の形成と学校図書館等の活用	(3) 一人一人のキャリア形成と自己実現 ア　社会生活，職業生活との接続を踏まえた主体的な学習態度の形成と学校図書館等の活用 イ　社会参画意識の醸成や勤労観・職業観の形成 ウ　主体的な進路の選択と将来設計	(3) 一人一人のキャリア形成と自己実現 ア　学校生活と社会的・職業的自立の意義の理解 イ　主体的な学習態度の確立と学校図書館等の活用 ウ　社会参画意識の醸成や勤労観・職業観の形成 エ　主体的な進路の選択決定と将来設計

「一人一人のキャリア形成と自己実現」の指導に当たっては，学校，家庭及び地域における学習や生活の見通しを立て，学んだことを振り返りながら，新たな学習や生活への意欲につなげたり，将来の生き方（高：在り方生き方）を考えたりする活動を行うこと。その際，児童生徒が活動を記録し蓄積する教材等を活用すること。

3 「キャリア形成」と「自己実現」

「一人一人のキャリア形成と自己実現」の理解を深めるために，「キャリア形成」と「自己実現」の意味について解説します。学習指導要領解説・特別活動編の「一人一人のキャ

リア形成と自己実現」の中で，「キャリア形成」については，次のように示しています。

> 「キャリア形成」とは，社会の中で自分の役割を果たしながら，自分らしい生き方を実現していくための働きかけ，その連なりや積み重ねを意味する。

また，学習指導要領解説・特別活動編の「特別活動の目標」において，「人間関係形成」，「社会参画」，「自己実現」は，「特別活動において育成する資質・能力における重要な要素」であり，「資質・能力を育成する学習の過程においても重要な意味をもつ」視点であると示しています。その中で，「自己実現」については，次のように示しています。

> 「自己実現」は，一般的には様々な意味で用いられるが，特別活動においては，集団の中で，現在及び将来の自己の生活の課題を発見し，よりよく改善しようとする視点である。自己実現のために必要な資質・能力は，自己理解を深め，自己のよさや可能性を生かす力，自己の在り方や生き方を考え設計する力など，集団の中において，個々人が共通して当面する現在及び将来に関わる課題を考察する中で育まれるものと考えられる。

4　学習指導要領解説・特別活動編の「一人一人のキャリア形成と自己実現」の要点

　学習指導要領解説・特別活動編の「一人一人のキャリア形成と自己実現」で示す内容を整理すると，次の（1）（2）（3）のとおりです。

（1）全体の概要
①「一人一人のキャリア形成と自己実現」の内容と活動
　「一人一人のキャリア形成と自己実現」の内容は，「個々の児童生徒の将来に向けた自己実現に関わるものであり，一人一人の主体的な意思決定に基づく実践活動にまでつなげることをねらいとして」います。

② 社会的・職業的な自立に向けた課題
　「変化の激しい社会にあって，個々の児童生徒が将来における職業生活に備え，学校で学ぶことと社会との接続を意識した社会的・職業的な自立に向けた資質・能力の育成は，自己実現を図る上で今日的な課題」です。「ここで扱う活動内容は，児童生徒の現在及び将来の生き方を考える基盤になるものであり，教育活動全体を通して行うキャリア教育や個に応じた指導，援助，相談などとの関連を図ることが大切」です。

　「「キャリア形成」とは，社会の中で自分の役割を果たしながら，自分らしい生き方を実現していくための働きかけ，その連なりや積み重ねを意味」します。「これからの学びや生き方を見通し，これまでの活動を振り返るなどして自らのキャリア形成を図ることは，これからの社会を生き抜いていく上で重要な課題」です。

　「児童生徒が，将来直面する様々な課題に，柔軟かつたくましく対応し，社会的・職業的に自立していくためには，児童生徒一人一人が，学ぶこと，働くこと，そして生きることについて考え，それらの結び付きを理解し」，さらに「多様な他者と協働しながら，自

分なりの人生をつくっていく力を育むことが必要」です。

③ キャリア教育の教材の作成と活用

「活動の過程を記述し振り返ることができる教材等の作成とその活用を通して，児童生徒自身が自分の成長や変容を把握し，主体的な学びの実現や今後の生活の改善に生かしたり，将来の生き方を考えたりする活動」，すなわち「キャリア・パスポート」（第14章参照）を活用した児童生徒のキャリア発達を促す活動が求められます。

（2）育成を目指す資質・能力の例

表13-3に，育成を目指す資質・能力を例示しています。各校種の資質・能力の内容には異なるところがみられます。児童生徒の発達段階を踏まえながら，つながりのある育成を目指すことが求められます。

表13-3 「一人一人のキャリア形成と自己実現」で育成を目指す資質・能力

	小学校	中学校	高等学校
知識・技能	働くことや学ぶことの意義を理解するとともに，自己のよさを生かしながら将来への見通しをもち，自己実現を図るために必要なことを理解し，行動の在り方を身に付けるようにする。	社会の中で自分の役割を果たしながら，自分らしい生き方を実現していくことの意義や，現在の学習と将来の社会・職業生活とのつながりを考えるために，必要な知識及び技能を身に付けるようにする。	中学校と同じ
思考力・判断力・表現力	自己の生活や学習の課題について考え，自己への理解を深め，よりよく生きるための課題を見いだし，解決のために話し合って意思決定し，自己のよさを生かしたり，他者と協力したりして，主体的に活動することができるようにする。	現在の自己の学習と将来の生き方や進路についての課題を見いだし，主体的に学習に取り組み，働くことや社会に貢献することについて，適切な情報を得ながら考え，自己の将来像を描くことができるようにする。	現在の自己の学習と将来の生き方や進路についての課題を見いだし，主体的に学習に取り組み，働くことや社会に貢献することについて，適切な情報を得ながら考え，自己の将来像を描くとともに自らの意思と責任で進路の選択決定ができるようにする。
学びに向かう力・人間性等	現在及び将来にわたってよりよく生きるために，自分に合った目標を立て，自己のよさを生かし，他者と協働して目標の達成を目指しながら主体的に行動しようとする態度を養う。	将来の生き方を描き，現在の生活や学習の在り方を振り返るとともに，働くことと学ぶことの意義を意識し，社会的・職業的自立に向けて自己実現を図ろうとする態度を養う。	中学校と同じ

（3）指導上の留意点

「この内容の指導に当たっては，特に次の2点を踏まえることが大切」であるとしています。

1つめは、「総則において、特別活動が学校におけるキャリア教育の要としつつ、学校の教育活動全体で行うこととされた趣旨を踏まえること」です。「キャリア教育の要としての役割を担うこととは、キャリア教育が学校教育全体を通して行われるものであるという前提のもと、これからの学びや自己の生き方を見通し、これまでの活動を振り返るなど、教育活動全体の取組を自己の将来や社会づくりにつなげていくための役割を果たすということ」です。

2つめは、「学級活動・ホームルーム活動（3）の内容が、キャリア教育の視点からの小・中・高等学校のつながりが明確になるよう整理されたということ」です。「ここで扱う内容については、将来に向けた自己実現に関わるものであり、一人一人の主体的な意思決定を大切にする活動」です。また、キャリア教育は、学校教育活動全体で基礎的・汎用的能力（表11-1参照）を育むものです。したがって、「職場体験活動などの固定的な活動だけにならないようにすること」が必要です。

✿ 5 「一人一人のキャリア形成と自己実現」の項目（ア、イ、ウ、エ）の概要

学級活動・ホームルーム活動の内容（3）の「一人一人のキャリア形成と自己実現」の項目ア、イ、ウ、エの各概要は、表13-4のとおりです。小学校と中学校はアからウ、高等学校はアからエになります。「一人一人のキャリア形成と自己実現」の内容の学習指導案を作成する際には、指導案において記載が求められる「題材」のところで、項目のアからエを選択し記述することになります。なお、その詳細については、キャリア教育の学習指導案を対象にする第15章で取り上げます。

表13-4 「一人一人のキャリア形成と自己実現」の項目とそのねらい

小学校	中学校	高等学校
ア　現在や将来に希望や目標をもって生きる意欲や態度の形成 　学級や学校での生活づくりに主体的に関わり、自己を生かそうとするとともに、希望や目標をもち、その実現に向けて日常の生活をよりよくしようとすること。	ア　社会生活、職業生活との接続を踏まえた主体的な学習態度の形成と学校図書館等の活用 　現在及び将来の学習と自己実現とのつながりを考えたり、自主的に学習する場としての学校図書館等を活用したりしながら、学ぶことと働くことの意義を意識して学習の見通しを立て、振り返ること。	ア　学校生活と社会的・職業的自立の意義の理解 　現在及び将来の生活や学習と自己実現とのつながりを考えたり、社会的・職業的自立の意義を意識したりしながら、学習の見通しを立て、振り返ること。
イ　社会参画意識の醸成や働くことの意義の理解 　清掃などの当番活動や係活動等の自己の役割を自覚して協働することの意義を理解し、社会	イ　社会参画意識の醸成や勤労観・職業観の形成 　社会の一員としての自覚や責任をもち、社会生活を営む上で必要なマナーやルール、働くこ	イ　主体的な学習態度の確立と学校図書館等の活用 　自主的に学習する場としての学校図書館等を活用し、自分にふさわしい学習方法や学習習慣

の一員として役割を果たすために必要となることについて主体的に考えて行動すること。	とや社会に貢献することについて考えて行動すること。	を身に付けること。
ウ　主体的な学習態度の形成と学校図書館等の活用 　学ぶことの意義や現在及び将来の学習と自己実現とのつながりを考えたり，自主的に学習する場としての学校図書館等を活用したりしながら，学習の見通しを立て，振り返ること。	ウ　主体的な進路の選択と将来設計 　目標をもって，生き方や進路に関する適切な情報を収集・整理し，自己の個性や興味・関心と照らして考えること。	ウ　社会参画意識の醸成や勤労観・職業観の形成 　社会の一員としての自覚や責任をもち，社会生活を営む上で必要なマナーやルール，働くことや社会に貢献することについて考えて行動すること。
		エ　主体的な進路の選択決定と将来設計 　適性やキャリア形成などを踏まえた教科・科目を選択することなどについて，目標をもって，在り方生き方や進路に関する適切な情報を収集・整理し，自己の個性や興味・関心と照らして考えること。

　学級活動・ホームルーム活動において，「一人一人のキャリア形成と自己実現」の授業を実施する場合には，アからウ（高等学校はアからエ）の項目に照らして計画することになります。また，学習指導要領解説に示す各項目（ア，イ，ウ，エ）の内容を確認し，授業実践のポイントを具体的に理解していく必要があります。

　表13-5，13-6，13-7は，小学校の項目のア，イ，ウについて，学習指導要領解説・特別活動編に示す内容を整理したものです。同様に，表13-8，13-9，13-10は中学校の項目，表13-11，13-12，13-13，13-14は高等学校の項目です。授業実践のポイントを確認するためのチェックリストとして活用することができます。

表13-5 「ア　現在や将来に希望や目標をもって生きる意欲や態度の形成」のチェックリスト（小学校）

（1）育成を目指す資質・能力
① 自己への理解を深め，日常生活について実現可能で具体的な目標を立て，意思決定し，自己のよさを生かして主体的に活動することができること。
② 現在や将来に希望や目標をもって，日常の生活をよりよくしていこうという態度を養うこと。
（2）自分自身の興味・関心やよさなどの個性を理解し，将来に明るい希望や目標をもって現在及び将来の生活や学習に進んで取り組み，自己のよさや可能性を生かそうとする意欲や態度を育てること。
（3）学級や学校生活における不安や心配の解決のための目標を立てて行動することにより，現在の生活をよりよくすることの大切さについて理解できるようにすること。
（4）学級での話合いを通して，友達の意見などを参考にしながら自己のよさや実現できそうな目標を具体的に考えたりすることができるようにすること。
（5）学級や学校生活に希望や目標をもち，日常生活での不安や悩みの解決に向けた個人の目標を設定したり，個性の伸長を図るために自己を理解したりして，よりよく意思決定できるようにすること。

（6）　児童の思いや保護者の願い，教師の思いを盛り込んだ学級目標の実現を目指し，児童一人一人がこれからの学習への取り組み方や生活の仕方などについて意思決定できるようにすること。

（7）　自分への気付きや意思決定を促す適切な情報・資料を提供するとともに，心の健康の保持増進やよりよい人間関係の形成を図ること。

表13-6 「イ　社会参画意識の醸成や働くことの意義の理解」のチェックリスト（小学校）

（1）　育成を目指す資質・能力
- ①　学級や学校のために友達と力を合わせて働くことの意義を理解し，工夫しながら自己の役割を果たすことができるようにすること。
- ②　社会の一員として，責任をもって主体的に行動しようとする態度を養うこと。

（2）　多様性を認め合いながら，他の児童と力を合わせて働くことの大切さや自分のよさを生かすことについて考えることができるようにすること。

（3）　自分の仕事に対して工夫しながら役割を果たすことができるようにすること。

（4）　学級全員で分担する清掃や給食，交替しながら行う日直，飼育，栽培等の当番活動や学級活動での係活動，学校内外でのボランティア活動など，学級，学校や地域のために一生懸命働く活動を取り上げること。

（5）　（4）は，学級活動の授業時数を充てない朝や帰りの時間，当番活動を行っている時間などに行うことが中心となるが，学級活動においても適切に取り上げ，計画的に指導する必要があること。

（6）　日常の積み重ねを通して働くことの大切さや意義を理解させていくことによって，学級・学校生活の向上に寄与する活動などの充実につなげるとともに，公共の精神を養い，望ましい勤労観・職業観，社会性の育成を図ることにもつながるようにすること。

（7）　道徳教育や学校行事の勤労生産・奉仕的行事，総合的な学習の時間などで行うボランティア体験などと関連させて指導したり，地域全体で児童の社会的・職業的自立に向けた基盤づくりができるよう，地域との連携・協働を進めたりすること。

表13-7 「ウ　主体的な学習態度の形成と学校図書館等の活用」のチェックリスト（小学校）

（1）　育成を目指す資質・能力
- ①　学習することの楽しさや価値に気付き，学習の見通しや振り返りの大切さを理解したり，学校図書館等を日々の学習に効果的に活用するなど，自分に合った効果的な学習の方法や，学ぶことが将来の自己実現にどうつながっていくかについて考えたりして，主体的に学習することができるようにすること。
- ②　生涯にわたって主体的に学び続けようとする態度を養うこと。

（2）　学ぶことに興味や関心をもち，自ら進んで学習に取り組むことや，自己のキャリア形成と関連付けながら，見通しをもって粘り強く取り組むこと，学習活動を振り返って次に生かす主体的な学びの実現につながるようにすること。

（3）　様々な情報が得られ，自主的な学習を深める場としての学校図書館の効果的な活用や，日常の読書指導と関連するようにすること。

（4）　各教科等を学習する意義や学習習慣の定着に向けた取組や学習を深めるための資料の活用など，主体的に学ぶための方法や工夫などについても意思決定できるようにすること。

（5）　各教科等の学習と関連して指導したり，内容によって司書教諭や，学校図書館司書，ICTに関わるボランティアなどの協力を得て，実際に学校図書館の仕組みの理解や利用の仕方に関する実践的な活動を行ったりするなど，指導に具体性と変化をもたせること。

表13-8 「ア　社会生活，職業生活との接続を踏まえた主体的な学習態度の形成と学校図書館等の活用」（中学校）

（1）　育成を目指す資質・能力
- ①　現在の学習が将来の社会・職業生活の基盤になることや，他者との関わりを通して自己の将来に

5　「一人一人のキャリア形成と自己実現」の項目（ア，イ，ウ，エ）の概要

関する考えを深めることの大切さを理解すること。
② 自己を見つめ，これまでの活動を振り返りながら主体的に新たな学習に取り組むことができるようになること。
③ 自己実現を目指した努力と改善を積み重ね，生涯にわたって学び続けようとする態度を育てること。
（2） 学校における個々の学習が，それぞれのキャリア形成にどのようにつながっていくのかということや，なぜ学ぶのかといった学ぶことの本質的な意義に気付き，個々の生徒の学習意欲が高まり，主体的に学習が進められるようにすること。
（3） 生徒が自分にふさわしい学習方法を見いだしたり，学習に意欲をもって主体的に取り組んだりする上で，自主的な学習を深める場としての学校図書館等を積極的に活用する態度を養うこと。
（4） 学級経営の充実を図り，学習活動の基盤としての学級における学習環境を整え，生徒の学びへの積極的関与と深い理解を促すような指導を充実し，生徒が自他の個性を尊重しつつ，互いに高め合うような学級づくりを進めていくこと。
（5） 充実した人生と学習，学ぶことや働くことの楽しさと価値，学ぶことと職業などについての題材を設定し，保護者や卒業生など自分の身の回りの人，地域の職業人などの体験談などを取り入れながら，自分なりの考えをまとめ，発表したり，互いに話し合ったりすること。
（6） 学習意欲と学習習慣，自ら学ぶ意義や方法などについて題材を設定すること。
（7） 小学校から現在までのキャリア教育に関わる諸活動について，学びの過程を記述し振り返ることができるポートフォリオの作成と活用を通して，自身の成長や変容を自己評価したり，将来の社会生活や職業生活を展望したりする活動をすること。
（8） 学校図書館等を活用して学習を振り返り，自主的な学習を深め，多様な情報を収集して進路選択や自己実現につなぐ場としての意義や役割に気付き，積極的に活用する態度を養うこと。
（9） 各教科等の学習と関連して指導したり，内容によって司書教諭や，学校図書館司書，学校図書館やICTに関わるボランティアなどの協力を得て，実際に学校図書館の仕組みの理解や利用の仕方に関する実践的な活動を行ったりするなど，小学校までの経験を生かしつつ，中学生にふさわしく指導に具体性と変化をもたせること。

表13-9 「イ 社会参画意識の醸成や勤労観・職業観の形成」のチェックリスト（中学校）

（1） 育成を目指す資質・能力
① 他者と協力し合いながら，自らの能力や適性を生かして仕事や役割を担うことが社会づくりにつながることなど，勤労や職業について理解を深めること。
② 勤労や職業と自己実現との関係について考え，自分なりの勤労観・職業観を醸成していくことができるようになること。
③ 社会の形成者として，自らを生かした責任ある行動を取り，社会生活における課題の改善に向けて貢献しようとする態度を養うこと。
（2） 様々な役割や職業がどのように社会を支えているのかに気付くとともに，集団や社会での役割を果たすことやその過程で能力を適正に生かすことの意義について実感させること。
（3） 勤労観・職業観を育み，集団や社会の形成者として，社会生活におけるルールやマナーについて考え，日常の生活や自己の在り方を主体的に改善しようとしたり，将来を思い描き，自分にふさわしい生き方や職業を主体的に考え，選択しようとしたりすることができるようにすること。
（4） 自分の役割と生きがい，働く目的と意義，身近な職業と職業選択などの題材を設定し，調査やインタビューを基に話し合ったり，発表やディベートを行ったりなどの活動をすること。
（5） 学校行事として実施する職場体験活動，介護体験，あるいは職業人や福祉団体関係者を招いての講話等との関連を図りながら，それらの事前，事後の指導として，調査や体験の振り返りをもとに話し合い，感想文の作成，発表などの活動の展開をすること。
（6） 働くことを通じて，適性や能力がどのように発揮され，社会における自分をどのように評価するのかといった自己有用感や自己肯定感などについて理解できるようにすること。

第13章 学級活動・ホームルーム活動とキャリア教育

表13-10 「ウ　主体的な進路の選択と将来設計」のチェックリスト（中学校）

（1）　育成を目指す資質・能力
　①　中学校卒業後の進路や社会生活に関する幅広い情報を理解し，自分を見つめ，目指すべき自己の将来像を描くことができるようになること。
　②　生涯にわたって段階的な目標の達成と，自らの社会的・職業的自立に向けて努力しようとする態度を育てること。
（2）　生き方や進路に関する各種の情報を収集して活用するとともに，自分自身の興味・関心などの個性を理解した上で，自分の将来の生き方や生活について見通しをもち，進路選択を行うようにすること。
（3）　中学校卒業後も，様々なことを学んだり，職業経験を積んだりしながら，自分自身の生き方や生活をよりよくするため，常に将来設計を描き直したり，目標を段階的に修正して，自己実現に向けて努力していくようにすること。
（4）　高等学校などの進路に関する情報だけでなく，職業や働き方，生き方に関する情報などを活用する活動や，自分の夢や希望，人生と生きがい，将来設計などについての題材を設定し，自分の将来を見通すようにすること。
（5）　夢や希望を描くことが難しい生徒への配慮し，また，地域の職業人や福祉団体関係者の講話や感想文等を活用した展開や，体験に基づく発表，話合いなどを行うこと。
（6）　将来の生活における職業人，家庭人，地域社会の形成者などとしての役割や活動を知り，生徒が将来の生活を具体的に描き，進路計画として立案するようにすること。
（7）　目指すべき自己の将来像を暫定的に描くには，生き方や進路に関する情報を収集して活用するとともに，これまでや現在の自分を振り返り，自己の興味・関心や適性を把握するようにすること。
（8）　進路計画の実現を目指して，生徒が卒業後の進路選択の問題を，自分自身の課題として受け止め，自ら解決するために，何を知り，どのように考え，いかに行動すべきかなどについて検討するようにすること。
（9）　自らの興味・関心や適性などを生かすには，特定の職業や生き方に限定されないように，選択の幅を広げることが大切であり，将来の目標となる夢や希望とのつながりを見通すようにすること。
（10）　人はその人生において，進学・就職を含めて何回ものキャリアの選択を迫られるようになっており，キャリアを自ら形づくっていく時代を迎えていると言えることから，将来の生き方や生活につながる主体的な進路の選択を実現する資質・能力の育成すること。
（11）　進路選択に関しては，生徒の家庭の経済状況などで進学を断念することのないよう，奨学金等の制度について正しく理解した上で積極的に活用できるよう必要な助言を行うこと。

表13-11 「ア　学校生活と社会的・職業的自立の意義の理解」のチェックリスト（高等学校）

（1）　育成を目指す資質・能力
　①　現在の学習が将来の社会・職業生活の基盤になることや，他者との関わりを通して自己の将来に関する考えを深めることの大切さを理解し，自己を見つめ，これまでの活動を振り返りながら主体的に新たな学習に取り組むことができるようになること。
　②　自己実現を目指した努力と改善を積み重ね，生涯にわたって学び続けようとする態度を育てること。
（2）　学校における個々の学習が，それぞれのキャリア形成にどのようにつながっていくのかということに気付かせたり，社会の中で役割を果たし自立して生きていくことの意義を考えさせたりする中で，個々の生徒の学習や生活に関する意欲を高め，将来の夢や希望を前向きに実現しようとするようにすること。
（3）　ホームルーム経営の充実を図り，学習活動の基盤としてのホームルームにおける学習環境を整え，生徒の学びへの積極的関与と深い理解を促すような指導を充実し，生徒が自他の個性を尊重しつつ，互いに高め合うようなホームルームづくりを進めていくこと。

5　「一人一人のキャリア形成と自己実現」の項目（ア，イ，ウ，エ）の概要

（4） 充実した人生と学習，学ぶことと職業などについての題材を設定し，保護者や卒業生など自分の身の回りの人，実社会で活躍する職業人などの体験談などを取り入れながら，自分自身の将来像の実現や，理想と現実などの課題解決に関わって自分なりの考えをまとめ，発表したり，互いに話し合ったりするようにすること。

（5） 小学校から中学校，現在までのキャリア教育に関わる諸活動について，学びの過程を記述し振り返ることができるポートフォリオの作成と活用を通して，自身の成長や変容を自己評価したり，将来の社会生活や職業生活を展望したりするようにすること。

表13-12 「イ　主体的な学習態度の確立と学校図書館等の活用」のチェックリスト（高等学校）

（1） 育成を目指す資質・能力
① 高等学校における各教科・科目等の学習が将来の社会・職業生活の基盤になることや，学校内外の生活で努力していることが自己の将来に深く関わることを理解し，主体的に新たな学習に取り組むことができるようになること。
② 自己実現を目指した努力と改善を積み重ね，生涯にわたって学び続けようとする態度を育てること。

（2） 学校生活の根幹に関わる，学業について，なぜ学ぶのか，なぜ努力するのかといった本質的な意義に気付かせること。

（3） 生徒が，学び方を学び，勉強することの楽しさや難しさを実感したり，自分にふさわしい学習方法を見出し，学習の悩みを克服したりするなどして，個々の生徒の学習意欲を高め，主体的に学習が進められるようにすること。

（4） 「学び」の方法を身に付けるために，自主的な学習を深める場としての学校図書館やICTを積極的に活用する態度を養うこと。

（5） 学校生活・学業不適応等から中途退学者や不登校となる生徒が多くなる1年生の時期には，自ら学習計画を立てて実行する中で，学習意欲を向上させ，望ましい学習習慣を確立させていくこと。

（6） 学年が進むにつれ，生徒主体の教科・科目等の学習の事後指導として，学習の過程を振り返りながら，「自ら学ぶ」ことの意義を理解する活動，学習方法の改善や予習・復習の習慣の形成について話し合い，自分にふさわしい学習方法や習慣の確立を促すこと。

（7） 学習意欲と学習習慣，自ら学ぶ意義や方法などについて題材を設定し，教科担任の教師との連携の下で，生徒が主体的，意欲的に取り組むことができた教科・科目等の学習などについて，その学習過程を振り返りながら，主体的，意欲的に取り組むことができた理由やそこから学ぶことができた事柄などについて話し合う活動を展開すること。

（8） 自主的な学習を深める場としての学校図書館等の役割に目を向け，積極的に活用する態度を養うこと。

（9） 学習相談等の個別指導を行い，学習のつまずきから学校生活への不適応が生じることがないよう配慮すること。

（10） 各教科・科目等の学習と関連して指導したり，内容によって司書教諭や，学校図書館司書，学校図書館やICTに関わるボランティアなどの協力を得て，実際に学校図書館の仕組みの理解や利用の仕方に関する実践的な活動を行ったり，ICTを活用しながらニーズに合った学習を深めたりするなど，中学校までの経験を生かしつつ，高校生にふさわしく指導に具体性と変化をもたせること。

表13-13 「ウ　社会参画意識の醸成や勤労観・職業観の形成」のチェックリスト（高等学校）

（1）　育成を目指す資質・能力
①　他者と協力し合いながら，自らの能力や適性を生かして仕事や役割を担うことが社会づくりにつながることなど，勤労や職業について理解を深め，勤労や職業と自己実現との関係について考え，自分なりの勤労観・職業観を醸成していくことができるようにすること。
②　社会の形成者として，自らを生かした責任ある行動を取り，社会生活における課題の改善に向けて貢献しようとする態度を養うこと。
（2）　勤労観・職業観を育み，集団や社会の形成者として，社会生活におけるルールやマナーについて考え，日常の生活や自己の在り方を主体的に改善しようとしたり，将来を思い描き，自分にふさわしい生き方や職業を主体的に考え，選択決定しようとしたりすることができるようにすること。
（3）　今日の我が国の若者の勤労観・職業観の未成熟さが指摘されていることから，社会参画意識や勤労観・職業観の醸成に関わる指導は，重要な役割を担うものと考えること。
（4）　様々な役割や職業がどのように社会を支えているのかに気付くとともに，集団や社会での役割を果たすことやその過程で能力を適正に生かすことの意義について実感するようにすること。
（5）　適性や能力がどのように発揮され，社会における自分をどのように評価するのかといった自己有用感や自己肯定感などに関わる理解を促すこと。
（6）　職業と仕事，働くことの意義と目的，職業生活，働くことと生きがいなどについて題材を設定し，調査やインタビューを基に話し合ったり，発表や討議・ディベートを行ったりするなどの活動を展開すること。
（7）　家庭や地域との連携を深めながら，保護者や地域の職業人の職業や勤労にかかわる体験を聞いたり，学校行事などでの事業所や福祉施設等における就業体験活動やボランティア体験などの事前，事後の指導として，調査，話合い，感想文の作成，発表を行ったりといった活動を各教科・科目等との有機的な関連を図りながら展開すること。

表13-14 「エ　主体的な進路の選択決定と将来設計」のチェックリスト（高等学校）

（1）　育成を目指す資質・能力
①　高等学校卒業後の進路や社会生活に関する幅広い情報を理解し，自分を見つめ，目指すべき自己の将来像を描くことができるようにすること。
②　生涯にわたって段階的な目標の達成と，自らの社会的・職業的自立に向けて努力しようとする態度を育てること。
（2）　人間としての在り方生き方や進路に関する各種の情報を収集して活用するとともに，自分自身の興味・関心などの個性を理解した上で，自分の将来の生き方や生活について見通しを持ち，進路選択を行うことようにすること。
（3）　進路の選択決定や将来設計は，高等学校卒業後の就職や進学について意思決定することがゴールではなく，高等学校卒業後も，様々なことを学んだり，職業経験を積んだりしながら，自分自身の在り方生き方や進むべき方向性とその具体的な選択肢について具体的に検索・思考し，常に将来設計や目標を修正して，社会的な移行及び自己実現に向けて努力していくようにすること。
（4）　生徒が，自分の興味・関心や能力をさらに伸ばす選択，将来希望する進路や職業との関連に基づく選択など，様々な選択の視点があることを理解し，自分なりの考え，理由をもって，教科・科目や類型，コースを選択するようにすること。
（5）　就職や進学などに関する情報だけでなく，人生と生きがい，30年後の私など，人生100年時代における学び直しを含めた自己の将来について題材を設定し，地域の職業人や福祉団体関係者等の講話とその感想文の作成，発表，話合いといった活動の展開，ライフプランの作成や進路計画の立案を行い，発表する活動を展開すること。

5　「一人一人のキャリア形成と自己実現」の項目（ア，イ，ウ，エ）の概要

（6）　志望校・希望職業の選択，進路の選択と私の悩みなどについて題材を設定し，志望校や希望職業の選択について，進路目的の明確化，目的実現のための選択肢（各学部・学科や各企業の特色など）の理解，各選択肢で求められる選択の条件や必要な努力についての理解，選択理由の明確化，選択の結果とその受け止め方など，選択のためのスキルを学ぶ学習を展開すること。

（7）　教科・科目の選択に当たっては，ガイダンスを充実し，ホームルーム活動の時間のみならず，教科・科目等の時間との関連を十分に図るとともに，教務，各教科及び学年の担当教師などが協力して，教科・科目や類型，コースの選択のためのオリエンテーションや体験学習，あるいは上級生の経験に学ぶ会などを計画的に実施すること。

（8）　選択教科・科目の理解と私の選択，先輩に学ぶ類型やコースの選択，などについて題材を設定し，選択教科・科目をどのような視点で選択したらよいかを話し合ったり，どのような理由で，どのような類型，コースを選択しようとしているかを互いに発表し合ったりする活動を展開すること。

（9）　将来の生活における職業人，家庭人，地域社会の形成者などとしての役割や活動を知り，生徒が人生や将来の生活を具体的に描き，進路計画として立案するようにすること。

（10）　目指すべき自己の将来像を暫定的に描くために，生き方や進路に関する情報を収集して活用するともに，これまでや現在の自分を振り返り，自己の興味・関心や適性を把握するようにすること。

（11）　進路計画の実現を目指して，生徒が卒業後の進路選択の問題を，自分自身の課題として受け止め，自ら解決するために，何を知り，どのように考え，いかに行動すべきかなどについて検討するようにすること。

（12）　自らの興味・関心や適性などを生かすために，特定の職業や生き方に限定されないように，選択の幅を広げ，また将来の目標となる夢や希望とのつながりを見通すようにすること。

（13）　人はその人生において，学び直しや転職を含めて複数回にわたるキャリアの選択を迫られるようになり，キャリアを自ら形づくっていく時代を迎えていることから，将来の生き方や生活につながる主体的な進路の選択を実現する資質・能力を育成するようにすること。

（14）　進路選択に関しては，生徒の家庭の経済状況などで進学を断念することのないよう，奨学金等の制度について正しく理解した上で積極的に活用できるよう必要な助言を行うこと。

【引用・参考文献】

文部科学省　2018　小学校学習指導要領（平成 29 年告示）　東洋館出版社

文部科学省　2018　中学校学習指導要領（平成 29 年告示）　東山書房

文部科学省　2018　小学校学習指導要領（平成 29 年告示）解説　特別活動編　東洋館出版社

文部科学省　2018　中学校学習指導要領（平成 29 年告示）解説　特別活動編　東山書房

文部科学省　2018　小学校学習指導要領（平成 29 年告示）解説　総則編　東洋館出版社

文部科学省　2018　中学校学習指導要領（平成 29 年告示）解説　総則編　東山書房

文部科学省　2019　高等学校学習指導要領（平成 30 年告示）解説　総則編　東洋館出版社

文部科学省　2019　高等学校学習指導要領（平成 30 年告示）解説　特別活動編　東京書籍

文部科学省　2019　高等学校学習指導要領（平成 30 年告示）　東山書房

Chapter 14 キャリア・パスポートの活用

「キャリア・パスポート」とは何でしょうか。学習指導要領に，小学校，中学校，高等学校では，学級活動・ホームルーム活動において，学習や生活の見通しを立て，学んだことを振り返りながら，あらたな学習や生活への意欲につなげたり，将来の在り方生き方を考えたりする活動を行うこと，その際，児童生徒が活動を記録し蓄積する教材（キャリア・パスポート）を活用することが明記されています。

本章では，キャリア・パスポートの定義や関連する学習指導要領の規定について解説します。また，キャリア・パスポートを活用した授業実践に役立つように，文部科学省の例示資料を参考に，実際のワークシート例を取り上げながら，キャリア・パスポートの様式や指導上の留意点について解説します。

1 「キャリア・パスポート」とは

文部科学省（2019）の「『キャリア・パスポート』例示資料等について」（以下，キャリア・パスポート例示資料）には，「キャリア・パスポート」の様式及び指導上の留意事項を示しています。その内容を整理すると，次の（1）から（3）になります。

(1)「キャリア・パスポート」の必要性と背景

2016年12月に中央教育審議会は，「幼稚園，小学校，中学校，高等学校及び特別支援学校の学習指導要領等の改善及び必要な方策等について（答申）」を取りまとめました。その中の特別活動ワーキンググループにおいては，「キャリア教育の中核的な指導場面として特別活動が大きな役割を果たすべきとの議論」がありました。また，総則・評価特別部会においても，「小学校・中学校・高等学校において発達の段階を踏まえたキャリア教育の推進を総則に位置付けること」が検討されました。このような中で，上記答申ではキャリア教育の中核となる特別活動の役割を一層明確にするとともに，小学校から高等学校までの特別活動をはじめとしたキャリア教育に関わる活動について，「キャリア・パスポート（学びのプロセスを記述し振り返ることができるポートフォリオ的な教材）」を作成し活用することが提案されました。

そういった検討を踏まえ，文部科学省では，2017年3月に小学校及び中学校学習指導要領，同年4月に特別支援学校小学部・中学部学習指導要領，2018年3月に高等学校学

習指導要領，2019年2月に特別支援学校高等部学習指導要領を公示するとともに，2018年に「キャリア・パスポート」導入に向けた調査研究協力者会議を置いて，その内容などについて検討を進めてきました。

（2）「キャリア・パスポート」の定義

「キャリア・パスポート」の定義について，次のように示しています。

> 「キャリア・パスポート」とは，児童生徒が，小学校から高等学校までのキャリア教育に関わる諸活動について，特別活動の学級活動及びホームルーム活動を中心として，各教科等と往還し，自らの学習状況やキャリア形成を見通したり振り返ったりしながら，自身の変容や成長を自己評価できるよう工夫されたポートフォリオのことである。

また，その指導上の留意点として，「その記述や自己評価の指導に当たっては，教師が対話的に関わり，児童生徒一人一人の目標修正などの改善を支援し，個性を伸ばす指導へとつなげながら，学校，家庭及び地域における学びを自己のキャリア形成に生かそうとする態度を養うよう努めなければならない」としています。

「キャリア・パスポート」について，学習指導要領特別活動の「第2　各活動・学校行事の目標及び内容」における〔学級活動・ホームルーム活動〕「3　内容の取扱い」では，次のように示しています。なお，その中で下線を引いた「2の（3）」とは，学級活動・ホームルーム活動の内容の「(3) 一人一人のキャリア形成と自己実現」を指します。

> （2）2の（3）の指導に当たっては，学校，家庭及び地域における学習や生活の見通しを立て，学んだことを振り返りながら，新たな学習や生活への意欲につなげたり，将来の生き方を考えたりする活動を行うこと。その際，児童生徒が活動を記録し蓄積する教材等を活用すること。（下線は筆者による）

ここで示す「児童生徒が活動を記録し蓄積する教材等」が，キャリア・パスポートを指しています。その名称については各学校で独自に呼ぶことが可能です。

（3）目的，内容，指導上の留意点

「キャリア・パスポート」の目的について，次のように示しています。

> 小学校から高等学校を通じて，児童生徒にとっては，自らの学習状況やキャリア形成を見通したり，振り返ったりして，自己評価を行うとともに，主体的に学びに向かう力を育み，自己実現につなぐもの。教師にとっては，その記述をもとに対話的にかかわることによって，児童生徒の成長を促し，系統的な指導に資するもの。

「キャリア・パスポート」の内容については，表14-1の①から⑨のとおりです。たとえば，①②をみると，「教科学習」と「教科外学習」と「学校外活動」の視点から「見通し」と「振り返り」ができるワークシートを示しています。また，③⑤をみると，記録の蓄積が可能な範囲として各学年5枚以内で，記述が容易な様式を求めています。表14-1を確認すると，「キャリア・パスポート」に求められる内容がみえてきます。

「キャリア・パスポート」の指導上の留意点については，表14-2の①から⑨のとおりで

す。指導状況を確認する際のチェックリストとして活用することができます。

表14-1　キャリア・パスポートの内容

① 児童生徒自らが記録し，学期，学年，入学から卒業までの学習を見通し，振り返るとともに，将来への展望を図ることができるものとする。なお，児童生徒が記録する日常のワークシートや日記，手帳や作文等は，「キャリア・パスポート」を作成する上での貴重な基礎資料となるが，それをそのまま蓄積することは不可能かつ効果的ではなく，基礎資料を基に学年もしくは入学から卒業等の中・長期的な振り返りと見通しができる内容とする。

② 学校生活全体及び家庭，地域における学びを含む内容とする。なお，教科・科目のみ，学校行事等のみの自己評価票とならないように留意し，「教科学習」，「教科外活動（学校行事，児童会活動・生徒会活動やクラブ活動，部活動など教科学習以外の学校内での活動）」，「学校外の活動（ボランティア等の地域活動，家庭内での取組，習い事などの活動）」の３つの視点で振り返り，見通しが持てるような内容とする。また，特別活動を要としつつ各教科・科目等と学びが往還していることを児童生徒が認識できるように工夫するようにする。

③ 学年，校種を越えて持ち上がることができるものとする。なお，小学校入学から高等学校卒業までの記録を蓄積する前提の内容とする。また，各シートはＡ４判（両面使用可）に統一し，各学年での蓄積は数ページ（５枚以内）とする。

④ 大人（家族や教師，地域住民等）が対話的に関わることができるものとする。なお，家族や教師，地域住民等の負担が過剰にならないように配慮しつつも，児童生徒が自己有用感の醸成や自己変容の自覚に結び付けられるような対話を重視する。

⑤ 詳しい説明がなくても児童生徒が記述できるものとする。

⑥ 学級活動・ホームルーム活動で「キャリア・パスポート」を取り扱う場合には，その内容及び実施時間数にふさわしいものとする。なお，学習指導要領解説特別活動編を必ず確認するようにする。

⑦ カスタマイズする際には，保護者や地域などの多様な意見も参考にするようにする。

⑧ 通常の学級に在籍する発達障害を含む障害のある児童生徒については，児童生徒の障害の状態や特性及び心身の発達の段階等に応じて指導するようにする。また，障害のある児童生徒の将来の進路については，幅の広い選択の可能性があることから，指導者が障害者雇用を含めた障害のある人の就労について理解するとともに，必要に応じて，労働部局や福祉部局と連携して取り組むようにする。

⑨ 特別支援学校においては，個別の教育支援計画や個別の指導計画等により「キャリア・パスポート」の目的に迫ることができると考えられる場合は，児童生徒の障害の状態や特性及び心身の発達の段階等に応じた取組や適切な内容とする。

表14-2　キャリア・パスポートの指導上の留意点と管理（チェックリスト）

① キャリア教育は学校教育活動全体で取り組むことを前提に，「キャリア・パスポート」やその基礎資料となるものの記録や蓄積が，学級活動・ホームルーム活動に偏らないように留意すること。
  ・ 学級活動・ホームルーム活動以外の教科・科目や学校行事，帰りの会やショートホームルーム等での記録も十分に考えられること。

② 学級活動・ホームルーム活動で「キャリア・パスポート」を取り扱う場合には，学級活動・ホームルーム活動の目標や内容に即したものとなるようにすること。
  ・ 記録の活動のみに留まることなく，記録を用いて話し合い，意思決定を行うなどの学習過程を重視すること。

③ 「キャリア・パスポート」は，学習活動であることを踏まえ，日常の活動記録やワークシートなどの教材と同様に指導上の配慮を行うこと。
  ・ 児童生徒個々の状況を踏まえ，本人の意思とは反する記録を強いたり，無理な対話に結び付けたりしないように配慮すること。

1 「キャリア・パスポート」とは

- うまく書けない児童生徒への対応や学級（ホームルーム）・学年（学科）間格差解消等も日常の指導に準じること。
- 特別支援学級に在籍する児童生徒，通級による指導を受ける児童生徒等，特に特別な配慮を要する児童生徒については，個々の障害の状態や特性及び心身の発達の段階等に応じた記録や蓄積となるようにすること。
- 学習指導要領解説特別活動編にあるように「キャリア・パスポート」は自己評価，学習活動であり，そのまま学習評価とすることは適切でないこと。

④ 「キャリア・パスポート」を用いて，大人（家族や教師，地域住民等）が対話的に関わること。
- 記録を活用してカウンセリングを行うなど，児童生徒理解や一人一人のキャリア形成に努めること。
- 学級活動・ホームルーム活動の時間の中で個別の面接・面談を実施することは適切でなく，「キャリア・パスポート」を活用した場合においても同様と考えること。

⑤ 個人情報を含むことが想定されるため「キャリア・パスポート」の管理は，原則，学校で行うものとすること。
- 個人情報の保護や記録の紛失に十分留意すること。

⑥ 学年，校種を越えて引き継ぎ指導に活用すること。
- 小学校入学から高等学校卒業までの記録を引き継ぎ学びの振り返りや見通しに生かすこと。

⑦ 学年間の引き継ぎは，原則，教師間で行うこと。

⑧ 校種間の引き継ぎは，原則，児童生徒を通じて行うこと。
- 小学校，中学校間においては指導要録の写しなどと同封して送付できる場合は学校間で引き継ぐことも考えられること。
- 校種間の引き継ぎに当たっては，入学式前後の早い段階での提出を求め，児童理解，生徒理解に活用すること。

⑨ 装丁や表紙等についても，設置者において用意すること。その際には，一定の統一性が保たれるよう工夫すること。

2　「キャリア・パスポート」に関連する学習指導要領上の内容

「キャリア・パスポート」に関連する学習指導要領解説・特別活動編の内容を取り上げます。ここでは，中学校の解説（第3章第1節の4の（2）「学習や生活の見通しを立て，振り返る教材の活用」）を基にみていきます。概要は，次の（1）（2）のとおりです。なお，小学校と高等学校についても主とする内容は同じです。

（1）学習や生活の見通しを立て振り返る教材の活用

「一人一人のキャリア形成と自己実現」の指導においては，「学校での教育活動全体や，家庭，地域での生活や様々な活動を含め，学習や生活の見通しを立て，学んだことを振り返りながら，新たな学習への意欲につなげたり，将来の生き方を考えたりする活動が必要」です。「『児童生徒が活動を記録し蓄積する教材等を活用する』活動を行うに当たっては，『振り返って気付いたことや考えたことなどを，生徒が記述して蓄積する，いわゆるポートフォリオ的な教材のようなものを活用すること』」としています。この教材は，「特別活動や各教科等における学習の過程に関することはもとより，学校や家庭における日々

の生活や，地域における様々な活動等も含めて，教師の適切な指導の下，生徒自らが記録と蓄積を行っていく教材」です。

（2）「キャリア・パスポート」活用の意義

「キャリア・パスポート」教材活用の意義は，次の３つが示されています。

１つめは，「教育活動全体で行うキャリア教育の要としての特別活動の意義が明確になること」です。「たとえば，各教科等における学習や特別活動において学んだこと，体験したことを振り返り，気付いたことや考えたことなどを適時蓄積し，それらを学級活動においてまとめたり，つなぎ合わせたりする活動を行うことにより」「各教科等の学びと特別活動における学びが往還し，教科等の枠を超えて，それぞれの学習が自己のキャリア形成につながっていく」としています。

２つめは，「小学校から中学校，高等学校へと系統的なキャリア教育を進めることに資するということ」です。「ポートフォリオ的な教材等を活用して，小学校，中学校，高等学校の各段階における学習や生活を振り返って蓄積していくことにより，発達の段階に応じた系統的なキャリア教育を充実させることになる」としています。

３つめは，「生徒にとっては自己理解を深めるためのものとなり，教師にとっては生徒理解を深めるためのものとなること」です。「学習や生活の見通しを持ち，振り返ることを積み重ねることにより」，生徒は「どのように成長してきたかを把握すること」が可能になります。それを基に，教師を含め他者と対話することを通して，「多面的・多角的に自己理解を深めること」もできます。さらに，教師にとっても「一人一人の生徒の様々な面に気づき，生徒理解を深めていくこと」ができます。

✿ 3 「キャリア・パスポート」の様式例

文部科学省では，「キャリア・パスポート」の在り方や活用方法について検討し，「キャリア・パスポート例示資料」において学習シートの様式例を小学校，中学校，高等学校ごとに作成し示しています。それを参考に，例示項目を中心にまとめた資料は，次のとおりです。

資料 14-1 「5年生が始まりました」（小学校）

1　今のわたしについて考えてみましょう。
　　・自分のよいところ　・好きなこと・今夢中になっていること　　・将来の夢や目標
2　このような自分になりたい，そのためにすること
　　・学習面　　・生活面　　・家庭・地域　　・習い事・資格・好きなことなど
3　5年生としてがんばること（児童会活動・クラブ活動・学校行事・登下校など）
4　先生から
5　家の人などから

資料 14-2 「5年生のみなさんへ」（小学校）

1 はじめに

　いよいよ高学年の仲間入りですね。みなさんがこれから高学年として学校で経験していくことは，将来，社会の中で役立つことばかりです。自分の可能性をのばし，いろいろな人たちと力を合わせながら，地域や社会で活やくする大人になってほしいと願っています。この学習シート（パスポート）に，みなさんの目標やそのふり返りを書きこむことで，成長の記録としていきます。

2 小学校（高学年）で参考にしてほしい4つの必要な力

　変化の激しい社会をたくましく生きていくために必要な力を4つに整理しました。それは，「人間関係形成・社会形成能力」「自己理解・自己管理能力」「課題対応能力」「キャリアプランニング能力」といいます。小学校生活を送る上で参考にしてください。

　ただし，必要な4つの力は少し難しい言葉になっています。そこで，その必要な力を具体的にしてみると，質問の①～⑧のようになります。今の自分の気持ちや行動について，①～⑧の質問に回答しながら，4つの力について自分なりに理解がふかまるようにしてください。

　質問①～⑧について，自分の気持ちや行動に一番近い数字のところに ○をつけてみましょう。数字には，次のような意味があります。

　4：いつもしている，3：時々している，2：あまりしていない，1：ほとんどしていない

（1）「人間関係形成・社会形成能力」について

① 友達や家の人の話を聞くとき，その人の考えや気持ちを分かろうとしている。　　4 - 3 - 2 - 1
② 自分の考えや気持ちを，相手にわかりやすく伝えようと気を付けている。　　4 - 3 - 2 - 1

（2）「自己理解・自己管理能力」について

③ 委員会，係，当番活動などで，自分から仕事を見つけたり，役割分担したりしながら，力を合わせて行動している。　　4 - 3 - 2 - 1
④ 好きでないことや苦手なことでも，自分から進んで取り組んでいる。　　4 - 3 - 2 - 1

（3）「課題対応能力」について

⑤ 調べたいことや知りたいことがあるとき，自分から進んで資料や情報を集めたり，誰かに質問したりしている。　　4 - 3 - 2 - 1
⑥ 何かをするとき，計画を立てて進めたり，途中でやり方に工夫したり，見直したりしている。

　　4 - 3 - 2 - 1

（4）「キャリアプランニング能力」について

⑦ 自分の夢や目標に向かって，生活や勉強の仕方を工夫している。　　4 - 3 - 2 - 1
⑧ 学校で学んでいることと自分の将来とのつながりを考えている。　　4 - 3 - 2 - 1

資料 14-3 「中学2年生　学年末」（2ページ構成）（中学校）

1 この1年間を振り返って

　①～⑫の質問に回答しながら，4つの力について自分なりに振り返ってみましょう。

　現在の自分の気持ちや行動に一番近い数字に ○ をつけてみましょう。なお，数字には，次のような意味があります。　　4：いつもしている，3：時々している，2：あまりしていない，1：ほとんどしていない

・人間関係形成・社会形成能力について

① 友達や家の人の意見を聞く時，その人の考えや気持ちを受け止めようとしている。　　4 - 3 - 2 - 1
② 相手が理解しやすいように工夫しながら，自分の考えや気持ちを伝えようとしている。　　4 - 3 - 2 - 1
③ 自分から役割や仕事を見つけ，分担するなど，周りの人と力を合わせて行動しようとしている。　　4 - 3 - 2 - 1

・自己理解・自己管理能力について

④ 自分の興味や関心，長所や短所などについて，把握しようとしている。　　4 - 3 - 2 - 1
⑤ あまりやる気が起きない物事に対する時でも，自分がすべきことには取り組もうとしている。　　4 - 3 - 2 - 1
⑥ 不得意なことや苦手なことでも，自ら進んで取り組もうとしている。　　4 - 3 - 2 - 1

194　第14章　キャリア・パスポートの活用

・課題対応能力について

⑦ 分からないことやもっと知りたいことがある時，自分から進んで資料や情報を収集している。　4－3－2－1

⑧ 何かをする時，見通しをもって計画的に進めることができている。　4－3－2－1

⑨ 何か問題が起きた時，次に同じような問題が起こらないようにするために，何を改善すれ　4－3－2－1
　ばよいか考えている。

・キャリアプランニング能力について

⑩ 今学校で学んでいることと自分の将来とのつながりを考えるなど，学ぶことや働くことの　4－3－2－1
　意義について考えている。

⑪ 自分の将来について具体的な目標を立て，その実現のための方法について考えている。　4－3－2－1

⑫ 自分の将来の目標に向かって，生活や勉強の仕方を工夫するなど，努力している。　4－3－2－1

2　この1年間を振り返って，頑張ったこと（成長できたと思うこと）とその理由
　・学習面（その理由）・生活面（その理由）・家庭や地域（その理由）・その他（習い事・資格取得）など（その
　理由）

3　なりたい自分になるために身についたと思う力と，その理由

4　3年生になる自分への応援メッセージ

5　将来の自分（30歳の私）を想像しよう
　・30歳のとき，どんな自分になっていたいか　・そんな30歳のあなたがしていること（仕事の内容な
　ど）　・そう思った理由やきっかけ　・そのために，どのようなことをしたらよいか

6　先生からのメッセージ

7　保護者などからのメッセージ

8　メッセージを読んで気付いたこと，考えたこと

資料14-4　「就業体験・インターンシップについて（働くことに関して）」（高等学校）

1　事　前
　・「働くこと」についての今の考え（「働く」ということにもつイメージや考え）
　・受入先，体験先選定の理由
　・就業体験・インターンシップを通じて，どんなことを得たいのか
　・就業体験・インターンシップを通してなりたい自分のイメージ（どう成長したいのか）

2　事　後
　・就業体験・インターンシップを通じて学んだこと（気づき，よかったこと，反省など）
　・受入先から自分の将来に向けてどのようなアドバイスをもらったか
　・「働くこと」についての今の考え（どのように考えが変わったか・変わらなかったか）
　・今，考えている自分の進路（○○に進学・○○業に就職・迷っている）とその理由

3　受入先からのアドバイス

4　先生からのメッセージ

5　受入先からのアドバイス・先生からのメッセージを読んで考えたこと

【引用・参考文献】

文部科学省　2016　幼稚園、小学校、中学校、高等学校及び特別支援学校の学習指導要領等の改善及び必
　要な方策等について（答申）　中央教育審議会
　https://www.mext.go.jp/b_menu/shingi/chukyo/chukyo0/toushin/__icsFiles/afieldfile/2017/01/10/
　1380902_0.pdf

文部科学省　2018　小学校学習指導要領（平成29年告示）解説特別活動編　東洋館出版社

文部科学省　2018　中学校学習指導要領（平成29年告示）解説特別活動編　東山書房

文部科学省　2019　高等学校学習指導要領（平成30年告示）解説特別活動編　東京書籍

文部科学省　2019　「キャリア・パスポート」例示資料等について
　　https://www.nier.go.jp/shido/centerhp/30career_shiryoushu/1-4.pdf
国立教育政策研究所生徒指導・進路指導研究センター　2019　「キャリア教育」資料集——文部科学省・
　　国立教育政策研究所——研究・報告書・手引編　平成 30 年度版
　　https://www.nier.go.jp/shido/centerhp/30career_shiryoushu/all_ver.pdf

Chapter 15 キャリア教育の学習指導案
——学級活動・ホームルーム活動の時間——

　学級活動・ホームルーム活動のキャリア教育の学習指導案は、どのような項目で構成されるのでしょうか。2017年、2018年、2019年告示の学習指導要領において小学校、中学校、高等学校の学級活動・ホームルーム活動の内容に、「一人一人のキャリア形成と自己実現」が新設され、キャリア教育の授業は、学級活動・ホームルーム活動の時間で行われることが中心となります。
　本章では、学習指導要領解説と国立教育政策所の資料を参考に、学級活動・ホームルーム活動におけるキャリア教育の学習指導案の基本形について解説します。また、学習指導案の具体例を取り上げながら、学習指導案を作成し授業を実施するための実践的な方法や留意点について解説します。

 **1　学級活動・ホームルーム活動における
　　　キャリア教育の授業**

　2017年、2018年、2019年告示の学習指導要領において、学級活動・ホームルーム活動の内容に「一人一人のキャリア形成と自己実現」が新設されました。キャリア教育の授業は、学級活動・ホームルーム活動の時間で行われることが中心となります。
　学級活動・ホームルーム活動の時間で行われるキャリア教育の授業の学習指導案では、学級活動・ホームルーム活動に単元という扱いがないため、1つの題材ごとに「事前の指導」→「本時の展開（指導）」→「事後の指導」の展開で指導計画を立てます。そのようなキャリア教育の授業の学習指導案について、次の2以降において、項目と様式、本時の展開の内容や進め方、学習指導案の具体例を示しながら解説します。

 2　学習指導案の項目と様式

　学習指導案の項目や様式などは、学校や地域によって異なるところがあります。小学校学習指導要領解説・特別活動編では、学級活動の（3）「一人一人のキャリア形成と自己実現」における1単位時間の指導計画に示す内容として、次の9項目を例示しています。

○ 題材	○ 児童の実態と題材設定の理由	○ 育成を目指す資質・能力
○ 事前指導	○ 本時のねらい	○ 指導過程（導入・展開・終末）
○ 使用する教材・資料	○ 事後指導	○ 評価の観点

　上記の9項目を網羅した，学習指導案の様式例について，国立教育政策研究所（2020）の「「指導と評価の一体化」のための学習評価に関する参考資料　特別活動（小学校）」を基に示すと，資料15-1のとおりです。なお，本章の資料の児童生徒という記載については，小学校では児童，中学校・高等学校では生徒になります（以下同様）。

　また，簡略化した学習指導案である「略案」を作成する場合があります。それについては，「題材」，「ねらい」，「活動の実際（事前の指導，本時の展開，事後の指導）」の項目を中心に立て，簡略化して記載します。その具体例については，本章の5で取り上げます。

資料15-1　「一人一人のキャリア形成と自己実現」の学習指導案の項目と様式例

第○学年○組　学級活動・ホームルーム活動（3）指導案

日　時：○月○日（○）第○校時
場　所：○年○組教室
指導者：○○　○○

1　題材　「○○○○○○○○○○」
　　学級活動・ホームルーム活動（3）アかイかウかエなど　○○○○○○○○○○
2　題材について
（1）児童生徒の実態
（2）題材設定の理由
3　第○学年　評価規準
4　事前の指導
5　本時のねらい
6　本時の展開

	児童生徒の活動	○指導上の留意点	資料	◎目指す児童生徒の姿【観点】〈評価方法〉
導入 つかむ ○分				
展開 さぐる ○分 見つける ○分				

終末 決める ○分			

7　事後の指導
8　板書計画

3　「本時の展開」の概要

　学級活動・ホームルーム活動の「一人一人のキャリア形成と自己実現」の授業では，「本時の展開」において，「つかむ（課題の把握）」→「さぐる（可能性への気付き）」→「見つける（解決方法等の話合い）」→「決める（個人目標の意思決定）」の４つの段階の過程を重視し，一人一人がなりたい自分に向けて，自己の問題の解決方法や，今，努力することなどについて，意思決定することができるようにします。４つの段階の内容は，次の（1）から（4）のとおりです。また，４つの段階を踏まえた学習指導案の「本時の展開」の基本形の参考例を示すと，資料15-2のとおりです。

（1）つかむ（課題の把握）の段階

　本時では，「導入」で行い，学習指導案の「児童生徒の活動」のところには，「1　課題を把握し，話合いのめあてをもつ」のような内容を記述することが想定されます。題材を自分事として捉え，本時のめあてや課題，学習する意義などについてつかむようにする段階です。

（2）さぐる（可能性への気付き，理解の深化，課題の追求）の段階

　本時では，「展開」の前半で行い，学習指導案の「児童生徒の活動」のところには，「2　可能性への気付き，なりたい自分や課題への理解の深化」のような内容を記述することが想定されます。これまでの自分を振り返り，「なりたい自分」について自分の願いを持ち，よさや可能性，取り組む意義などをさぐるようにする段階です。

（3）見つける（解決方法等の話合い）の段階

　本時では，「展開」の後半で行い，学習指導案の「児童生徒の活動」のところには，「3　解決方法を見つける」のような内容を記述することが想定されます。「なりたい自分」を追求するためにできることなどを相互に出し合いながら，一人一人が見つけていくようにする段階です。

（4）決める（個人目標の意思決定）の段階

本時では，「終末」で行い，学習指導案の「児童生徒の活動」のところには，「4　個人目標の意思を決定する」のような内容を記述することが想定されます。「なりたい自分」になるために，自分に合った具体的な個人目標（内容や方法など）を決め，実行への強い決意を持つようにする段階です。

資料15-2　「本時の展開」の基本形の参考例

過程	児童生徒の活動	○指導上の留意点	資料	◎目指す児童生徒の姿【観点】〈評価方法〉
導入　つかむ	1　課題の把握	○調査結果を提示し課題を把握できるようにする。 ○本時のめあてをもつことができるようにする	・アンケート，キャリア・パスポート	対象とする場面の児童生徒の姿に照らし，【知識・技能】，【思考・判断・表現】，【主体的に取り組む態度】の観点で評価する。〈　〉には，観察や学習カードなどの評価する方法を記述する。
展開　さぐる　見つける	2　可能性への気付き，なりたい自分や課題への理解の深化	○これまでの自分を振り返るよう促し，「なりたい自分」について自分の願いをもたせたり，よさや可能性を探らせたりするようにする。	・データ，文献資料	
	3　解決方法等の話合い	○「なりたい自分」を追求するためにできることを相互に出し合いながら，一人一人が見つけることができるようにする。	・学習カード，専門家や先輩等からの情報	◎なりたい自分を明確にし，そのために必要なことについて考えながら話し合っている。【思考・判断・表現】〈観察・学習カード〉
終末　決める	4　個人目標の意思決定	○なりたい自分になるために，自分に合った具体的な個人目標（内容や方法など）を各自で意思決定するようにする。 ○互いに自分が実践していくことや努力していくことを発表し合い，実行への意欲が高まるようにする。	・学習カード	◎話し合ったことを生かして，自分が実践することを意思決定している。【思考・判断・表現】〈観察・学習カード〉

4　学習指導案の具体例

（1）年度始めに実施する1学期の事例

資料15-3は，「なりたい自分になるための目標や取組を考えよう」という題材の小学校の学習指導案例です。年度始めの時期に実施する例です。

資料 15-3　学習指導案例「なりたい自分になるための目標や取組を考えよう」

第6学年3組　学級活動（3）　指導案

日　時：〇月〇日（〇）第〇校時
場　所：6年〇組教室
指導者：〇〇　〇〇

1　題材　「なりたい自分になるための目標や取り組みを考えよう」
　　　　学級活動（3）　ア　現在や将来に希望や目標をもって生きる意欲や態度の形成
2　題材について
（1）児童の実態

　全国学力学習状況調査・児童質問紙調査の学級活動に関する2つの質問項目を活用した調査結果をみると，1つめの「あなたの学級では，学級生活をよりよくするために学級活動で話し合い，互いの意見のよさを生かして解決方法を決めていると思いますか」（合意形成関連）について，「当てはまる」に回答した割合は52％（全国平均30％），「どちらかといえば，当てはまる」は41％（同44％）であった。両者を合わせた肯定的な回答の割合は93％（同74％）で，全国平均を19ポイント上回っていた。

　2つめの質問項目の「学級活動における学級での話合いを生かして，今，自分が努力すべきことを決めて取り組んでいると思いますか」（意思決定関連）について，「当てはまる」に回答した割合は22％（全国平均29％），「どちらかといえば，当てはまる」は30％（同45％）であった。両者を合わせた肯定的な回答の割合は52％（同74％）で，全国平均より22ポイント低かった。

　また，5年生の年度末に記述したキャリア学習シート（キャリア・パスポート）の自己評価をみると，「自分自身のよさや可能性を認知し，それを生かそうとしましたか」について，肯定的な回答をした児童は約50％で，4年生の年度末と同じ割合であった。「自分の夢や目標に向かって，生活や勉強の仕方を工夫できましたか」については，「できた」と回答した児童に比べ，「できなかった」と回答した児童が多かった。さらに，5年生3学期の学級活動時のワークシートの記述や事後の取り組みをみると，自分のよさや必要な努力を具体的に記述できない様子や，自ら決めた学習目標に対する取り組み表の記載やその提出状況に課題がみられた児童が約半数であった。

　以上より，全国学調の質問紙結果からは，学級活動で全体で話し合い，合意形成を図り，解決方法を決めることについては，児童の実感として9割を超える肯定的な回答がみられるが，学級での話合いを通して一人一人が自らの意思決定を行い，そのことに取り組むことについては，肯定的な回答は約半数であり，課題がみられる。また，前年度との比較や児童の様子からは，なりたい自分や目標を具体的に設定して，常日頃の生活や学習とつなげる取組についても課題がみられる。

（2）題材設定の理由

　自らの目標や行動について意思決定を行い実行する取組や，なりたい自分や目標を具体的に設定し生活や学習とつなげる取組に課題がみられた点を踏まえ，学級活動（3）において，「今の自分」のよさや可能性を見つめ，6年生として「なりたい自分」を設定し，それに向けて「今の自分」が取り組んでいくことを意思決定する授業を実施し，今年度，さらにはその先の将来に向けて希望や目標をもって生きようとする態度の育成を促すことが必要であると考え，本題材を設定した。

　そこで，5年生時のキャリア学習シート（キャリア・パスポート）を活用し，5年生の1年間を想起して，自分の得意なことや経験したことを振り返り，自分のよさや可能性に気付かせながら，自分自身の成長について確認し，クラスメイトと共有できるようにする。そして，今，取り組むことの大切さを理解し，話合いを通して，他者の意見も踏まえて，自分ががんばることを意思決定できるようにする。また，一人一人の「なりたい自分」や取り組む内容は違っていても，ともに努力する仲間として，励まし合って実践を積み重ねていくことを通してさらなる成長を実感できるようにする。

3　評価規準

よりよい生活を築くための 知識・技能	集団や社会の形成者としての 思考・判断・表現	主体的に生活や人間関係を よりよくしようとする態度
働くことや学ぶことの意義を理解するとともに，自己のよさや可能性を生かしながら，将来への見通しを	自己の生活や学習への課題について考え，自己理解を深め，よりよく生きるための課題を見いだし，解決	現在及び将来にわたってよりよく生きるために，自分に合った目標を立て，自己のよさを生かし，他者と

4　学習指導案の具体例

もち，よりよく計画していくために必要な知識や行動の仕方を身に付けている。	のために話し合って意思決定し，自己のよさを生かしたり，他者と協力したりして，主体的に活動している。	協働して目標の達成を目指しながら，主体的に行動しようとしている。	

4 事前の指導

児童の活動	○指導上の留意点	資料	◎目指す児童の姿【観点】〈評価方法〉
・自分が5年生年度末に書いたキャリア学習シート（キャリア・パスポート）の自己評価結果について読み返しておく。 ・計画委員は，キャリア学習シートの「5年生で頑張ったこと」と「なりたい自分にどれだけ近づけたか」の項目の学級全体の集計結果を掲示する。	○ 5年生を振り返るとともに6年生として，「なりたい自分」について考えるように知らせる。 ○ 学級活動コーナーに題材と集計結果を掲示し，問題意識を高めていくようにする。	・学習シート① ・集計結果	◎自分のよさや課題，他者の現状を確認し，6年生でなりたい自分に向けて話し合うことがわかっている。 【知識・技能】 〈学習シート，観察〉

5 本時のねらい

　なりたい自分になるための目標やこれから取り組むことを考えることを通して，自分に合っためあてを具体的に立てて，主体的に実践できるようにする。

6 本時の展開

過程	児童の活動	○指導上の留意点	資料	◎目指す児童の姿【観点】〈評価方法〉
導入 つかむ 5分	1 課題を把握し，話合いのめあてをもつ。 ・5学年の年度末に書いたキャリア学習シート（キャリア・パスポート）を基に，昨年度を振り返り，自分やクラスメイトの成長について話し合う。 ・本時のめあてをもつ。「なりたい自分になるための目標やこれから取り組むことを考えよう」	○ 自分の学習や生活の振り返りや他者の振り返りを通して，自他の成長したところと，さらに高めたいことを共有し，これからの1年間成長を重ねていくことの大切さを意識できるようにする。 ○6年生として，なりたい自分にむけて，今年度の具体的な目標や取り組みを考える気持ちが高まるようにする。	・学習シート① ・学習シート②	
展開 さぐる 15分 見つける 15分	2 よさや可能性に気づく。 ・昨年度の将来の夢やなりたい自分を振り返る。 ・将来の夢，6年生でなりたい自分（学習面，生活面，家庭・地域，習い事・資格・好きなこと），できるようになりたいことを発表し合う。 3 解決方法を見つける。 ・なりたい自分になるために，どんなことに取り組めばよいか話し合う。	○ これまでの自分を振り返るよう促しつつ，互いの思いを尊重し合う雰囲気の中で，考えや意見を共有できるようにする。 ○ 小学校卒業後や将来を視野に，「なりたい自分」について自分の願いをもたせたり，よさや可能性を探らせたりするようにする。 ○ クラスメイトと協力して「なりたい自分」を追求するためにできることなどを出し合って見付けさせるようにする。 ○ クラスメイトの経験を参考にして情報を得ることの大切さについて伝えながら，最後は自分の意思で決定することが大切であることを伝える。	・学習シート② ・学習シート②	◎よりよく生きていくために，自分のよさや可能性に気づき，今できることに努力して取り組むことが大切であることを理解している。 【知識・技能】 〈学習シート，観察〉 ◎なりたい自分を明確にし，そのために必要なことについて考えながら，話し合っている。 【思考・判断・表現】 〈観察，学習シート〉

	児童の活動	○指導上の留意点	資料	◎目指す児童の姿【観点】〈評価方法〉
終末 決める 10分	4　個人目標の意思を決定する。 ・なりたい自分になるための目標やこれから取り組むことを決める。 ・意思決定したことを学習シートに記入する。	○　話し合ったことを生かして自分に合った具体的な実践内容や行動目標を意思決定することができるようにする。	・学習シート②	◎なりたい自分に向けて，自分の目標や取組内容を具体的に書いている。 【思考・判断・表現】〈学習シート〉

7　事後の指導

児童の活動	○指導上の留意点	資料	◎目指す児童の姿【観点】〈評価方法〉
1　決めたことの実践 ・意思決定した目標や取り組みを実践する。 2　振り返り ・学期に一回，学級全体で定期的に振り返る。	○　生活ノートや学習シートの活動計画表に実践状況を記述するようにする。 ○　学期に一度，キャリア学習シートで振り返りを行うとともに，帰りの会で，計画委員により，取組状況を共有する機会を設け，グループやペアで振り返り，互いの頑張りや成果を認め合うようにする。	・生活ノート，学習シート② ・学習シート②	◎日常の生活をよりよくするために，決めたことを進んで実践しようとしている。 【主体的態度】〈観察，生活ノート，学習シート〉

（2）１学期の反省を踏まえた２学期の事例

　資料15-4 は，「読書活動の充実に向けて，自分が実践することを決めよう」という題材の小学校の学習指導案例です。年間を通じて読書活動の充実の取組を進める中で，１学期の反省を踏まえ，２学期に実施する例です。

資料 15-4　学習指導案例「読書活動の充実に向けて，自分が実践することを決めよう」（森下・日暮・吉田，2024）を基に作成

第６学年○組　学級活動（３）指導案

日　時：○月○日（○）第○校時
場　所：6年○組教室
指導者：○○　○○

1　題材　「読書活動の充実に向けて，自分が実践することを決めよう」
　　学級活動（3）ウ　主体的な学習態度の形成と学校図書館等の活用
2　題材について
（1）児童の実態
　　「子どもの読書活動の推進に関する基本的な計画」（以下，基本計画）の通知（2002）において，学校では読み聞かせや朝の読書，各学校が目標を設定する取組などを通じて，子供の読書に親しむ態度を育成し，読書習慣の形成が図られるよう努めることを示した。その後の第三次基本計画（2013）では，読書活動の大きな課題として不読率（1か月に一冊も本を読まない子供の割合）を挙げ，2022 年度に小学生 2％以下，中学生 8％以下，高校生 26％以下とすることを目標とした。
　　本校では長年，年間を通じて週に 1 回，全児童が「朝の読書」を行い子供が読書に親しむ機会を設けてきた。表１は，本校の全国学力・学習状況調査の読書時間に関する児童質問紙調査の結果及び同じ質問の本学級の調査結果である。本校の近年及び本学級の「全くしない」の割合は県や全国と比べ低い割合であるが，不読の割合は 2％を超えていた。また，この調査で本学級の児童個々の読書時間の増減について 5 年生 3 月と 6 年生 7 月を比べると，読書時間が増加した児童の割合は 40％で，変化なしは 40％，減少は 20％であった。

4　学習指導案の具体例　　*203*

表2は，授業者自作の読書の有用感に関する質問調査の結果である。肯定的な回答（「とてもある」，「少しある」）の割合が3月は40％で，7月は93.4％であった。表3は，9月初旬の学級活動の時間において1学期の読書活動を振り返り，これからの読書活動を充実させていくための自分の考えや課題について，児童がワークシートに記述した内容の集約結果である。「他者からアドバイスを得る，他者とやりとりするに関する内容」や「自分で本を選ぶことに関する内容」など，大きく4点の共通する内容がみられた。

　以上より，本学級では，基本計画で示す目標（2％以下）に至っていないことや，4月より読書活動の充実に向けて取組を実施してきたが，3月に比べ7月では6割の児童が読書時間に変化なし，あるいは減少という課題がみられる。また，本学級では児童の読書の有用感は3月に比べ7月は高まっていたが，読書活動の充実に向けては児童個々が課題を認識し，それらには共通する内容がみられる状況にある。

表1　「学校の授業時間以外に，普段（月〜金曜日），一日あたりどれぐらいの時間，読書をしますか」の結果

	項目	2時間以上	1時間以上，2時間より少ない	30分以上，1時間より少ない	10分以上，30分より少ない	10分より少ない	全くしない
2019年度	本校児童数（対象21名）の割合	4.8%	14.3%	28.6%	38.1%	4.8%	9.5%
	群馬県（公立）児童数の割合	7.5%	12.8%	23.1%	24.9%	14.8%	16.9%
	全国（公立）の児童数の割合	7.0%	11.3%	21.5%	25.9%	15.6%	18.7%
2021年度	本校児童数（対象21名）の割合	13.3%	0%	26.7%	40.0%	6.7%	13.3%
	群馬県（公立）児童数の割合	8.1%	11.8%	20.5%	23.0%	13.9%	22.7%
	全国（公立）の児童数の割合	7.4%	10.8%	19.2%	23.8%	14.7%	24.0%
2022年3月	本学級5年生（対象15名）の割合	0%	6.7%	33.3%	40.0%	6.7%	13.3%
2022年7月	本学級6年生（対象15名）の割合	0%	26.7%	13.3%	46.7%	6.7%	6.7%

※　2020年度は実施なし

表2　「読書が，自分がやってみたいこと，自分ができるようになりたいこと，自分の好きなこと，興味あること，自分の目標などのために，役に立った，たすかった，よかったなどと感じたことはありますか」の結果

	項目	とてもある	少しある	あまりない	全くない
2022年3月	本学級5年生（対象15名）の割合	26.7%	13.3%	60.0%	0%
2022年7月	本学級6年生（対象15名）の割合	26.7%	66.7%	6.7%	0%

表3　読書活動の充実に向けた児童の考えや課題の内容例

内容（人数）	記述例
他者からアドバイスを得る，他者とやりとりするに関する内容（8名）	一緒に読書について語り合える人をみつける。友達のおすすめをきく。友達と読書の話しをする。など
読書時間の設定や計画に関する内容（8名）	家で読む習慣をつける。読書の時間をつくる。寝る前に読む。など
自分で本を選ぶことに関する内容（8名）	作者から探す。分厚い本を読む。インターネットで検索する。など
ゲームやタブレット等の時間を減らすことに関する内容（4名）	ゲーム時間を読書の時間に使う。ゲーム時間を減らす。タブレットを使う時間を減らす。など

（2）題材設定の理由

　第三次基本計画では，我が国の大きな課題として不読率を挙げ，子どもの読書に親しむ態度を育成し読書習慣の形成を図っていくことを強調しているが，本学級でも読書時間の状況から同様の課題がみられた。第三次基本計画の課題を踏まえ，第四次基本計画（2018）では，発達段階に応じながらつながりのある読書活動の取組を計画的に進めていく必要性を指摘し，その中で小学校高学年では，本の選択ができ始め，好みの本の傾向が現れ，読書の幅が広がり始める傾向について示し，中学生では，共感したり感動したりできる本を選んで読むようになることや，自己の将来について考え始め読書を将来に役立てるようになる傾向について示している。また，読書量や読書習慣への影響に関する調査をみると，国立青少年教育振興機構（2021）では，興味・関心にあわせた読書経験が多い人ほど，小中高を通した読書量が多い傾向にあると指摘し，鳥取県教育委員会（2017）では，読書習慣への影響として最多は「学校での一斉読書（朝読書）」，次は「家の人の働きかけ」としている。

　そこで小学校の発達段階に応じながら中学校段階とのつながりを見通し，読書習慣の形成を促すことに効果が期待できる取組の視点として，個々の興味・関心にあわせる読書の視点，将来に役立てようとする読書の視点，学校での一斉読書（朝読書）を活用する視点，家の人の読書への働きかけを活用する視点が考えられる。

　以上のことを踏まえ，本学級では児童の読書への関心や意欲を高め，読書習慣の形成を促すために，毎週1回の「朝の読書」の時間に「読書カード」（「興味・関心」や「なりたい自分」と関連付けためあてや学びを記述する項目，児童と家族が読書に関するやりとりを促す項目などで構成）を活用するとともに，それらの取組を推進する児童の話合い活動を実施してきた。それらの取組状況を検討する調査結果からは，本学級児童の読書の有用感は高まっているが，今後の読書活動の充実に向けては児童個々が課題を認識し，その中にはクラスメイトからアドバイスを得ることや本の選び方など，要望的な内容もみられた。そのようにして明らかになった課題や要望を踏まえ，今後の読書活動の充実に向けては，児童が相互に課題や要望を共有し，それを基に相互にアドバイスを得ながら，自分にあった取組を意思決定する授業を実施し，主体的に実践できるようにすることが必要と考え，本題材を設定した。

　そこで，「読書カード」や「学級活動のワークシート」への記述内容などを基に，これまでの読書活動への取組を振り返り，自らの課題や可能性に気付かせながら，自分自身の成長についても確認し，クラスメイトと共有できるようにする。そして，今，取り組むことの大切さを理解し，話合いを通して他者の意見も踏まえて自分が実践することを意思決定できるようにする。また，一人一人の目標や取組は異なっていても，共に努力する仲間として励まし合って実践を積み重ねていくことを通して，さらなる成長を実感できるようにする。

3　第6学年の評価規準

よりよい生活を築くための知識・技能	集団や社会の形成者としての思考・判断・表現	主体的に生活や人間関係をよりよくしていこうとする態度
読書の意義を理解するとともに，自己のよさや可能性を生かしながら，将来への見通しをもち，よりよく計画していくために必要な知識や行動の仕方を身に付けている。	自己の生活・学習及び読書活動の課題について考え，自己理解を深め，よりよく生きるための課題を見いだし，解決のために話し合って意志決定し，自己のよさを生かしたり，他者と協力したりして，主体的に活動している。	現在及び将来にわたってよりよく生きるために，自分に合った読書活動の目標を立て，自己のよさを生かし，他者と協働して目標の達成を目指しながら，主体的に行動しようとしている。

4　事前の指導

児童の活動	○指導上の留意点	資料	◎目指す児童の姿【観点】〈評価方法〉
・毎週金曜日の朝読書後に読書カードを記入し，振り返りを行う。（常時）	○　読書を充実させるための観点や朝読書のめあてに沿って振り返りができるように，読書カードを用意する。	・読書カード	

4　学習指導案の具体例

・学級掲示コーナーを見て，これまでの読書活動を振り返り，次時の学習活動について見通しをもつ。（常時）	○ 教室壁面に読書活動の様子や今後の予定，読書に関する資料等を掲示しておき，本時の学習に見通しをもてるようにする。	・読書資料，アンケート結果	
・これまでの読書活動を振り返り，より充実した読書活動にするための自分の課題等を書く。	○ 一人一人が読書活動で取り組んでみたいことや困っていること等を考える場を設定し，現時点での課題等を表出させておくようにする。	・ワークシート	◎読書活動等を振り返り，読書活動を充実させることへの期待感を抱き，自らの課題を見出そうとしている。【主体的態度】〈ワークシート〉

5 本時のねらい

読書活動の充実に向けて，アドバイスし合う活動を通して，自らの課題や可能性に気付き，めあてを具体的に立てて，主体的に実践できるようにする。

6 本時の展開

過程	児童の活動	○指導上の留意点	資料	◎目指す児童の姿【観点】〈評価方法〉
導入つかむ5分	1 課題を把握し，めあてをつかむ。 ・1学期の読書活動を振り返る。 ・グループごとに読書活動を充実させるための課題等を伝え合う。 ・本時のめあて「読書活動のさらなる充実に向けて，自分が実践することを決めよう」をつかむ。	○ 1学期の読書活動を振り返る場を設定し，一人一人が読書活動を通して成長していることに気付けるようにする。 ○ グループごとに，課題等を伝え合う場を設定し，現時点での一人一人の課題等を把握できるようにする。 ○ 本時の活動内容とめあてを確認し，見通しをもって活動できるようにする。	・読書活動の様子の写真 ・これまでの読書カードを綴じたファイル，読書のアンケート結果 ・一人一人の課題等を記述したワークシート ・本時の活動内容を示す掲示物	
展開さぐる15分	2 情報を収集し，可能性に気付く。 ・グループごとに本の紹介を相互に行い，読書活動を充実させるために役に立ったことを伝え合う。 ・中学生からの「読書に関するアドバイス」を聞き，読書活動を充実させるために役に立ったことを伝え合う。	○ 本の紹介後，役に立った内容や取り組み方等について聴き合うよう促し，本の選び方等，課題解決するために必要な情報を得られるようにする。 ○ 話合い活動が停滞しているグループには，課題解決の手がかりが見つけられるような事例やモデルを示す。 ○ 中学生からの「読書に関するアドバイス」を聞くことを通して，読書の有用感や読書時間をつくるための工夫等，課題解決するために必要な情報を得られるようにする。	・ワークシート，一人一人が事前に準備した読書活動を充実させるために役に立った本 ・質問の例文カード ・中学生（昨年の6年生）からの「読書に関するアドバイス」動画	◎読書活動の充実に向けた課題等を明確にし，そのために必要なことについて考えながら話し合っている。【思考・判断・表現】〈観察，ワークシート〉

206 第15章 キャリア教育の学習指導案

見つける 15分	3 解決方法を見付ける。 ・読書活動の充実に向けて，相互にアドバイスを行う。	○ 友達や中学生からの情報を基に相互のアドバイスを通して，一人一人が具体的な解決方法を見付け，意思決定に向かっていけるようにする。	・ワークシート	
終末 決める 10分	4 個人目標の意思決定をする。 ・これからの読書活動で自分が実践することを決める。	○ 行動目標を記入する欄や1週間の取組状況をチェックする項目を設けたワークシートを用意し，具体的なめあて等を書くよう促し，強い意志をもって課題を解決するための実践ができるようにする。 ○ 本時の取組を賞賛したり，保護者からの願い等を紹介したりして，実践意欲が高まるようにする。	・ワークシート	◎話し合ったことを生かして，読書活動の充実に向けて自分が実践することを意志決定している。 【思考・判断・表現】 〈観察，ワークシート〉

7 事後の指導

児童の活動	○指導上の留意点	資料	◎目指す児童の姿 【観点】〈評価方法〉
・意志決定しためあてを主体的に実践する。 ・実践について振り返る。	○ 意志決定したことの取組状況を自己点検（○△×）するワークシート等を用意し，主体的に読書活動をできるようにする。 ○ 読書カードで毎週振り返ることで，継続した実践になるようにしたり，必要に応じて新たなめあてを立てて取り組んだりできるようする。	・ワークシート ・読書カード	◎意志決定したことを実践している。 【思考・判断・表現】 〈観察，ワークシート〉 ◎実践を振り返り，今後の読書活動や日常の学習の充実に生かそうとしている。 【主体的態度】 〈読書カード〉

（3）ワークシートと板書計画を含めた3学期の事例

　国立教育政策研究所（2020）の「「指導と評価の一体化」のための学習評価に関する参考資料（小学校）」に，「なりたい6年生に向けて，自分が実践することを決めよう」という題材の小学校5年生の1月に実施する授業の学習指導案の事例があります。また，板書計画と授業で使用するワークシートと本時授業の事前に実施するアンケートの紹介もあります。授業実践の全体像を把握するのに役立つため，ここでは，学習指導案について一部内容の省略や書き加え，板書計画とワークシートと事前アンケートの簡略化などをして示します。学習指導案例は資料15-5，事前アンケート例は資料15-6，ワークシート例は資料15-7のとおりです。

（4）ワークシートと板書計画

　キャリア教育を扱う学級活動（3）の授業の最後で，一人一人が題材に対する意思決定をした後は，児童生徒一人一人がその内容に取り組むことになります。その後，児童生徒それぞれが自らの取組に対して振り返りを行います。キャリア教育を扱う学級活動（3）

4　学習指導案の具体例

の授業では，このような意思決定から振り返りまでの流れに対応した項目で構成される
ワークシートを用意する必要があります。

　資料15-7のワークシート項目をみると，本時の授業の最後までに「6年生に向けて，
自分たちに必要なこと」と，意思決定し「自分が努力すること」を記述する項目があります。また，意思決定した内容に対する思いを記述する項目も設けて，実践への決意や意欲を引き出すようにしています。授業後には，意思決定した内容に取り組むことになるため，「取り組んだことのふり返り（取組に対する自己点検）」を記述する項目と「取り組んで思ったこと，感じたこと（実践の振り返り）」を記述する項目があります。最後に，取組に対する大人との対話を促す項目として，「おうちの人から」と「先生から」があります。
以上で取り上げた項目は，ワークシートを構成する基本的な項目となります。

　また，指導案の「本時の展開」を実践する前に，指導案における児童生徒の予想される反応を展開順に具体的に想定し，板書する内容と順序などを構想し「板書計画」を記述します。板書計画の作成は，本時の授業展開の点検やリハーサルになります。また，本時の展開と板書計画を繰り返し練り上げることにより，授業の実践力を高めることにつながります。

資料15-5　学習指導案例「なりたい6年生に向けて，自分が実践することを決めよう」（国立教育政策所，2020）を基に作成

第5学年○組　学級活動（3）指導案

日　時：1月○日（○）第○校時
場　所：5年○組教室
指導者：○○　○○

1　題材　「なりたい6年生に向けて，自分が実践することを決めよう」
　　　　　学級活動（3）ア現在や将来に希望や目標をもって生きる意欲や態度の形成
2　題材について
（1）児童生徒の実態（略）
（2）題材設定の理由（略）
3　第5学年　評価規準（略）
4　事前の指導

児童の活動	○指導上の留意点	資料	◎目指す児童の姿 【観点】〈評価方法〉
5年生のこれまでを振り返ったり，6年生へ向けた期待感を想起したりするアンケートに記入する。	○「6年生に向けて」のアンケートを用意し，5年生の生活を振り返った上で，6年生に向けての期待感を想起できるようにする。 ○「キャリア・パスポート」等を活用し，これまでの自分の成長に気づけるようにする。	・アンケート ・キャリアパスポート	◎アンケートに回答することで，5年生の生活を振り返ったり，6年生に向けての期待感を抱いたりして，学習への見通しをもとうとしている。 【主体的態度】〈アンケート〉

5 本時のねらい
　最高学年になっていくための見通しをもち，そのために必要なことについて話し合い，自分に合っためあてを立てて実践できるようにする。

6 本時の展開

	児童の活動	○指導上の留意点	資料	◎目指す児童の姿 【観点】〈評価方法〉
導入 つかむ (5)	1 アンケート結果から，6年生になるに当たっての自分たちの思いについて話し合う。	○ アンケート結果をもとにして6年生に向けて期待感を抱いていることに気づけるようにする。 ○「キャリア・パスポート」をもとに自分たちの成長を想起できるようにする。	・アンケート結果 ・キャリアパスポート	
展開 さぐる (10)	2 6年生になったら，どのようなことをがんばっていきたいのかについて話し合う。 3 6年生からのメッセージ映像を見る。	○ 6年生が活躍していた場面などの写真を活用し，最高学年として自覚と責任をもって行動する場面が増えることに気づけるようにする。 ○ 6年生からのメッセージ映像を用意し，「6年生としての心構え」，「自分たちが努力してきたこと」，「メッセージ」などについて語ってもらうことで，5年生が6年生へと成長していくために必要なことに気付くことができるようにする。	・6年生が活動する様子の写真 ・6年生からのメッセージ映像	
見つける (20)	4 どのような6年生になりたいか，そのためにどのようなことが必要かを話し合う。	○ 学習カードを用意し，一人一人が考えた上で話し合うことができるようにする。	・学習カード	◎なりたい6年生の姿を明確にし，そのために必要なことについて考えながら話し合っている。 【思考・判断・表現】 〈観察，学習カード〉
終末 決める (10)	5 これから6年生になるまでに自分が実践することを決め，伝え合う。	○ ここまでの話合いで出された意見などを生かして，自分に合っためあてを学習カードに記入するよう伝える。	・学習カード	◎話し合ったことを生かして，自分が実践することを意思決定している。 【思考・判断・表現】 〈観察，学習カード〉

7 事後の指導

児童の活動	○指導上の留意点	資料	◎目指す児童の姿 【観点】〈評価方法〉
意思決定しためあてを意識して実践する。	○ 一人一人のめあてを掲示するなどして，実践への意欲づけとなるようにする。	・学習カード	◎意思決定したことを実践している。 【思考・判断・表現】〈観察〉
実践について振り返る。（年度末までの各月末の帰りの会など）	○ 振り返りを行う機会を設定し，継続した実践になるようにしたり，必要に応じて新たなめあてを立てて取り組んだりできるようにする。	・学習カード	◎実践を振り返り，現在及び将来に向けての学校生活や日常生活に生かそうとしている。 【主体的態度】 〈学習カード〉

4 学習指導案の具体例

8 板書計画

| なりたい6年生になるために，自分が実践することを決めよう |

つかむ	さぐる	見つける
アンケート結果	がんばりたいこと	何が必要だろう？
6年生なるのが楽しみ ・とても楽しみ17人 ・楽しみ19人 ・あまり…0人 ・ぜんぜん…0人	・委員会活動・クラブ活動 ・運動会→応援団長，リレー ・新しい学習→歴史 ・1年生のお世話 ・6年のクラスも楽しいクラスに	・笑顔であいさつ ・映像の6年生のように自分の思いを語ることができる ・けじめをつける ・時間を守る ・ルールを守る ・自分たちで活動をつくる ・目を見てしっかり話を聞く
気付いたこと	6年生からのメッセージ	
・楽しみにしている人が多い ・最高学年として成長したいと多くの人が思っている	・下級生にやさしく・けじめ ・時間意識，ろう下歩行 ・下級生のお手本に・人前で話す力 ・笑顔であいさつ・責任感	決める 自分のめあてを立てよう

資料15-6　事前アンケート例
（国立教育政策所，2020）を基に作成

資料15-7　ワークシート（学習カード）例
（国立教育政策所，2020）を基に作成

「6年生に向けて」アンケート
　　　5年　組　番　名前
　3か月後には6年生になります。そこで，次のアンケートに答えてください。
1　6年生になるのは楽しみですか。
　ア　すごく　楽しみ
　イ　少し　楽しみ
　ウ　あまり　楽しみではない
　エ　まったく　楽しみではない
2　1で答えた理由を教えてください。
3　今年の6年生について，「すごいな」と感じたことはありますか。
　ア　ある
　イ　ない
4　3で「ある」と答えたのは，どのようなことですか。
5　6年生になったらがんばりたいと思うことは何ですか。自由に書いてください。

　　月　日　学級活動　学習カード
「6年生に向けて，自分が実践することを決めよう」
　　　　　5年　組　　番名前＿＿＿＿＿
○6年生に向けて，自分たちに必要なことは，どのようなことでしょうか。

○自分のめあて
　6年生になるまでの学期末までに自分が努力することを書きましょう。

めあてに対する自分の思いを書きましょう。

○取り組んだことをふり返りましょう。

1月（◎○△）	2月（◎○△）	3月（◎○△）

○取り組んで思ったこと，感じたことを書きましょう。　　　　　　　　　○おうちの人から

○先生から

5　学習指導案の「略案」の具体例

　簡略化した学習指導案である「略案」を作成し実施する場合には，「題材」，「ねらい」，「活動の実際（事前の指導，本時の展開，事後の指導）」の項目を立て，「育成を目指す資質・能

力」や「評価方法・観点」などを「活動の実際」の中で記載する方法があります。

　資料15-8は中学校の学習指導案の「略案」の様式例です。題材は，「なりたい自分になるための学習方法を考えよう」です。学習指導案のイメージづくりの参考にしてください。

資料15-8　学習指導案例「なりたい自分になるための学習方法を考えよう」の略案

第２学年３組　学級活動（３）　指導案（略案）

　　　　　　　　　　　　　　　　　日　時：○月○日（○）第○校時
　　　　　　　　　　　　　　　　　場　所：２年３組教室
　　　　　　　　　　　　　　　　　指導者：○○　○○

1　題材　「なりたい自分になるための学習方法を考えよう」
　　　　　学級活動（３）　ア　社会生活，職業生活との接続を踏まえた主体的な学習態度の形成と学校図書館等の活用
2　ねらい
　なりたい自分に向けて，学ぶことと働くことの意義を意識するとともに，学習方法を考えることを通して，自分に合っためあてを具体的に立てて，決めたことを主体的に実践できるようにする。
3　活動の実際
（1）事前の指導

生徒の活動	○指導上の留意点	資料	◎目指す生徒の姿【観点】〈評価方法〉
・自分が２年生の年度はじめに書いた「なりたい自分」と「それに向けた取り組み」について読み返しておく。 ・アンケートに記入する 「効果的な学習の仕方を身に付けていると思いますか」 「学習の仕方をどのようにして知りましたか。または身に付けましたか」 「学習の仕方について，知りたいことや悩んでいることがあれば，おしえてください」 「現在の学習が自らの将来の社会生活や職業生活につながっていると感じるときは，どのようなときですか」 ・計画委員は，アンケート結果の学級全体の集計結果を掲示する。	○「なりたい自分」に向けた学習の仕方ついて考えるように知らせる。 ○学級活動コーナーに題材と集計結果を掲示し，問題意識が高まるようにする。	・学習シート ・アンケート ・アンケート結果	◎なりたい自分とこれまでの学習方法を確認し，よりよい学習方法について話し合うことがわかっている。【知識・技能】〈アンケート，観察〉

（2）本時の展開

過程	生徒の活動	○指導上の留意点	資料	◎目指す生徒の姿【観点】〈評価方法〉
導入 つかむ 5分	1　課題を把握し，話合いのめあてをもつ。 ・２学年のはじめに書いた「なりたい自分」について確認する。 ・事前アンケートを活用して，自他の学習の仕方の状況について話し合う。 ・本時のめあてを持つ。「なりたい自分になるための学習方法を考えよう」	○　自他のなりたい自分と学習方法の課題を共有し，２つの視点から現在の学習の意義を意識できるようにする。 ○　なりたい自分に向けて，効果的な学習方法を考える気持ちが高まるようにする。	・学習シート，アンケート	

5　学習指導の「略案」の具体例　　211

	生徒の活動	○指導上の留意点	資料	◎目指す生徒の姿【観点】〈評価方法〉
展開 さぐる 15分	2　なりたい自分や課題への理解を深める。 ・これまでの自分の学習の仕方を振り返る。	○これまでの自分を振り返るよう促しつつ，互いの思いを尊重し合う雰囲気の中で，考えや意見を共有できるようにする。	・学習シート	
見つける 15分	・現在の学習が自らの将来の社会生活や職業生活につながっていると感じることを発表し合う。 3　解決方法を見つける。 ・卒業後や将来を意識した効果的な学習の仕方を身に付けるために，どのようなことに取り組めばよいか話し合う。 ・クラスメイトの取組事例や先輩等(卒業生，教師，実習生など)の体験談を基に，効果的な学習の仕方や学習の意義について話し合う。	○卒業後や将来と現在の学習のつながりや大切さを探らせたりするようにする。 ○クラスメイトと協力して効果的な学習方法を追求するためにできることなどを出し合って見つけさせるようにする。 ○他者の経験を参考にして情報を得ることの大切さについて伝えながら，最後は自分の意思で決定することが大切であることを伝える。		
終末 決める 10分	4　個人目標の意思を決定する。 ・これから行う学習方法やそれを身に付けるために取り組むことを決める。 ・意思決定したことを学習シートに記入する。	○話し合ったことを生かして自分に合った具体的な実践内容や行動目標を意思決定することができるようにする。	・学習シート	◎話し合ったことを生かして，現在の学習と将来の社会・職業生活のつながりについて考えを深めながら，学習方法の実践内容を具体的に書いている。【思考・判断・表現】〈ワークシート〉

（3）事後の指導

生徒の活動	○指導上の留意点	資料	◎目指す生徒の姿【観点】〈評価方法〉
1　決めたことの実践 ・意思決定した目標や取り組みを実践する。 2　振り返り ・学級全体で定期テストの前後に振り返る。	○生活ノートに実践状況を記述するようにさせる。 ○帰りの会で，計画委員により，取組状況を共有する機会を設け，グループやペアで振り返り，互いの頑張りや成果を認め合うようにする。	・テスト計画表，学習シート	◎決めた学習方法を進んで実践しようとしている。【主体的に取り組む態度】〈観察・生活ノート・学習シート〉

【引用・参考文献】

文部科学省　2018　小学校学習指導要領（平成29年告示）解説特別活動編　東洋館出版社

文部科学省　2018　中学校学習指導要領（平成29年告示）解説特別活動編　東山書房

文部科学省　2019　高等学校学習指導要領（平成30年告示）解説特別活動編　東京書籍

国立教育政策研究所教育課程研究センター　2019　みんなで，よりよい学級・学校生活をつくる特別活動（小学校編）（特別活動指導資料）　文溪堂

国立教育政策研究所教育課程研究センター　2020　「指導と評価の一体化」のための学習評価に関する参考資料（小学校　特別活動）　東洋館出版社

国立教育政策研究所教育課程研究センター　2020　「指導と評価の一体化」のための学習評価に関する参

考資料（中学校　特別活動）　東洋館出版社

国立教育政策研究所教育課程研究センター　2021　「指導と評価の一体化」のための学習評価に関する参
考資料（高等学校　特別活動）　東洋館出版社

国立教育政策研究所教育課程研究センター　2022　小学校特別活動映像資料　学級活動編
https://www.nier.go.jp/kaihatsu/shidousiryou/sho_tokkatsueizo/

国立教育政策研究所教育課程研究センター　2023　学校文化を創る特別活動（中学校・高等学校編）　東
京書籍

森下由香・日暮利明・吉田浩之　2024　読書習慣の形成とキャリア発達を促す学習プログラムの検討──
朝読書と学級活動を活用して──　群馬大学教育実践研究　第41号　287-298

Chapter 16 キャリア教育の教材

> 目標設定は，学校教育においてさまざまな機会に活用されています。また，学校教育以外の他の分野・職業でも活用されています。児童生徒に目標設定の方法を伝え，自ら活用できるようにすることは，キャリアを展望し自己実現を図る上で大きな力になります。
>
> 本章では，教育，スポーツ，芸術，ビジネスなど，多方面で注目を集め，キャリア教育の教材として実際に学校現場でも活用されている目標を記述するワークシートを紹介します。また，そのワークシートの実際例と活用方法について解説します。

 1 目標設定シート（オープンウィンドウ64）の様式

　目標設定の方法は，無数といえるほど存在します。ここでは，教育，スポーツ，芸術，ビジネスなど，多方面で注目を集めている目標設定シートを紹介します。それは「オープンウィンドウ64」（以下，「OW64」）といいます。詳しくは，開発者である原田隆史（原田教育研究所代表）の著書，たとえば『一流の達成力　原田メソッド「オープンウィンドウ64」』『目標達成ノート──STAR PLANNER』など，多数の文献があるので参考にしてください。

　「OW64」は，8×8＝64マス（1-①から8-⑧までの8マスを8個分）の中に目標を書き込んでいくシートです。様式は資料16-1のとおりです。

資料 16-1　目標設定シート（OW64）の様式

8-⑧	8-①	8-②	1-⑧	1-①	1-②	2-⑧	2-①	2-②
8-⑦	**8**	8-③	1-⑦	**1**	1-③	2-⑦	**2**	2-③
8-⑥	8-⑤	8-④	1-⑥	1-⑤	1-④	2-⑥	2-⑤	2-④
7-⑧	7-①	7-②	8	1	2	3-⑧	3-①	3-②
7-⑦	**7**	7-③	7	目標	3	3-⑦	**3**	3-③
7-⑥	7-⑤	7-④	6	5	4	3-⑥	3-⑤	3-④
6-⑧	6-①	6-②	5-⑧	5-①	5-②	4-⑧	4-①	4-②
6-⑦	**6**	6-③	5-⑦	**5**	5-③	4-⑦	**4**	4-③
6-⑥	6-⑤	6-④	5-⑥	5-⑤	5-④	4-⑥	4-⑤	4-④

2 | 目標設定シート（OW64）の書き方

　一般的に，何らかの目標やテーマに取り組むときに，まずは拡散的に思考を文字化し関連する内容を書き出してから，次に集約し整理していくプロセスがあります。この目標設定シートも，思考を文字化する際に有効なツールです。

　まず，シートの中心に１つ，自分が取り組み達成したい「目標やテーマ」を書きます。そして，その「目標やテーマ」を取り囲む８つのマス（番号１〜８のマス）に注目し，１と番号が記されたマスから順に時計回りに，８つのマスに「目標やテーマ」を達成するために必要な柱となる項目や内容を書きます。

　次に，中心の８つのマスの真上に，１および１−①から１−⑧の番号が記された９つのマスがあります。その中心にある１の番号が記されたマスには，「目標やテーマ」のマスを取り囲む８つのマスで，１の番号が記されたマスに書いた項目・内容をそのまま書き写します。その書き写した１のマスを中心に，その番号に書いた項目・内容を達成するために必要な行動目標を１−①から１−⑧に書きます。同様にして，２から８についても行います。結果として，自分が取り組み達成したい「目標やテーマ」に関連する行動目標的な内容を64個（１−①から８−⑧），書き出すことになります。そうすることで目標達成に向けて，一つ一つの内容が体系的なつながりをもつことになります。

3 | 中学校３年生の具体例

　「全国トップクラスの打てて守れて走れる野球選手」を目指す中学３年生の記述例を紹介します。まず，「OW64」の中心にある８マスの記述内容について取り上げます（資料16-2）。この８マスの記述内容を柱にして「OW64」に記述した全体内容は，資料16-3のとおりです。

　なお，中心に記述した「目標やテーマ」を達成するために必要な柱となる８つの項目・内容や１−①から８−⑧の行動目標的な内容は，目標達成を目指す本人がさまざまに勘案しながら選択するものですから，自分なりに設定することになります。たとえば，本事例の中学生は，資料16-3をみると，「全国トップクラスの打てて守れて走れる野球選手」になるには，「運」が大切で，それには「道具を大切にする」「あいさつをする」「感謝を積極的に伝える」などが必要な行動目標であると，自分なりに位置づけているということ

資料 16-2　８マスのシートの記述例

8 身体力	1 打撃力	2 守備力
7 メンタル力	全国トップクラスの打てて守れて走れる野球選手	3 投力
6 生活力	5 運	4 走力

資料 16-3　全国トップクラスの打てて守れて走れる野球選手の目標「OW64」

立ち跳び，ケンケン跳び等で足首のバネを高める	ダッシュ走の反復でスピード持久力を高める	ウエイトトレーニングで大きな筋力を高める	打撃後チームメイトに気づきをもらう	他者の打撃観察をする	自分の打撃の映像を毎日チェックする	守備後チームメイトに気づきをもらう	他者の守備を観察する	自分の守備の映像を毎日チェックする
懸垂，綱のぼり等で上半身の瞬発力を高める	8 身体力	肩と股関節を中心に柔軟性を高めるストレッチ運動をする	気づきや助言をすぐにメモする	1 打撃力	重さを変えた3種類のバットで素振りをする	気づきや助言をできるだけ早くメモする	2 守備力	グローブの手入れを毎日，15分以上は行う
背腹筋を鍛え，腰痛を防止する	クリーン，ジャンピングスピリット等でバネのある下半身の強化を行う。	マッサージを行い身体のケアをする	打撃後すぐに監督に助言を求める	毎日，左右打ちを同じ回数，行う	バットを持つ直前にイメージトレーニングをする	守備後できるだけ早く監督に助言を求める	守備位置を状況に応じてかえる視点で守備を行う	守備につく前にイメージトレーニングをする
音楽を聴き気持ちを高める	目標を明確にする	セルフ・トークを行う	8 身体力	1 打撃力	2 守備力	練習中にスローイングについてチームメイトに気づきをもらう	練習前に肩の柔軟体操を15分以上，行う。	キャッチボールから相手の構えた場所に投げる
チームでサイキングアップを行う	7 メンタル力	状況に応じてポジティブシンキングをする	7 メンタル力	全国トップクラスの打てて守れて走れる野球選手	3 投力	気づきや助言をできるだけ早くメモする	3 投力	守備ではクイック動作で相手の構えた場所に投げる
ストレスマネージメントをする	リラックスの呼吸法を実施する	イメージトレーニングをする	6 生活力	5 運	4 走力	練習中にスローイングについて監督に助言を求める	ウォーミングアップアップ時には左右投げをする	遠投の距離を85mに徐々に近づける
心身ともに健康であるようにする	規則正しい生活をする	何でも前日に準備する	身のまわりの整理整頓をする	感謝を積極的に伝える	あいさつをする	練習中に動きだしやベースランについて監督に助言を求める	他者の動き出しやベースランを観察する	毎回，ダッシュ練習は全力で行う
自主勉強を毎日90分以上は行う	6 生活力	日誌を書き，一日を振り返る	文句を言わない	5 運	靴をそろえる	気づきや助言をできるだけ早くメモする	4 走力	ベース1周練習で最後までスピードを下げないようにする
早寝，早起きをする	朝ご飯を食べる	家庭のゴミを収集場所に運ぶ役割を果たす	審判に失礼な態度をしない	悪口，陰口を言わない	道具を大切に使う	毎時の練習でベース間の歩数を決めた数で走る	ラダー練習で素早さを高め，最初の一歩の反応を早くする	坂道ダッシュを毎週実施する

になります。

4 　将来を思いえがく場合の具体例

　児童生徒が，目標設定シート（「OW64」）を活用し，キャリア形成に向けて将来を思いえがく場合に，初心者には，あらかじめ基本項目を提案し，それを基に記述を進めていく方法があります。資料16-4は，その場合の8マスの例です。

　中心のマスを「自分の未来」とします。基本となる8つのマスには，「自分のこと（理想の自分・なりたい自分）」「仕事」「健康」「趣味」「教養」「収入・財産・老後」「家族・家庭」「奉仕活動（社会・他のために）」を設定してあります。それを基に全体を思考し，64個の行動目標を記述するように進めます。

資料 16-4　将来を思いえがく導入時の8マス例

8 奉仕活動（社会・他のために）	1 自分のこと（理想の自分・なりたい自分）	2 仕事
7 家族・家庭	自分の未来	3 健康
6 収入・財産・老後	5 教養	4 趣味

5 　部活動指導者の具体例

　部活動指導者の活用例を紹介します。指導者としての指導構想（指導理念及び重点目標）の達成に向けて，必要と思われる取り組み内容を記述した「OW64」の例です。

　資料16-5は，部活動（陸上競技）の指導者として，担当する生徒及びその保護者に，指導構想を説明する際に提示した資料になります。この資料は，「1　指導理念」「2　指導理念の要点」「3　重点目標（本年度）」「4　重点事項・具体的取り組み」で構成されています。なお，資料16-5では「4　重点事項・具体的取り組み」の内容を省略し，資料16-6で示しています。

　本事例の指導者は自分自身で，「指導理念・重点目標の実現に向けた重点事項・具体的取り組み」を明確にしていく過程で，「OW64」を活用しています（資料16-6）。2つの資料に記述した内容を基に指導者が説明することで，生徒及び保護者の指導構想（指導指針）についての理解が深まると思われます。また，この資料の構成や記述内容そのものが，部活動指導の参考になります。

　「OW64」は，キャリア教育の教材として活用するのに有用であるとともに，本事例のように，部活動の指導者が自分自身の指導構想の明確化に活用することもできます。また，担任教員が「学級経営構想」を明確にする場合や，児童生徒が自分自身の「今月の目

標」や「定期テストの目標」を書き出す場合など，部活動指導はもちろん，学校教育活動全般でも有効活用できる実践的なツールになります。

資料16-5　部活動指導者の指導構想（指導指針）例

〇〇学校　陸上競技部　指導構想（指導指針）

1　指導理念
　　部活動を通じて，教育目的（教育基本法第1条）の実現を目指しながら，一人ひとりの知・徳・体（学校教育目標）の全面的な成長・発展が実現できるチーム形成を目指し，同時に陸上競技選手として専門性・競技力の向上を目指す。

2　指導理念の要点
（1）教育目的の実現を目指す。
（2）一人ひとりの知・徳・体（学校教育目標）の全面的な成長・発展が実現できるチーム形成を目指す。
（3）陸上競技選手として，専門性・競技力の向上を目指す。

3　重点目標（本年度）
（1）全国大会のレベルで通用する人間力と専門性を有する選手の育成及び陸上競技チームの形成をする。
（2）部活動を通じて磨き鍛えた個別的な強みと社会性を発揮し，本校の模範とされる生徒の育成をする。
（3）陸上競技にかかわる方々から参考にされる選手・生徒及びチームを育成する。

4　指導理念・重点目標の実現に向けた「重点事項・具体的取り組み」

重点事項 （1〜8）	1．指導者姿勢の明確化	2．目標設定・動機づけの推進	3．専門性・競技力の向上	4．チーム形成の充実	5．個々の成長の推進	6．学校教育活動の推進	7．家庭との連携	8．奉仕活動・地域活動の推進
下位項目 （①〜⑧）	1-①	2-①	3-①	4-①	5-①	6-①	7-①	8-①
	1-②	2-②	3-②	4-②	5-②	6-②	7-②	8-②
	1-③	2-③	3-③	4-③	5-③	6-③	7-③	8-③
	1-④	2-④	3-④	4-④	5-④	6-④	7-④	8-④
	1-⑤	2-⑤	3-⑤	4-⑤	5-⑤	6-⑤	7-⑤	8-⑤
	1-⑥	2-⑥	3-⑥	4-⑥	5-⑥	6-⑥	7-⑥	8-⑥
	1-⑦	2-⑦	3-⑦	4-⑦	5-⑦	6-⑦	7-⑦	8-⑦
	1-⑧	2-⑧	3-⑧	4-⑧	5-⑧	6-⑧	7-⑧	8-⑧

資料16-6　指導理念・重点目標の達成に向けた重点事項・具体的取り組み「OW64」

8-⑧ 思いやる気持ちを育む体験機会を設定する	8-① 地域・奉仕活動の意義理解が深まる指導をする	8-② 生徒が自然に他のため行動ができるよう促す	1-⑧ 指導者自身及び生徒の健康管理に力を入れる	1-① 指導者としての行動指針を示し自ら実行する	1-② 指導者として生徒への禁句の言葉を伝える	2-⑧ 定期に目標に対する点検評価を実施し面談する	2-① 自他・有形無形の視点から目標設定を指導する	2-② 自他・有形無形の視点から動機づけを行う
8-⑦ 知り合いが見ていない状況での親切行動を促す	**8 奉仕活動・地域活動の推進**	8-③ 生徒による計画的な奉仕活動を促す	1-⑦ 指導者として教師力を高め続ける姿勢を示す	**1 指導者姿勢の明確化**	1-③ 現象ごとに理想とする内容を生徒に伝える	2-⑦ 期日目標を生徒と共有する	**2 目標設定・動機づけの推進**	2-③ 現象ごとに自他を評価する観点を示す

218　第16章　キャリア教育の教材

8-⑥ 他者が見ていない状況での奉仕行動を促す	8-⑤ 生徒による登下校時のルール遵守行動を促す	8-④ 生徒による地域でのあいさつ行動を促す	1-⑥ 指導者として専門性を高め続ける姿勢を示す	1-⑤ 生徒からみてメンターとなる存在を目指す	1-④ 生徒からみてモデルとなる存在を目指す	2-⑥ 期間目標を生徒と共有する	2-⑤ 成功・失敗の現状分析し課題を整理し指導する	2-④ 生徒相互の目標を相互理解し合うよう指導する
7-⑧ 部活動により勉強が疎かにならない指導をする	7-① 生徒が家族に進んであいさつするよう促す	7-② 生徒が家庭の役割・手伝い取組むよう促す	8 奉仕活動・地域活動の推進	1 指導者姿勢の明確化	2 目標設定・動機づけの推進	3-⑧ 競技記録を調査し整理して生徒に伝える	3-① 生徒の専門性を高める視点で指導する	3-② 生徒の競技力を高める視点で指導する
7-⑦ 生徒が家庭で他者の賞賛等を口にするよう促す	7 家庭との連携	7-③ 生徒が練習状況等を家族に報告するよう促す	7 家庭との連携	指導理念重点目標の達成	3 専門性・競技力の向上	3-⑦ 競技会場を事前に訪問し分析する	3 専門性・競技力の向上	3-③ 専門性と競技力を区別し取り組む指導をする
7-⑥ 保護者が部活動支援をしやすい雰囲気にする	7-⑤ 生徒自ら部活支援を家族にお願いするよう促す	7-④ 生徒が家庭で規則正しい生活をするよう促す	6 学校教育活動の推進	5 個々の成長の推進	4 チーム形成の充実	3-⑥ ウォーミングアップ計画を自分で作成できる指導をする	3-⑤ 後輩を支援する先輩生徒を評価する指導をする	3-④ 練習メニューを自分で作成できるよう指導する
6-⑧ そうじに熱心に黙々と取り組むよう促す	6-① 授業へは部活動以上の前向きな態度を促す	6-② 学級で役割を担い積極的に活躍するよう促す	5-⑧ グラウンド整備や草とりの主体的な取組を促す	5-① 課題解決に主体変容で取り組むよう促す	5-② 知徳体の調和的な発達を促す	4-⑧ 相互の礼儀・あいさつの積極的な実行を促す	4-① ミーティングを重視しチーム方針の共有を促す	4-② 必要な申し合わせの具体的設定・実行を促す
6-⑦ 行事に主体的に参加するよう促す	6 学校教育活動の推進	6-③ 学年のよりよい雰囲気形成に貢献するよう促す	5-⑦ 自分で活力や元気を引き出す取り組みを促す	5 個々の成長の推進	5-③ 自らで意味づけして取り組むよう促す	4-⑦ 先輩が率先して練習用具を準備するよう促す	4 チーム形成の充実	4-③ 指導指針対応のチーム目標の明確と実行を促す
6-⑥ 他生徒との関係を大切にするよう促す	6-⑤ 各教員との関係を大切にするよう促す	6-④ 生徒会の成員意識を高め貢献するように促す	5-⑥ 日誌記述を通じた今後と課題の明確化を促す	5-⑤ 自分の個性や強みを発揮した取り組みを促す	5-④ 自分以外への影響を意識した社会性向上を促す	4-⑥ 日課的な活動場面別の行動内容の実行を促す	4-⑤ 対話による課題解決を促す	4-④ 部活動適応状況の把握アンケートを実施する

【引用・参考文献】

吉田浩之　2008　どのような目標を確立し明確化していくか　月刊生徒指導　第 38 巻第 11 号　学事出版　62-65

吉田浩之　2009　保護者の理不尽的要望への予防的対応例　月刊生徒指導　第 39 巻第 10 号　学事出版　32-35

原田隆史・柴山健太郎　2017　一流の達成力——原田メソッド「オープンウィンドウ 64」——　フォレスト出版

原田隆史（監修）　2017　目標達成ノート——STAR PLANNER——　ディスカヴァー・トゥエンティワン

原田隆史　2020　書いて鍛えて強くなる！——原田式メンタル教育——　日経 BP 日本経済新聞出版本部

索　引

＊あ 行

あいづち　58
ACT（自殺予防教育のキーワード）　147
生きることの阻害要因　144
生きることの促進要因　144
意見を表明する機会の確保　17, 24, 25
意見を表明する権利の確保　24
意思決定　174, 179, 199, 201, 207, 208
いじめ　18
　——が起きた集団への働きかけ　110, 112
　——が解消している状態　113
　——に対する措置　92
　——の解消の要件　108
　——の早期発見　94, 104
　——の早期発見のための措置　92
　——の早期発見の取組内容　105
　——の重大事態への対処　95
　——の重大事態への対処の展開　119
　——の態様　85
　——の定義　84, 88
　——の認知件数　88
　——の認知件数の都道府県間の差　88, 89
　——の発見・通報を受けたときの対応　109, 110
　——の防止　94, 102
　——の防止等のための対策　94
　——の防止の取組内容　103
　——への対処　94
いじめ重大事態の発生に関する報告書の記述項目　118
いじめ重大事態の調査に関するガイドライン　115
いじめ重大事態の調査の基本的な対応チェックリスト　116, 117
いじめ調査の定義　87
いじめの防止等のための基本的な方針　84
いじめ防止基本方針　91, 98
いじめ防止対策推進法　14, 16
いじめ防止対策の推進に関する調査結果に基づく勧告　89
飲酒　123, 124, 126, 127
インターネット・携帯電話に関わる問題　19, 28
インターネット上のいじめへの対応　110, 113
ウェルビーイング（well-being：幸福追求）　37 〜 39,

43, 48
　——に関連する主観的指標　41
　——の向上　48, 49
　——の定義　39, 42, 48
　——の要素　40
うなずき　58
ＳＯＳの出し方に関する教育　144
援助　56
援助希求的態度　147
　——の育成　148
　——のスキル　61
　——の促進　147

＊か 行

学習指導案　210
　——の項目　197
　——の項目と様式例　198
　——の様式　198
学習指導案例　200, 201, 203, 208, 211
学習指導要領　31
覚醒剤取締法　127
獲得的要素　39, 48
課題早期発見対応　20 〜 22
課題対応能力　160 〜 163, 194, 195
課題未然防止教育　20 〜 22
課題予防的生徒指導　20, 21
学級活動・ホームルーム活動　11, 177
　——の内容　177, 178
　——の内容の取扱い　177
　——の目標　177
学級経営の充実　184
学校以外の場における学習活動等を行う不登校児童生徒に対する支援　70
学校いじめ対策組織　95, 99, 106
　——の構成　100
　——の役割内容　101
学校いじめ防止基本方針　91, 92, 95, 98
学校いじめ防止プログラム　99
学校教育の目的　6, 11, 37, 42
学校教育法　131, 133, 165, 166
学校ぎらい　72
学校において生じる可能性がある犯罪行為等　84
学校におけるいじめの防止　92

221

学校におけるいじめの防止等の対策のための組織 92, 95

学校の設置者 106, 109, 110, 114, 155

家庭裁判所 123, 124

観衆 87

危機対応の態勢 150

規制薬物 127

喫煙 123, 124, 126, 127

機動的連携型支援チーム 21, 22

器物損壊（等） 85, 122

基本調査 148, 152, 155

義務教育の段階における普通教育に相当する教育の機会の確保等に関する法律（教育機会確保法） 14, 16, 68

虐待対応の手引き 136

虐待に係る通告 142

キャリア 161

キャリア教育 158, 160, 165, 167, 168, 171 ～ 174, 184, 189

　　――の学習指導案 11, 181

　　――の要 171, 172, 174, 176, 181, 193

　　――の基礎的・汎用的能力 163, 164

　　――の教材 218

　　――の充実 28, 63, 168, 170, 171, 173 ～ 175

　　――の定義 3, 159, 160

　　――を効果的に展開していく要 177

キャリア教育元年 159

キャリア形成 179

キャリア・パスポート 189 ～ 191, 201

　　――の活用 177

　　――の指導上の留意点 191

「キャリア・パスポート」活用の意義 193

キャリア発達 63, 160, 171, 173

キャリアプランニング能力 160 ～ 163, 194, 195

休養の必要性 69, 70, 73

教育機会確保法の目的 69

教育機能としての生徒指導 34, 36

教育基本法 3, 6, 38, 69, 164

教育振興基本計画 38

教育に関連するウェルビーイングの要素 40

教育目的 3, 218

教員による不適切な言動 128

恐喝 85

共感的な人間関係の育成 10, 33

教師が知っておきたい子どもの自殺予防 144

教師と児童生徒の信頼関係の構築 33

教職員の主な非行に対する標準的な処分量定 130

行政責任 132

協調的要素 39, 48

脅迫 85

強要 85

勤労観・職業観 184, 187

　　――の醸成 187

ぐ犯少年 123

繰り返し 58

警察に相談又は通報すべきいじめの事例 107

刑事責任 132

傾聴 58

　　――のスキル 61

ゲートウェイドラッグ 127

欠乏欲求 8

検察官送致 123

合意形成 201

公共の福祉 43

校則の意義・位置付け 25, 26

校則の運用 25, 26

校則の見直し 16, 17, 25, 27

校内危機管理チーム会議 150

校内暴力 121

校内連携型支援チーム 21, 22

幸福追求権 43

心の危機 147

　　――に気付く力 147

個人情報の保護に関する法令 142

こども家庭庁 23

こども基本法 16, 17, 23, 24

子供の権利擁護 24, 25

子どもの自殺が起きたときの緊急対応の手引き 144

子供の自殺が起きたときの背景調査の指針（改訂版（背景調査の指針） 144

個別の課題に対する生徒指導 17, 28

困難課題対応的生徒指導 20 ～ 22

＊さ　行

差別の禁止 24

事案に応じた厳正な処分等 132

試行（リハーサル） 57

自己決定権 43

自己決定の機会の設定 33

自己決定の場の提供 10

自己肯定感　10

自己実現　8, 179

自己実現欲求　8

自己指導能力　9 〜 11, 16, 23

　　——の育成　4, 36, 45, 46

自己受容　9

自己存在感の感受　10

自己の幸福　8

自己の幸福追求　8, 37

自己有用感　10

自己理解・自己管理能力　160 〜 163, 194

自殺　19

　　——に追いつめられる子供の心理　145

　　——の危険因子　146

自殺総合対策大綱　144

自殺対策基本法　143

自殺直前のサイン　146

自殺予防教育　144, 148

　　——の目標　147

持続可能な社会の創り手の育成　38

市町村（虐待対応担当課）　137, 140

質問　58, 59

　　——のスキル　61

　　オープン——　125

　　クローズド——　126

　　5W1H の——　60

　　リストアップの——　60

指導　56

　　——のスキル　61

　　——や援助　5, 20, 55

児童虐待　18, 136

　　——に係る通告　138

　　——の影響　139

　　——の早期発見　138, 139

　　——の定義　137, 139

　　——防止法の目的　139

児童虐待の防止等に関する法律（児童虐待防止法）
　　137

児童生徒の意見を聴取する機会　17

児童生徒の権利の理解　16, 23, 24

児童生徒の問題行動・不登校等生徒指導上の諸課
　　題に関する調査　71, 72, 88, 122

児童生徒理解・教育支援シート　74, 76, 77

児童生徒理解の深化　33, 36, 62

児童生徒理解の方法　63

児童相談所　137, 140

児童に対する虐待の禁止　138

児童の権利に関する条約　23, 24

児童の最善の利益の考慮　24

児童の発達の支援　174

児童福祉法　123, 124

児童ポルノ所持、提供等（児童買春、児童ポルノ
　　に係る行為等の規制及び処罰並びに児童の保護
　　等に関する法律）　85

司法面接　125

　　——の技術の活用　124

社会参画意識　187

　　——の醸成や勤労観・職業観の形成　184, 187

　　——の醸成や働くことの意義の理解　183

社会的自己実現　5, 8, 37, 166

社会的・職業的自立　159, 160, 170, 171, 181, 183

社会的・職業的な自立に向けた課題　179

社会的自立　73, 80, 81

社会に受け入れられる自己実現　8

自由回答を引き出す質問　59, 61

就学義務違反　142

就学の機会の提供　70

自由再生質問　125

重大事態　114

　　——と扱った事例　116

　　——の再調査　115

重大事態調査結果の説明・報告　117

重大事態調査の実施　117

重大事態調査の主体　115

主観的指標のアンケート［ウェルビーイングに関
　　する］　41

主体的・対話的で深い学び　175

出席扱い等の要件　75, 76

出席停止　133

出席停止制度の趣旨と運用　25

出席停止の命令の手続　134

出席停止の要件　133

出席の督促　142

守秘義務　139

　　——と個人情報の取扱い　141, 142

守秘義務違反　142

傷害　85

詳細調査　148, 152, 155

　　——の実施内容　155

常態的・先行的（プロアクティブ）生徒指導　20

承認　58, 59

　　——のスキル　61

索　　引　　　*223*

少年院送致　123
少年警察活動規則　123, 124, 126
少年非行　18, 123
少年法　123
少年法等の一部を改正する法律　123
職業観・勤労観を育む教育　158
職業指導　165, 166
　　──の手びき　165
職業調べ　172
職業選択の指導　166
職業的自己実現　166
職場体験活動　172, 173, 175
触法行為　107
触法少年　123
新型コロナウイルスの感染回避　72
親権者等による体罰禁止　143
身体的虐待　139
深夜はいかい　124, 126
心理的虐待　139
心理的視野狭窄　145
進路指導　165, 166, 168, 170～173, 175
　　──の定義　165, 167
スクールカウンセラー（SC）　22
スクールソーシャルワーカー（SW）　22
スクリーニング会議　21
性行不良　133
成長欲求　8
性的虐待　139
生徒間暴力　122
生徒指導
　　──で獲得を目指す能力　46
　　──と学習指導　36
　　──と教育課程　18
　　──に関する法制度等の運用体制　25
　　──の意義　5, 16, 17
　　──の基礎　15, 16, 18
　　──の機能　34, 36
　　──の基盤　16
　　──の基本書　17
　　──の基本的な進め方　17
　　──の構造（化）　16, 17, 19
　　──の3類　20
　　──の充実　5, 35, 62
　　──の充実の基盤　33, 34, 36
　　──の重層的支援構造　20
　　──の積極的な意義　5, 32, 36

　　──のための中核的な時間　34, 36
　　──の定義　5, 7, 11, 55
　　──の定義の内容　6
　　──の手引き　3
　　──の取組上の留意点　16, 23
　　──の2軸　20
　　──のねらい　8
　　──の方法　16
　　──の目的　4, 7, 11, 37, 55
　　──の役割　17
　　──の4層　20
　　──を支える組織体制　17
　　──を進める基盤　33, 36
　　消極的な──　3
　　積極的な──　3, 4
生徒指導提要　4, 5, 14, 17
生徒指導提要（改訂版）　14, 15, 18
生徒の発達の支援　175
性に関する課題　19, 29
生命・心身・財産重大事態　114, 115
生命・生存・発達に対する権利の確保　24
世界保健機関憲章前文　37
積極的傾聴　58
窃盗　85
説明（インストラクション）　56
全国学力学習状況調査・児童質問紙調査　201
早期発見・事案対処の手順　99
総務省行政評価局　89
総務省の改善勧告　89
即応的・継続的（リアクティブ）生徒指導　20
損害賠償　85
損害賠償責任　103

＊た　行
対教師暴力　122
題材　198, 210
対人暴力　122
体罰　132
　　──と懲戒についての参考事例　132
体罰根絶に向けた取組の徹底　132
第4期教育振興基本計画　38, 48, 159
多様な背景を持つ児童生徒への生徒指導　19, 29
チーム学校　22, 28, 29
　　──による生徒指導指導体制　18
チーム支援による組織的対応　22
地方いじめ防止基本方針　91, 98

224　索　引

中途退学　19
懲戒と体罰　25
　──の区別　131
長期欠席者　72
通告者に関する情報　141
手本・見本（モデリング）　56
登校拒否　72
TALK の原則　146
特定少年　123
特別活動の目標　176, 177, 179

＊な・は行
なりたい自分　195, 199 ～ 201
2 軸 3 類 4 層構造　19
二十歳未満ノ者ノ飲酒ノ禁止ニ関スル法律　126
二十歳未満ノ者ノ喫煙ノ禁止ニ関スル法律　126
日本国憲法　24, 43
日本社会に根差したウェルビーイング　48
　──の向上　38, 40
人間関係形成　179
人間関係・社会形成能力　160 ～ 163, 194
ネグレクト　139
ネットワーク型支援チーム　21, 22
背景調査　152
　──の指針　148
発達支持的生徒指導　20 ～ 22
犯罪行為　107
犯罪少年　123
板書計画　208, 210
非行少年　124, 126
一人一人のキャリア形成と自己実現　171, 174,
　177, 179, 182, 192, 199
　──で育成を目指す資質・能力　180
評価（フィードバック）　57
評価規準　201, 205
開かれた生徒指導の推進　35, 37
部活動指導（者）　217, 218
侮辱　85
不適切な指導　25
　──と考えられ得る例　129
不同意わいせつ罪　85
不登校　19, 72
　──に対する見方や姿勢等　74
　──のきっかけ　74
　──の要因　74, 75, 80, 130
不登校児童生徒に対する効果的な支援の充実　80

不登校児童生徒に対する多様な教育機会の確保
　81
不登校児童生徒の実態に配慮した教育課程の編成
　77
不登校児童生徒の定義　69, 71
不登校児童生徒への支援　69, 74, 79
　──の在り方　68, 79
　──の視点　79
不登校児童（生徒）への配慮　68, 73
不登校重大事態　114, 115
不登校特例校　69, 81
不法行為　85, 103
不良行為　124
不良行為少年　124
傍観者　87
暴言、威嚇　130
暴行　85
法的効果を伴う懲戒　133
法的効果を伴わない懲戒　133
暴力行為　18, 121
　──の調査対象　121
　──の発生状況　122
ポートフォリオ　184, 186, 192, 193
ホームルーム経営の充実　185
保護観察　123
保護者用のいじめチェックシート　105
保護処分　123

＊ま　行
マズロー　8
麻薬及び向精神薬取締法　127
認められる懲戒　132
民事責任　132
名誉棄損　85
面談シート　65
　──の項目　64
面談シナリオ　65
目標設定シート　50, 65, 214
目標設定の方法　214

＊や・ら・わ行
夜間中学　69, 77, 79, 81
薬物依存　127
薬物使用と生活に関する高校生調査　127
薬物使用と生活に関する中学生調査　127
薬物乱用　123, 126, 127

要保護児童対策地域協議会　142
欲求階層説　8
4観点の枠組み　45～47, 52
　——を活用した目標設定　49
略案　198, 210, 211

ワークシート　208, 210
若者自立・挑戦戦略会議　159
若者自立・挑戦プラン　159
若者の自立・挑戦のためのアクションプラン
　159

著者紹介

吉田 浩之（よしだ ひろゆき）

群馬大学学術研究院　教授

琉球大学教育学部　准教授
群馬大学学術研究院　准教授
を経て，現職。
著書に，
『学級における生徒指導論』（単著，晃洋書房）
『部活動と生徒指導』（単著，学事出版）
『生徒指導・進路指導の理論と方法』（分担執筆，北樹出版）
『運動部活動の理論と実践』（分担執筆，大修館書店）
『学習指導要領対応（令和版）生徒指導・キャリア教育』（単著，北樹出版）
など。

令和版　生徒指導・キャリア教育の理論と実際

2025 年 4 月 25 日　初版第 1 刷発行

著　者　吉 田 浩 之
発行者　木 村 慎 也

・定価はカバーに表示

印 刷　モリモト印刷 ／ 製本　モリモト印刷

発行所　株式会社　北 樹 出 版

http://www.hokuju.jp

〒 153-0061　東京都目黒区中目黒 1-2-6
TEL：03-3715-1525（代表）　FAX：03-5720-1488

ⓒ 2025, Printed in Japan　　　　　ISBN　978-4-7793-0760-7

（乱丁・落丁の場合はお取り替えします）